本書榮獲第六屆中華優秀出版物獎圖書提名獎

中國藝術研究院音樂研究所
北京古琴研究會 編

中國古琴珍萃

（復合媒體版）

文化藝術出版社
Culture and Art Publishing House

扫描二维码
欣赏琴曲

扫描二维码
下载"古琴珍萃"APP

图书在版编目（CIP）数据

中国古琴珍萃（复合媒体版）/ 吴钊主编. —北京：文化艺术出版社，2018.8

ISBN 978-7-5039-6458-9

Ⅰ.①中… Ⅱ.①吴… Ⅲ.①古琴—中国—图集
Ⅳ.①K875.52

中国版本图书馆CIP数据核字(2018)第116449号

中國古琴珍萃
（復合媒體版）

中國藝術研究院音樂研究所
北京古琴研究會
編

主編　吴釗
統籌監製　李世耀
责任編輯　程曉紅
數字編輯　李巖松
封面設計　徐立萌
版式設計　劉遠
出版發行　文化藝術出版社
地址　北京市東城區東四八條52號　100700
網址　www.caaph.com
電子郵箱　s@caaph.com
電話　（010）84057666（總編室）　84057667（辦公室）
　　　（010）84057696－84057699（發行部）
傳真　（010）84057660（總編室）　84057670（辦公室）
　　　（010）84057690（發行部）
經銷　新華書店
印製　中煤（北京）印務有限公司
版次　2018年11月第1版
印次　2023年4月第2次印刷
開本　787毫米×1092毫米　1/16
印張　26
書號　ISBN 978-7-5039-6458-9
定價　280.00圓

中國古琴珍萃

選堂題

編者　中國藝術研究院音樂研究所
北京古琴研究會

顧問（按姓氏筆畫爲序）
張清治　楊　新　蔡德允　饒宗頤

封面題字　饒宗頤　蔡德允

主編　吴　釗

副主編　劉東昇（常務）　龔　一

編委（按姓氏筆畫爲序）
吴　釗　沈興順　周　捷　馬秀銀　黄樹志　區柏青　區肇鑫　蔡昌壽　劉東昇　劉楚華
謝俊仁　謝導秀　蘇小辛　蘇思棣　龔　一

原書策劃　喬建中　沈興順

攝影　楊　敏　董建國

撰稿（按姓氏筆畫爲序）
劉曉輝　孫克讓　李振石　王書德　馬曉旋　劉明傑　郝勤建　胡　錘　吴　釗
王建欣　王愛國　白春娥　成公亮　朱默涵　李鳳雲　李榮光　李慧芹　吕建福　吴　釗
周　捷　俞伯蓀　姚公白　馬秀銀　馬維衡　唐小軒　徐忠偉　凌瑞蘭　孫克仁　張秀蘭
張　鋒　張潤萍　馮朝珍　湛友芳　裴金寶　衛祖光　劉赤誠　劉東昇　劉善教　樂　聲
戴樹紅　戴曉蓮　謝導秀　蘇小辛　蘇　木　顧澤長　龔　一

目録

響泉式

鳳勢式

霹靂式

連珠式

圖一 古琴剖面圖

中國古琴（代序）

吴釗

琴，又稱古琴或七絃琴，是中國歷史最久、藝術水準最高、最具民族精神、審美情趣和傳統藝術特徵的樂器，也是一種極具藝術欣賞價值的工藝品。在長達數千年的古代社會裏，它不僅是文化人必修的一種樂器，還是其人格、情操與修養的象徵。古琴與其他器物一樣，有着自己的發生、發展的漫長歷程，產生過許多傳世名琴和豐富的煌煌巨著。

一 奇妙的琴

蜀僧抱綠綺，西下峨眉峰。爲我一揮手，如聽萬壑松。
客心洗流水，餘響入霜鐘。不覺碧山暮，秋雲暗幾重。

這是唐代著名詩人李白在一千多年前寫下的《聽蜀僧濬彈琴》詩。夕陽映照在峨眉山的羣峰之上，四週寂静無聲。在這名山古刹的一隅，詩人静聽着家鄉高僧用傳世名琴彈奏的古曲，琴聲那様悠揚，使人心醉，在不知不覺之間，夜色已籠罩大地，而詩人的心却還在琴聲的世界裏漫游。

琴何以有如此神奇的魅力呢？原因當然很多。不過琴本身的發音性能和特有的音色、音質是其中最重要的原因。古人認爲，琴聲要達到四善、九德纔是上品。四善即蒼、鬆、脆、滑；九德即奇、古、透、潤、静、圓、匀、清、芳。其實奇即蒼鬆脆滑。古即猶如鐘磬般的金石聲。透與潤即韻長不絕，有餘韻。清與静即發音清實，無喧鬧感。圓即發音圓潤。匀即琴面不同部位發音均衡，無『三實四虚』之病。芳即愈彈聲愈透出，無久彈聲乏之弊。而要達到這些要求，則與琴的形制結構，特别是造琴工藝，有着密不可分的聯繫。

一張完整的琴，由面板、底板與槽腹三部分組成：面板是一塊表面略帶弧形的長形木板，大都爲桐木、杉木或其他鬆軟的木材。其表面即琴面，大體分爲首、項、肩、身、腰、尾等部位（圖一）。這些部位采用何種形狀，就決定了琴的不同樣式。常見者有伏羲式、神農式、仲尼式、連珠式、蕉葉式、月式等。另外還有一些較爲特殊的樣式，如玉峰式、霹靂式等。琴額上有時會鑲嵌寶石、玉、牙、銅或其他飾件（圖二、三、四）。在向外一側琴面上，鑲嵌有十三個表示音位的『徽』，一般由蚌殼、玉、金、翡翠等製成，有時也有用鈞瓷或其他材料。在琴首與項交接處的琴面上，立有承弦的岳山，大都由紅木、紫檀、烏木等珍貴硬木製成。岳山外側鑲有硬木做成開有弦孔的承露。承露的弦孔下有用於調弦的琴軫。琴軫大都用紅木、紫檀、翡翠、瑪瑙（圖五）、竹節（圖六）、象牙、各色玉石、琥珀（圖七、八）或景泰藍等製成。琴尾兩側飾有冠角，中間嵌有承弦的龍齦。兩者均由珍貴硬木製成。底板是一塊與面板平面形狀相同的長形木板，一般由梓木等硬木製成。底板中央開有大小兩個出音孔。大者稱爲龍池，小者稱爲鳳沼。其形狀有圓形、長方形或橢圓形等多種。靠近琴尾處還開有兩個小方孔，可以安插兩個雁足，用於固定琴弦。雁足與琴軫一樣，往往用紫檀、紅木、烏木、翡翠或各色玉石製成（見圖七、八）。槽腹就是由面板與底板合成的音箱。在槽腹內部，面板與底板的厚度並不均勻。在正對龍池與鳳沼的面板中央有一凸起的音梁，稱爲納音。納音分圓形與長形兩種。在相當於四、五徽間與九、十徽間，有兩個連接面底的音柱。前者截面呈圓形，稱爲天柱；後者截面呈方形，稱爲地柱。琴體表面大都髹有一層或多層的漆胎與表漆。根據用料的不同，有瓦灰胎、鹿角霜胎、八寶灰胎與黑漆、黃漆、紫漆、褐漆之別。琴的發音性能與音色，音質的優劣主要取決於：一是琴體外形設計是否合理；二是槽腹結構，包括面板與底板的厚度變化及天、地柱是否合乎規律；三是灰漆的成分與工藝的高低。琴體外部往往套有精美的琴囊（圖九），或配有木製琴盒。

琴與其他彈弦樂器相比，由於其琴體與腹腔較長，腔內面板厚度變化較大，表面髹有較厚的漆胎，一般說來其音量較小。若仔細品味，可以發現其音色，音質或堅實圓潤，聲如鐘磬；或清靜恬美，好似洞簫，有着許多不同的意趣。再加上岳山以下整個琴面都是指板，因此除可用右指奏出散音（空弦音）；或用左指按弦右指彈弦，彈出按音（實音）外；還可在四個八度的範圍內每弦奏出多達十三個泛音，可奏出珠落玉盤似的大片泛音樂段。甚至在某種程度上還具有類似拉弦樂器的功能。當左指按弦彈出實音後，左指還可繼續在面板上進退上下奏出或多或少連續的虛音。這些音高確定的散音，泛音和按音中的實音，虛音，構成了傳統琴曲旋律的骨幹——『聲』；另外，當右指彈弦左指按弦得聲後，左指可以運用猱、撞、逗、換和小進復、小退復等左手指法形成種種音高不確定的裝飾性游移音或裝飾性游移音群，作爲旋律骨幹的補充或裝飾，這就是『韻』。聲與

圖二　中國藝術研究院藏『松濤』琴額玉飾

圖三　中國藝術研究院藏『鳴鳳』琴額玉飾

韻的結合與變化，加上它特有的多變的音色與表現技巧，構成了中國琴樂特有的神韻與風采。

二 琴的早期史

琴始於何時？文獻中有的說是伏羲或神農氏『削桐爲琴，繩絲爲絃』（注一）而創製的；有的說『舜作五絃之琴以歌《南風》』（注二）；有的說『帝俊生晏龍，是始爲琴』（注三）。究竟如何，因無實證，至今還難以作出令人信服的解答。就已知資料而言，琴在周代已確實存在。當時在一些重大的祭祀場合，往往要用琴與其他樂器在一起伴唱《詩經》中『頌』這類歌曲。這種由廟堂巫師使用的琴又名『頌琴』。師曠、師襄就是其傑出的代表。大約自西周晚期至東周初期開始，隨着新興的文化人——士的興起，琴又被士用於伴唱《詩經》中《大雅》、《小雅》這兩類歌曲，因而有了所謂『雅琴』。孔子、伯牙、鄒忌等，就是當時最負盛名的士兼琴家。

有人也許會問：琴在周代如此流行，那麼是否已經有和今天完全一樣的琴呢？來自考古的發現告訴我們：先秦時代各地琴的形制似乎並不完全一致。山東章丘女郎山戰國中期大墓出土的彩繪彈琴或彈瑟俑（注四，圖一〇），其放在几上彈奏的姿勢與今天確實非常相像。《戰國策》也曾經提到齊國都城臨淄之民無不『擊筑、彈琴』。因此女郎山戰國陶俑所彈的樂器，有可能就是臨淄等地流行的齊琴，不過由於它畢竟是個極其粗略的模型，其具體形制與樂器性能是否與後世琴一樣，還難以作出確切的結論。目前比較確切的例證還是各地墓葬出土的琴的實物。其中年代最早的是戰國初曾侯乙墓的十絃琴（注五，圖一一），其次是荆門郭店戰國中楚墓的七絃琴（注六，圖一二、一三、一四、一五）與長沙馬王堆三號墓西漢初七絃琴（圖一六、一七）。它們與今天的琴雖有某些共同點，如與後世琴一樣由木質鬆軟的面板與木質堅硬的底板組成，已具備琴首、琴身、琴腰、琴尾、岳山、龍齦、琴足等基本結構。但也有明顯的區别：整個琴體較短，只有琴身部分有一個可隨時開合的音箱，與琴身相連的琴尾爲一短窄的實木。琴體表面髹有一層極薄的表漆，估計其音響效果不會太好。整個琴面並不平直，琴身與琴尾交接處又有雙綫刻出的圓形或方形紋飾，也無標誌音位的明徽。因此除彈散音（空絃音）和泛音外，只能在琴身的部分音位彈出按音。其演奏技巧可能側重右手，且不太複雜。若仔細觀察，它們大體可分爲兩類：一類是曾侯乙墓十絃琴，這是已知最爲古老的華夏系的琴。另一類是郭家店楚墓與馬王堆漢墓的七絃琴，這是已知年代較早的楚琴。兩者相比，後者琴身較長，岳山較低，琴面漸趨平直，在琴身尾端内側開有一個小圓孔。馬王堆漢琴在靠近小圓孔的琴面上，尚留有大片磨痕（圖一六），說明左指按絃已較爲常用。說到這裏，就會想

圖四 中國藝術研究院藏『響泉』琴額銅飾

起東漢文字學家許慎《說文解字》解釋『琴』字本義時說的：『琴者，禁也。』『禁者，吉凶之忌也。』就是說，琴是判斷吉凶的依據。這兩句話過去不好理解，現在看到這幾張琴，特別是年代較早的周文化系的琴（曾侯琴），其高高的岳山，中間彎曲的琴腰，微微上翹形似魚尾的琴尾，再加上尾下的一個琴足，與古文獻中『夔一足』的傳說何其相似。用琴來象徵神物夔龍，當然就神妙莫測了。由於琴與龍有關，所以先秦古書《山海經》要把琴的起源與龍（晏龍）聯繫起來了。那麼爲什麼琴會與龍有關呢？最早的琴可能不是單純的樂器，而是巫師手中一種能發聲的法器；所彈的琴曲也不是樂曲，而是神的語言或願望與意志的反映。

如果對這種解釋尚有疑問，那麼新出土的湖北棗陽九連墩戰國楚墓琴（圖一八）似可爲其找到更可靠的佐證。九連墩琴與曾侯琴的形制極爲相似，當屬同一類型。兩者的區別，僅在於曾琴似爲專供墓主演奏的實用器；而九連墩琴則爲專供巫師祭祀時使用的法器。其琴體表面刻有許多不便於演奏的各種凹凸不平的紋飾。其中最醒目者，當屬琴面項部所刻公母兩條夔龍。這兩條龍清楚地告訴我們，東漢許慎對『琴』本義的解釋是完全符合事實的。

琴從傳神法器轉化爲樂器，源於文化人的『士』。琴在士的手中，自彈自唱，用來抒發現實人生的種種感受。《詩經》中的『大雅』與『小雅』就是他們彈唱的作品。琴在戰國秦漢之世相當盛行，產生了許多膾炙人口的佳話。戰國時秦相百里奚原妻彈唱『五羊皮』；西漢大詩人司馬相如爲卓文君彈唱『鳳求凰』就是其中典型的兩例。三國朱然墓出土漆盤上的百里奚妻彈琴圖：圖上畫四人，其中三人旁有題記。新任秦國丞相的百里奚踞坐堂上，雙手舉於胸間，露出驚喜之態。堂下妻背對百里奚横琴彈唱『五羊皮』歌。官合妻踞坐在百里奚身邊，左手拭泪，其側有一女注視百妻，看來被其哀怨的歌聲和琴聲所感動。上述的幾張琴有可能就是她（他）們所用的樂器。這些琴的音樂功能顯然有高有低，總的來説並不發達，保留着較多從法器轉化而來的痕迹。

到了漢末魏晉之際，將琴與神聯繫起來的傳統觀念逐漸淡薄，對美的追求已成爲時代的潮流。一些名士隱居林下，以琴書自娱相標榜。其中位居『竹林七賢』之首的嵇康更

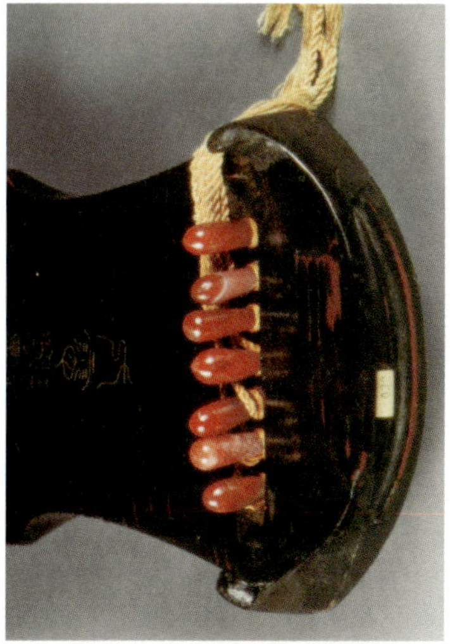
圖五　瑪瑙琴軫

圖六　中國國家博物館藏「混沌材」琴竹節琴軫

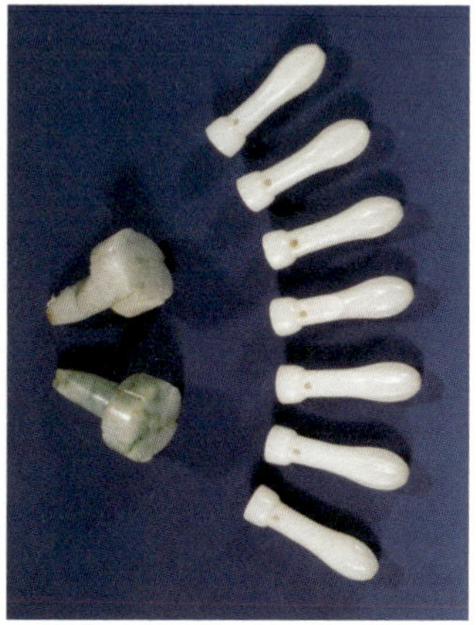
圖七　白玉琴軫、雁足

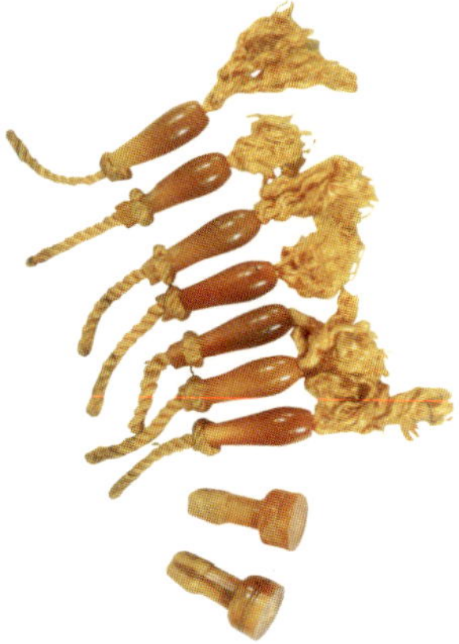
圖八　琥珀琴軫、雁足

圖九 琴囊

以『鄭聲實美好』爲口號，在其所寫《琴賦》中對音樂美作了具體的描述。同時，正式提到琴體上標誌音位的『徽』。從江西南昌晉墓漆盤上的《高士彈琴圖》和南京西善橋南朝磚刻《竹林七賢圖》中彈琴的畫面來看，他們所彈的琴已與唐宋以降的琴並無原則的差别。

三 文人與琴

琴脱離廟堂巫師而成爲文人手中『絃歌』的工具，大約是從西周晚期至東周初期開始的。『士無故不撤琴瑟』逐漸成爲文人的時尚。琴與文人共呼吸、同命運、同生存、共發展，結下了不解之緣。所以琴與其他樂器不同，它不僅是造琴工匠製作的一種樂器，很多時候更是文人直接參與製作的、蘊含了中華文化精髓的藝術珍品。

前面曾經説過，早在先秦時期，琴就是文人手中賦詩絃歌的重要工具。據説孔子杏壇講學之時，在壇上鼓琴絃歌，弟子在壇下跟着習讀（注七）。到了兩漢琴更成了文人抒情寫意、修身養性與接受素質教育的必備工具。凡是有成就的詩人、文學家，如西漢的司馬相如，东漢的桓譚、劉向、馬融、蔡邕、蔡琰等，幾乎無一不是彈琴的高手。這種情況在三國魏晉至南北朝之世又有新的發展。以嵇康、阮籍为首的『竹林七賢』都是琴的愛好者與熱心提倡者。在竹林山泉之間，七賢聚會，有的飲酒高歌，有的彈琴低吟。前述南京西善橋南朝大墓磚刻《竹林七賢圖》即是此景的生動寫照。據説阮籍的母親去世後，嵇康的哥哥嵇喜按照禮法去弔唁，阮籍毫不客氣，用瞧不起人的樣子來接待。嵇康聽説後，不按常禮，帶了酒和琴去弔唁，阮籍反而用極尊敬的樣子來接待（注八）。嵇康後來被司馬氏殺害，臨刑前還彈了一曲《廣陵散》，這就是千百年來傳誦的『《廣陵散》從此絶矣』的由來。文人愛琴解音，風氣之盛，整個南北朝時期始終未衰。所以無怪乎北宋琴史學家朱長文要説：『晉宋之間，縉紳猶多解音律，蓋承漢魏嵇（嵇康）蔡（蔡邕）之餘，風流未遠』（注九），可見其影響之久遠。

魏晉六朝是琴在藝術上日漸成熟的時代。嵇康『鄭聲實美好』和《琴賦》中關於『性潔静』與音樂美的論述，反映了時代的變異給琴樂帶來的深刻影響。這種情況到隋唐得到了進一步的發展。琴在那些素養較高的文人中間，成了生活中不可缺少的伴侶。他們聽琴賦詩，揮毫寫字，以琴會友。李白《聽蜀僧濬彈琴》、韩愈《聽穎師彈琴》、常建《聽張山人彈琴》、白居易《聽彈古渌水》、賈島《聽樂山彈易水》等大量琴詩，還有唐大曆間柳識《琴會記》等文，即其最好寫照。白居易甚至在他寫的《聽幽蘭》詩中還提出了『欲得身心俱静好，自彈不及聽人彈』的主張。我們知道，唐代是中國歷史上融匯吸收外來文化最開放的朝代。風靡整個社會的是經由絲路傳

圖一〇 山東章丘女郎山戰國中期大墓出土的彩繪彈琴或彈瑟俑

來的『鏗鏘鏜沓』的胡部新聲，唐玄宗熱衷的更是『頭如青山點，手如白雲飛』的羯鼓與《霓裳羽衣》之類融匯中外音樂風格的新樂，愛好新變已成爲時代的潮流。唐代的琴樂當然不可能超然獨立於時代氛圍之外而不受其影響，這就是唐代造琴工藝、演奏技法、記譜方法以至於琴曲本身都產生重大變化的原因所在。宋代大儒范仲淹在《與唐處士書》中批評宋以前的琴藝『妙指美聲，巧以相尚；喪其大，矜其細，人以藝觀焉』。就是說，追求的是美與藝術，而不是古來的傳統。他的話從反面證明魏晉隋唐確是琴真正成爲藝術的重要階段。

宋、元、明、清四代琴與文人間的聯繫更加密切。宋立國之初即以文治为重，太宗、徽宗對琴有着特殊的愛好。他們精於彈琴作畫，善作詩文。傳世名畫宋徽宗《文會圖》與《聽琴圖》即其生動寫照。《文會圖》描寫了宋徽宗與一羣文人學士在御花園内寫詩宴飲的情景，後面石案之上放有一琴，説明彈琴與吟詩作畫寫字一樣，是文人雅集不可缺少的内容。《聽琴圖》描繪在一棵高聳入雲的青松之下，宋徽宗身穿道裝，信手彈琴，旁邊山石之上坐有兩人，正側耳傾聽，琴聲是那樣悠揚，令人心醉。在帝王的倡導與影響下，朝野上下，無不以能琴爲榮。徽宗政和年間，錢塘太守梅公在風景秀麗的西子湖畔舉行琴集，會集手下清客和杭州文人雅士，帶來名琴數十張，彈奏品評，一時傳爲佳話。元世祖忽必烈在立國之初，也曾下令召見來自江浙的琴家毛敏仲。其丞相耶律楚材也以能琴愛琴稱著於世。明、清帝王能琴愛琴之風更盛。明憲宗能琴名冠一時，傳世刻有『廣運之寶』印鑒的各式成化御製琴當可爲證。清康熙、雍正、乾隆三帝亦皆好琴。乾隆自幼琴棋書畫樣樣精通。他聽侍臣唐侃彈琴，曾寫詩一首以記其事。詩云：

蕭森梧竹含秋清，銀猊吐篆縈風輕。虛堂萬籟俱閒寂，唐侃琴操鏘鏘鳴。
一彈再撫餘音杳，松風水月襟懷渺。孤鶴橫空唳一聲，繁絲弱竹喧羣鳥。

這首詩後來就刻在乾隆收藏的頭等三號宋『九霄鳴珮』琴上。乾隆還非常熱衷於收藏歷代名琴。他曾請侍臣梁詩正、唐侃將其藏琴斷代品評，分等編號，繪爲册頁，記録存世。乾隆晚年退位後，也經常以琴畫自娱。郎世寧畫《弘曆觀畫圖》對此有真實的記録。乾隆之子嘉慶皇帝也愛好古琴。影響所及，朝野上下，琴風之盛，空前絶後。本書所載明四王琴（寧王、衡王、益王、潞王）、崇昭王妃琴、董其昌款琴等大量傳世古琴，均可爲證。甚至有些人不會彈琴，也要附庸風雅，在牆上掛琴，在几上陳琴。琴成了文化的象徵。

琴與文人既然密不可分，它的發展也就不能不受到各個時代文人的觀念形態、文化思潮、審美情趣的影響。

若以唐爲界，總的傾向是，從聲多韻少向聲少韻多轉變。若結合演奏技法的變化來說，唐以前多繁聲促節的右手套頭指法，講究的是早期《廣陵散》等曲體現的氣勢、力度和節奏。中唐開始，特别是宋以後，右手套頭指法開始分解为聲少節緩的單聲指法，左手指法得到充分的發展，這就是後期《瀟湘水雲》、《憶故人》等曲體現的對意境、情趣與韻味的追求。這種轉變的產生，有着極爲深刻的歷史原因。其中除傳統的儒、道思想外，中唐興起的佛教禪宗思想，影響尤大。同时這也是琴樂本身在藝術上進一步深化的反映。在整个藝術領域，這種藝術思潮的首倡者是中唐的司空圖，後來宋代嚴羽和明清之際的王漁洋又加以新的發揮。就琴的領域而言，唐代劉籍《琴議》『參韻曲折，立聲孤秀』、『遇物發聲，想象成曲』，薛易簡《琴訣》『聲韻各有所主』的提法，已肇其端。北宋朱長文《琴史》『心者道也，琴者器也』，成玉磵《琴論》『彈琴如參禪』的主張，始暢其流；明代末年徐上瀛《溪山琴況》『明心見性』、『神遊氣化』等論述，则達其巔。作爲古代精英文化的琴樂而言，如果說早期的氣勢與力度雖然奔放誘人，畢竟有點外在；那麼後期對意境、情趣與韻味的刻意追求，貌似平淡，然而卻更加内在深刻。就是說，它不僅要注意琴樂創作的心理特徵，而且要求琴樂描繪出種種特定的藝術境界，要求琴樂去捕捉和反映種種可意會而不可言傳的情感、思緒和種種抽象的哲理及想象。一般說來，奔放熱烈，雖非易事，畢竟容易取勝；淡而有味，似乎容易，其實難度更大。若無一定功力，往往流於平庸粗疏。若要隨心所至，臻其妙境，完全取决於琴家的情操氣質、藝術修養及其對藝術的理解。在這裏，中国琴樂真可以說是寫心的藝術。這種富於東方哲學特色的藝術成就決不是一般民間音樂能比擬和企及的。所以說，琴樂之所以能成爲中國高雅音樂的代表，與中國文人的直接參與是分不開的。

圖一一　湖北隨州戰國初期曾侯乙墓出土的十絃琴

四　傳世琴的製造工藝

由於不同時代人們審美情趣的差異，再加上不同時代造琴工匠在製造工藝上的不同創造，不同時代的琴在具體樣式、音樂性能，特别是音色、音質的選擇上也各有不同的特點。在傳世文獻中，許多有名的古琴都是在文人直接參與下，由著名造琴工匠製成的。東漢蔡邕的焦尾琴、唐代李勉的『響泉』和『韻磬』就是其典型實例。唐以前造琴工匠的姓名與事迹所知甚少，現在只能在傳爲顧愷之《斲琴圖》中尚能見其一二。唐代開始至明清之際造琴工匠名家輩出，如唐代四川的雷威、郭諒；吴中的張越、沈僚等人；五代宋初的朱文濟、北宋的馬希聖兄弟與僧居月；南宋的金遠，元代的朱致遠；明代的祝海鶴、惠祥與張慎修兄弟等人（可參看明仇英《清明

圖一二

圖一三

圖一四

圖一五

圖一二至圖一五 湖北荊門郭店戰國中期楚墓出土的七絃琴

上河圖》斲琴作坊，圖一九）。其中唐代雷威與張越的琴，由於其造型、音韻俱佳而最負盛名，自宋代以來就成了人們爭相收藏的珍品，而有所謂『雷琴』、『越琴』的美譽。他們的造琴經驗也被宋人所寫《僧居月造琴法》、《碧落子斲琴法》等奉爲經典。

琴究竟是怎樣造出來的呢？按傳統琴書記載，要造一張好的琴，首先是選材。我們知道，琴是利用絃的張力引起木質音箱振動而發聲的彈絃樂器。音箱木質的好壞，包括其疏鬆度與音質，音色有着極爲密切的關係。因此在琴材的選擇上，一定要選陳年老材，一般要經過烘烤處理。據說東漢大文學家蔡邕有一次到吳地游歷，看到村内有人在爐竈中用一段桐木燒火，他根據燃燒發出的聲音，判斷它是造琴的良材，立刻將它從竈中搶出，木頭尾部已經燒焦，後來用它做了一張琴，這就是著名的焦尾琴。當然最理想的材料還是地面古代建築的梁柱等自然乾燥的陽材。據說五代南唐的忠懿王好琴，他曾經派人四處搜求造琴的良材。有一個使者來到浙江的天台山，夜宿在寺廟裏聽到遠處的瀑布聲，早晨起來向外觀望，見到瀑布之下的山石間有一屋柱，是陳年老桐。於是取其陽面做了兩張琴。其音色、音質之妙超乎尋常。這就是宋代成爲希世之寶的『洗凡』與『清絕』兩張名琴的來歷。

歷代造琴工匠在造琴實踐中發現，要使琴體音箱的振動合乎一定的規律，一般面底要選用兩種不同材質的木材合成。面板大都用鬆軟的桐木、杉木，底板則用堅硬的梓木或其他硬木。不過也有面底用同一種木材合成的，如本書所載故宮博物院藏『九霄環佩』琴面底同用杉木合成。這種琴又名純陽琴。面底兩種木料及其厚度的掌握，有名的工匠往往采用敲擊『板音』——根據面底的音高頻率與音質來進行判斷。《碧落子斲琴法》根據實踐經驗，對面底厚薄與琴體，琴絃發音的關係作了明確的論述，認爲：

凡面厚底薄，木（按音）濁泛（泛音）清，大絃（粗絃）頑鈍，小絃（細絃）焦咽。

面底俱厚，木（按音）泛（泛音）俱實，韻短聲焦。

面薄底厚，木（按音）虛泛（泛音）清，利於小絃，不利大絃。

面底皆薄，木（按音）泛（泛音）俱虛，其聲泛出，音韻飄飇。

只有『面底相當，虛實相稱，絃木聲和』，纔是最理想的選擇。要造一張好琴，必須注意面底木紋的走向。歷代造琴大師還發明了一種百衲琴。它的面板采用多塊六邊形的木塊拼接而成。這種琴如果處理不好，往往聲

圖一六　湖南長沙馬王堆三號墓出土的西漢初七絃琴（修復前）

音欠佳。但是也有音韻甚佳的成功之作，如吳兆基舊藏宋『玉玲瓏』琴即其一例。

琴體上，岳山與龍齦是承受絃的張力引起琴體振動的關鍵部位，一般要用木質堅硬、木紋細密的紅木、紫檀、烏木等珍貴硬木製成。兩者的高度與厚度對琴體發音的優劣關係甚大。

琴材確定後，要按一定的長度與寬度製成板材（其長度一般在120厘米上下），再按一定的樣式，使琴體合乎某種特定的審美要求，又有利於琴體的發音。就已知資料而言，唐宋以來通行的樣式主要有伏羲、神農、仲尼、連珠、蕉葉等。除此以外，在明清兩代也有其他一些新奇古怪的樣式，不過並未廣泛流行。一般來説，伏羲式、連珠式與仲尼式琴，其樣式秀美大方，最爲常用。

由於琴是一種以音箱的表面作爲指板的彈絃樂器，因此，要造一張適於演奏、發音性能優異的琴，既要處理好音箱表面的坡度，又要注意其槽腹內部的結構關係。在這兩個問題上，前者主要是要處理好琴面上岳山與龍齦的關係。一般來説，岳山與龍齦的厚度及高度，既與演奏有關，又會直接影響到琴音的優劣。歷來有所謂『前一指，後一紙』的説法。就是説，前面岳山不能過高，它與琴面之間僅可横向插入一指；後面龍齦也不能過高，它與琴面間的距離最好只能插入一張紙。不過有一點必須注意：就是左指按絃發聲時，不能影響琴絃的振動，不能引起絃擊琴面的毛病。而要做到這一點，有的造琴工匠巧妙地發明了稱爲『低頭』的做法。就是説琴面從二、三徽處開始，逐漸向岳山處向下傾斜，這樣岳山的高度雖然未變，但是它與琴面的距離却是縮短了。當然並不是所有的造琴工匠都能掌握這種技術。但是琴是否『低頭』却成爲每個琴家選琴、購琴時一個重要的標準。彈琴家所謂手感的好壞，也是由是否『低頭』決定的。二是要處理好琴體厚度與槽腹的大小比例。這是決定一張琴質量好壞的重要方面。一般來説，琴的面板與底板過厚或過薄；槽腹過大或過小，都不利於琴的發音。《碧落子斲琴法》認爲：『面厚且窄，其聲低而窒塞；面薄且寬，其聲高而虚鳴。』必須處理得當，纔有妙音。唐代雷威與張越造琴的最大貢獻，就是他們在處理面板厚度變化時將其中央正對龍池與鳳沼的部分厚度加高，形成中間凸起的长條形或圓形的音梁，稱爲『納音』。納音的存在，可以改善琴體的發音規律，使琴音富於韻味。除此以外，在槽腹內部還有兩個連接面底的音柱，也會改善琴體的振動狀態。《碧落子斲琴法》認爲：『虚宜添之，實宜修半。』就是説，如果琴音空虚，必須加大天地兩柱的截面；如果琴音過實，就要減小天地兩柱的截面。從已知傳世名琴來看，天地柱的長寬或直徑，一般在1.5—2厘米上下；不過也有不到1厘米的實例存在。

在木質音箱製好以後，琴體四週均要髹漆。歷代造琴大師在琴的髹漆工藝上各有不同的創造。一般來説，漆胎均用生漆與瓦灰，鹿角霜或八寶灰合成。其中瓦灰胎質地最爲疏鬆，用它作胎髹琴，聲音容易鬆透，缺點是易於磨損，一般人不太喜歡。鹿角灰胎，質地堅固，不易磨損，時間越久，聲音越透，故歷來爲人所重。這類琴在傳世琴中數量最多，不乏優秀之作。八寶灰胎，用金、銀、翡翠等八種珍貴寶石與生漆，硃砂等合成，質地最堅，最爲珍貴。唐人造琴有時在琴體上先施一層薄薄的漆灰，再加一層麻布，在布上再加一層漆灰。等乾後，再按層施灰。一般先施粗灰，後施中粗灰，再施細灰。等乾後再髹表漆。表漆一般分紫漆、褐漆、黑漆、朱漆、黄漆等多種。有時琴上先髹一層褐漆，再加一層黑漆；也有始終只髹黑漆或朱漆的。有時也有用朱、黑兩漆相間形成漆色斑斕的效果。漆胎與表漆的質料與工藝的優劣，对左指的按絃取音與音色的好壞關係甚大。

一張質量優秀的琴，製好以後必須經過琴家的不斷彈奏，它的聲音會越彈越好。隨着歲月的流逝，其漆胎與表漆也會形成各種形狀的裂紋，琴家稱之爲斷紋。其中以各式各樣的蛇腹斷與細紋斷居多。琴體背面往往還會有名人題刻的琴名、題詩、題詞，或篆刻的各種印章。因此一張傳世名琴，往往既是樂器，也是書法、篆刻俱佳的藝術珍品。

五　傳世古琴的鑒賞與收藏

隨着經濟文化的發展，對各類藝術品的鑒賞與收藏，日漸成爲當今文化生活的一個重要組成部分，受到人們廣泛的關注。而在各類藝術品中，琴或古琴，對一般人來説只知它是一種樂器。其實，琴自古以來就與文化人結下了不解之緣。它既是造琴工匠製作的樂器，也是在文化人直接參與下做成的藝術珍品，因而很早就有了收藏歷代名琴的傳統。

文獻記載，早在先秦兩漢之世就已有名琴存世，如楚琴『號鐘』，西漢司馬相如琴『緑綺』，東漢蔡邕琴『焦尾』等。其中焦尾琴，據説南齊時還存於宫中，齊明帝曾讓其侍臣王仲雄用它來彈奏（注一〇）。可惜早已失傳，現在只能在傳世琴書《太古遺音·歷代琴式》（見附録）中還能見到它的一些蹤影。至於其實物究竟如何，已無從判斷。現在還能見到的古琴，幾乎都是六朝以後的產品。唐代著名造琴工匠雷威，張越的雷琴，越琴，宋代馬希聖兄弟的馬氏琴，元代朱致遠琴，明代吳門張氏兄弟琴等，就是千百年來人們爭相收藏的名琴。宋代以來，由於收藏之風的盛行，人們對名琴的刻意追求，爲牟利而作的仿品，僞品也應運而生，有的甚至達到可以亂真的地步。这種真僞雜糅的狀況，使收藏者只有獨具慧眼纔能免遭其害。

圖一七　湖南長沙馬王堆三號墓出土的西漢初七絃琴（修復後）

圖一八　湖北棗陽九連墩戰國楚墓出土琴

收藏者的眼力是否是天生的呢？當然不是。自古以來，許多有成就的收藏家首先靠的是豐富的經驗，然後是準確的判斷和有關學識的積累。真品看多了，贋品一看就知。反之，以贋當真，即使遇到珍品也會當面錯過，事後與人說起，悔恨萬千。這種建立在感性經驗基礎上的理論積累，最早當推北宋政和六年（一一一六）陳伯葵的《琴說》（注一一）最負盛名。陳氏家藏祖傳唐琴一張，腹內寫有『雷顏石磬』四字。有一次，大文學家歐陽修與范希仁兩人去陳家拜訪，陳氏拿出此琴請二人鑒賞。歐陽修告訴他，『雷顏』指的是這張琴的製造者，或許就是蜀中士大夫常說的唐代著名造琴家雷會的父親。『石磬』是爲這張琴題的名字。但是從其形制的時代特徵來觀察，他表示有些擔心，『此琴雖古，而規模形制，殆合當今所尚』。就是說有可能不是唐琴。陳伯葵用這張琴與他宦游南北時見到的許多名琴進行比較，認爲鑒別琴的真贋優劣，除注意形制、題款外，還要從琴材、音韻、斷紋等方面進行綜合的觀察。他認爲，要求琴材必須『堅實温潤』，音韻必須『圓實清響，如擊金石。吟之指下有不窮之餘思』，而且要『上下四聲皆善』，面板上下各個音區發音效果俱佳。他不贊成只取音韻而不顧斷紋；或只重斷紋而不管音韻。他認爲『有斷而無聲者，何以見琴之佳；有聲而無斷者，何以表琴之古』。後來南宋末年趙希鵠在《洞天清禄集》中又再加補充，对琴的形制、漆色與年代的關係作了進一步的論述。趙氏認爲『太古琴』最古，後來纔流行夫子（仲尼）、列子兩式。他根據比較，得出南宋以前琴的特點是『肩垂而闊』；南宋時琴是『聳肩而狹』。至於漆色，則以烏木色『最奇古』。後來明清以至近代的衆多鑒琴家又進一步提出了『唐圓宋扁』的規律，並有清乾隆間梁詩正、唐侃《乾隆御題琴譜册》（見附録）與清末民初楊宗稷《藏琴録》（注一二）及近人王生香《鑒琴六要》（注一三）等著作問世。其中《乾隆御題琴譜册》可以說是現存較早的一本有關鑒琴的彩色圖録。這本圖録除琴的彩色圖像外，對其形制、尺寸、時代、題款、特徵、琴名、等級、編號均有詳細的記録，反映了梁、唐兩位琴家在琴的斷代、鑒定方面所取得的成就。

那麼對於今天的收藏、鑒賞者來說，究竟怎樣挑選、鑒賞一張傳世古琴呢？我們知道，一張琴究竟采用哪種形制與樣式，與那個時代人們的觀念形態、審美情趣或愛好密切相關。因此，挑選、欣賞一張琴時，首先要對其形制樣式，甚至還有琴額偃月、龍舌、護軫與琴尾冠角、尾托的式樣與風格特徵進行觀察與分析。

歷代琴的樣式究竟有哪些？哪些是舊有樣式的沿用？哪些是當代新創的樣式，其演變的脈絡究竟如何？據明蔣克謙《琴書大全》轉引東晉謝贍（三六七—四三三）《琴聲律圖》稱：『琴有十二家樣，形體有殊，分寸俱別。』就是說，唐以前琴有十二種不同樣式，其琴體形狀大小尺寸各異。同書轉引唐宋琴書則認爲，自古以來琴的樣式有『十八種』。其中符合『雅度』者，不過『伏羲、大舜、夫子、靈關、靈和』五種，其餘都是『意新

狀奇，終乖古制』的新奇樣式。這些樣式中，僅有『伏羲』、『夫子』等少數幾種在傳世琴式圖與傳世琴中還能見其實例存在，而其他各種樣式則尚待結合有關資料研究證實。

從現存衆多傳世琴來看，有的樣式出現較晚，其時代較易確定，如雲和式，宋以後纔有；如蕉葉式，元或元以後纔出現；有些樣式，如仲尼式（即夫子式）、伏羲式、連珠式、靈機式、師曠式，唐宋元明各代皆有。這就要從琴體各部分的形狀尺寸與風格特徵的細微變化來分辨其時代的早晚。在這些樣式中，仲尼式琴數量最多，情況也最爲複雜。一般說來，南宋以前是『肩垂而闊』，琴體偏厚；南宋時是『聳而狹』，琴體漸薄；元至明初肩寬而扁，邊棱帶有圓勢，萬曆、崇禎則肩窄而棱角分明。有的樣式很古，如玉峰式與列子式，不少是宋明仿品。有的樣式非常特別，如『洛象』琴。該琴琴頭中央尖出，屬鳳舌式，而其琴身兩邊又作四个半月形，腰部作鈎雲形，與《太古遺音·歷代琴式》上的鳳舌式完全不同。從琴腹納音兩側刻款，知其爲明成化乙巳御製琴。因此不能一概而論。不過有一點必須明確，琴的傳統樣式並不等於就是考古器物類型學所分的型或式。

現有古琴鑒定理論，依據器形渾厚與納音特徵認爲故宫藏『九霄環佩』伏羲式琴代表了盛唐雷琴的典型形制。問題是琴在盛唐以前早已存在，其形制特徵究竟如何，至今情況不明。唐代造琴名家並非只有雷氏一家。雷琴也不是只有伏羲式一種。晚唐陳拙《琴書》就談到雷琴『多靈關樣』（注一四）的話，而且還特別指出雷琴『比他琴例皆長闊』，有其不同特點。文獻記載，與雷氏齊名的唐代吳地張越之琴即以『材分輕小』（注一五）稱著於世。而且唐代也有長度較短僅『二尺八寸』（注一六）的伏羲式琴，與『例皆長闊』的雷琴明顯有別。事實上，雷、張造琴之規，在造琴者中，自五代至北宋仍遵奉不衰。北宋太宗的琴待詔——南唐北宋間人臧守信就是當時宫中著名琴家兼斲琴家。他就以『與雷、張切磋』而名盛一時（注一七）。北宋僧居月《琴制》也以『志學古法，嘗造新琴，大抵以雷、張琴爲式』相標榜（注一八）。

上述種種情況，使我們在分析唐與五代宋初琴的形制特徵以及究竟誰早誰晚等問題時增加了複雜性，需要參考多方面的資料，認真斟酌，不然就會造成失誤。還有，當今視爲南宋時期的仲尼式琴中，有的體窄面圓而厚，與南宋紹興間金遠『玉壺冰』等許多南宋琴不同，那麽有無可能其中含有唐代張越或郭諒的作品呢？值得認真研究。又如汪建侯先生原藏『飛泉』琴，有人定爲神農式。其琴頭、項、身同伏羲式；身後尾直無腰則與伏羲式明顯有別，相反卻與傳統琴式圖中的秦琴，甚至與湖北荆門戰國墓、湖南長沙馬王堆漢墓出土『琴』的尾部大體相同。如果以琴頭的形式作爲分型的標準，兩者應屬同一類型。不過由於『飛泉』琴繼承了較早的傳統，必然將神農式作爲定型的標準，而將伏羲式作爲它的亞型。兩者顯然不能像傳統琴式那樣作爲兩種不同的

圖一九　明代仇英《清明上河圖》中的斲琴作坊

型來對待。至於『飛泉』琴的年代早晚，還要從其時代與風格特徵，再結合其木質、灰漆、斷紋、題款等方面進行全面的分析，不能草率作斷。因此，實現類型學的分型分式與傳統鑒琴理論的結合，應是擺在我們面前亟待解決的一個重要課題。

在鑒别琴的形制特徵的過程中，琴額偃月、護軫與琴尾、冠角、尾托（焦尾下帖）的形狀，包括偃月内龍舌的有無及其形狀，也是判斷其年代早晚的一個不可缺少的組成部分（圖二〇）。從已知年代的傳世琴來看，唐宋琴的琴額與偃月寬而扁，龍舌突出，護軫微微内收。琴尾冠角多綫形裝飾，轉角較圓。尾托光素，略帶圓勢。不過也有冠角光素，無尾托者。從明初開始，琴額開始向窄而高轉變。冠角除繼承舊有兩種較樸素的形式外，開始出现卷雲紋、迴形雲紋等較繁簇的花紋。尾托光素而極爲平整。當然也有確爲唐宋之琴，而其冠角或尾托卻是明清時人重新换過的。因此判斷時必須十分慎重，不能單憑一點就下結論。

在傳統鑒琴理論中，木質、灰漆、斷紋是判斷真僞與年代的重要方面。古往今來，造琴家爲了取得較好的發音效果，製琴一般不用新木，而要用陳年古桐與古杉等，这就使琴的製造年代往往晚於木材的年代。如果遇到一張唐琴或宋琴，用的卻是明代或清代的木料，不言而喻是一張贋品。由於陳年老木与新木两者木色明顯不同，作僞者有時采用刷色或塗灰漆的辦法加以掩飾，如中國藝術研究院藏『松濤』琴腹内的刷漆即其一例。有的則利用陳年舊琴，改製以後冒充唐琴、宋琴。因此，單憑木質很難斷定其早晚。比較而言，琴體表面所塗灰漆與斷紋造假較難。琴的灰漆，一般由漆胎與表漆組成。漆胎因所用質料的不同而有瓦灰、鹿角霜、八寶灰等多種。瓦灰胎，因漆面易於磨損或受潮而造成漆皮脱落，彈琴家往往不愛收藏。不過其聲音容易透潤，如北京电影樂團藏黑漆仲尼式琴，即屬瓦灰琴中之佼佼者。一般説來，鹿角霜琴最爲常見，傳世琴中絕大多數均屬此類。這類琴中，有的漆胎用純鹿角霜合成，如故宫博物院藏『玉玲瓏』、南宋金遠琴『玉壺冰』、明萬曆琴『風雷』等；有的則雜有硃砂、銀屑等，如故宫博物院藏唐『大聖遺音』琴。有的漆胎較薄，如中國藝術研究院藏晚唐『枯木龍吟』琴即屬此例；有的漆胎既厚且硬，如清宫舊藏宋『松石間意』琴。比較珍貴的則是八寶灰胎，用珍珠、瑪瑙、翡翠、青金石、孔雀石、金、銀等多種珍寶磨成細粉，與生漆合成。由於選料的不同，其漆質、漆色也各有特色，如中國國家博物馆藏宋八寶灰琴『混沌材』，其漆胎藍紅錯雜，褐紫掩映，斑斕多姿。與宋元間『虎嘯』琴在褐漆中露出點點青翠，明弘治琴在黑褐中泛起閃閃銀光，明潞王琴在朱、黑中露出點點翠緑，或鑲嵌種種珍奇寶石，明顯不同。由於鹿角霜與八寶灰胎，聲音堅實透潤，漆面不易磨損，歷來爲人所重。

漆胎之上所髹表漆有紫漆、褐漆、黑漆、黄漆、朱漆等多種。有時漆胎之下加有一層麻布，如故宫博物院

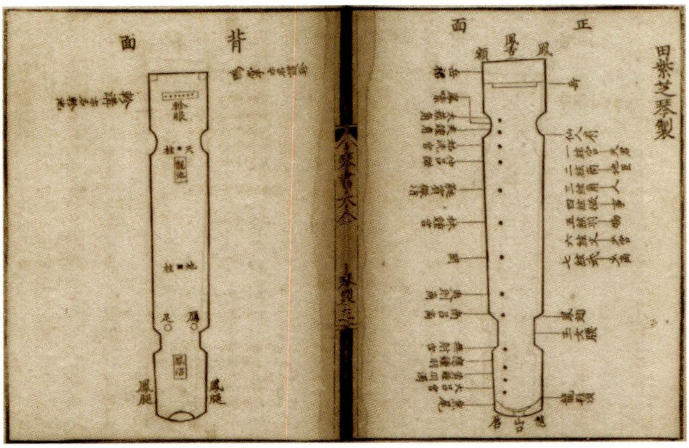

圖二〇 明代蔣克謙《琴書大全·琴製》書影

藏伏羲式『九霄環佩』琴、中國藝術研究院藏唐款『輕雷』琴、鄭穎孫舊藏『蕉葉』琴（圖二一）等。有的在一種表漆之上再罩上另一種表漆；有的甚至加有一層或多層灰胎與表漆。如前述『輕雷』琴，其底層在麻布胎上髹有一層較硬的漆胎與黑色表漆，後來在其上又加一層較爲疏鬆的漆胎與紅黑相間的表漆。又如管平湖舊藏沈約款『萬壑松風』琴，現有漆胎共三層，底層爲質地疏鬆的薄鹿角灰胎；中層爲質地較硬的黑色漆胎；上層先刷一層白色粉末，再髹褐漆，後又以朱漆修補多處。凡遇一琴有多種漆層者，必須參考其他有關情況認真分析，看看究竟是原有的工藝，還是重髹的痕迹；或者是後人利用舊琴作僞的產物。一般説來，原琴原漆較珍貴，其真僞較易確定。凡經多次重髹，則要十分慎重，以免上當受騙。

由於年代久遠，木質與漆胎材質的差異，不同時代或同一時代的琴，其斷紋的形狀並不相同。傳統稱謂有蛇腹斷、細紋斷、牛毛斷、流水斷、龜背斷、冰裂斷、梅花斷等多種，其中以蛇腹斷與細紋斷最常見。前者以衆多形似蛇腹的平行裂紋而得名。由於各平行裂紋間距離的不同，而有大小之分。後者以數量繁多的細紋而得名。其狀如水波者稱流水斷，狀如牛毛者稱牛毛斷，狀如裂冰者称冰裂斷，狀如梅花或隆起如龜背的裂紋，則稱梅花斷或龜背斷。一般説來，唐琴以細密而間雜其他斷紋的小蛇腹斷居多，如故宫博物院藏唐『大聖遺音』琴、中國藝術研究院藏『枯木龍吟』琴等。宋明之時始見行距較寬的大蛇腹斷，如宋元間『虎嘯』琴、明弘治無名琴等。細紋斷除見於李伯仁舊藏『獨幽』琴外，在兩宋元明各代的琴上較爲多見，如清宫舊藏北宋『松石間意』琴、宋淳熙款『鳳鳴』琴、元朱致遠『玉泉』琴、李伯仁舊藏『鶴鳴秋月』琴、元赵子昂款『萬壑松風』琴、明初朱權『飛瀑連珠』琴、明萬曆『清英』琴等。一張琴上，有的面底以同一種斷紋爲主，其他斷紋爲輔。有的面底各以一種斷紋爲主，如明祝海鶴蕉葉琴，面爲細紋斷，底則在蛇腹斷間雜有細紋斷。由於不同時代、不同工匠在漆胎填料、表漆選擇以及具體工藝過程上並不完全相同，因此不同時代的琴，其漆質、漆色或斷紋形式，實際上是千姿百態的。譬如唐琴多用紫漆或黑漆，其小蛇腹斷間往往雜有細密牛毛斷或冰裂斷。又如斷紋凸起如朏，在棕褐色表漆之上泛起一層黄色銹斑，多見於唐、宋琴上，而在宋後卻極爲鮮見。又如在黑漆之上再罩一層褐漆，斷紋細密如絲，多見於宋元琴上。當然在灰漆的分析判斷方面，必須慎重。有的琴，漆質疏鬆，即使年代不算太久也容易起斷；有的琴，漆質堅硬，即使年代較遠也難以起斷，如明末潞王生前製『中和』琴達四百餘張，至今有的琴通體無斷；有的僅局部起斷。不過有一點必須注意，如果其表漆確是原漆，那麼即使無斷，其表面必然有一層用顯微鏡纔能看到的形如蛛網的細密裂紋。因此有的琴表面看來似乎通體無斷，其實是真品。除非該琴已用新漆重新漆過，这种細紋就看不到了。當然斷紋也可僞造。如中國藝術研究院藏宋文天祥

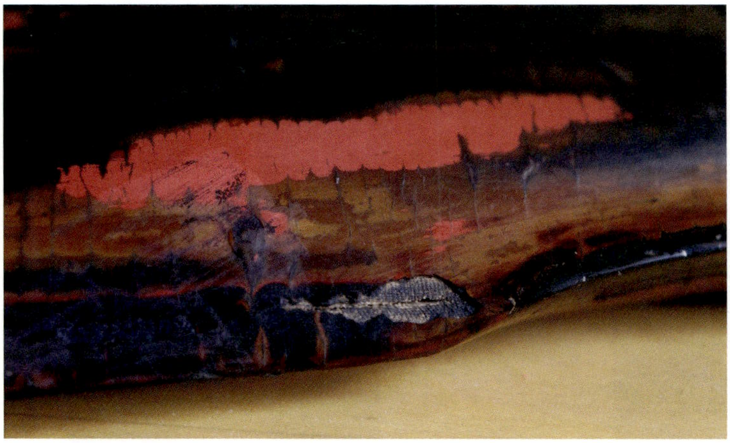

圖二一 鄭穎蓀舊藏『蕉葉』琴麻布胎

琴（圖二二、二三、二四），就是先塗一層灰胎，在上面撒一層白粉或貼一層紙，用刀刻出大體平行的假蛇腹斷，再在上面塗一層薄薄的灰胎與表漆。時隔不久，上面一層就可局部起殼並裂出斷紋。这种斷紋，因係人工斧鑿所致，裂紋極其規整，容易識破。

琴腹内外的題款，是鑒賞的重要方面，也是鑒别真僞與斷代的依據。題款，分寫款與刻款兩類。寫款又分墨書與朱書兩種。腹内題款多寫刻在長形納音的左右兩側，也有寫刻在正對龍池的納音中央，或寫刻在圓形納音的四週。題款有當時原款，也有後世補題或僞作。一般説來，腹内題款，如琴體側牆無剖腹重修的痕迹，大都是原款。如有重修之痕，則要慎重研究後纔能確定。不過有時遇到利用陳年老琴所作的僞品，其題款係作僞時寫刻，其琴體側牆因重髹較厚的灰漆，也可天衣無縫，看不到破腹的痕迹。由於腹款可以明確指明琴的時代或作者，因此作僞者往往以此騙人。據説南宋嘉定年間（一二〇八—一二二四）抗金名將岳飛的後代岳珂，赴友人李奉寧家宴，内有一人帶來一張古琴，名叫『冰清』。斷紋鱗皴，製作奇古。腹有題銘，上書『大曆三年三月三日上氏蜀郡雷氏，貞元十一年七月八日再修，士雄記』。其中『貞』字末筆缺一點。岳珂由這一點看出破綻，説這張琴的腹款是宋人僞作。因为大曆、貞元是唐代宗李豫與唐德宗李适的年號，其中貞字與宋仁宗趙禎相似，只有宋人纔缺筆避諱。所以此琴不可能是唐人所作。有時腹款因年代久遠，墨色淡化，或被灰塵掩蓋，若不仔細辨認，往往忽略，以为無款。等到用半乾半濕的毛筆輕掃納音兩側，字迹纔會顯出來。如汪星伯舊藏仲尼式『風雷』琴，黑漆鹿角霜胎，面底斷紋奇古，一向以爲無款。有一天偶爾刷去灰塵，腹内納音兩側題款立現：『萬曆甲申歲孟夏月之吉，豫章□□溪獲古桐材作』，纔知確是明琴，其製作年代是明萬曆十二年（一五八四）。腹款也有托古的僞作，如中國藝術研究院藏連珠式唐款『輕雷』琴，腹内龍池圓形納音週圍有一圈題款：『大唐開元三年雷氏造』，从題款看似乎是唐琴，再加上木色黄舊。但其黑紅相間的漆層卻是後加的，其原漆係以麻布为底，上髹黑漆。况且其形體較扁，肩腰轉折處棱角較爲分明，故只能是五代或北宋之器，琴腹題款實際上是加漆重修時所刻。因此，决不能輕信腹款，只有結合全面情況，纔能对其真僞作出較爲確切的結論。

至於琴背龍池上下題名、題詩或題詞，也有原題或後刻之分。如故宫博物院藏『九霄環佩』琴，據有關專家研究，琴名『九霄環佩』與『包含』大方印係早年所刻。其餘宋人黄庭堅、蘇軾的題款係後刻的僞作。又如中國國家博物馆藏『九霄環佩』琴，其琴背龍池兩側所刻南宋周必大《雷琴銘》，從其『辛丑』年款，可知其當屬僞款。一般説來，宋元人題款，後人摹刻較多。其真僞的辨别，必須慎重。明清人題款，因時代較近，摹刻的

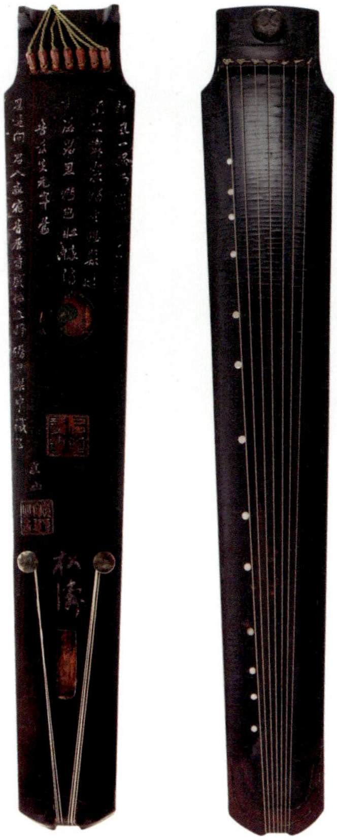

圖二二 中國藝術研究院藏『松濤』琴

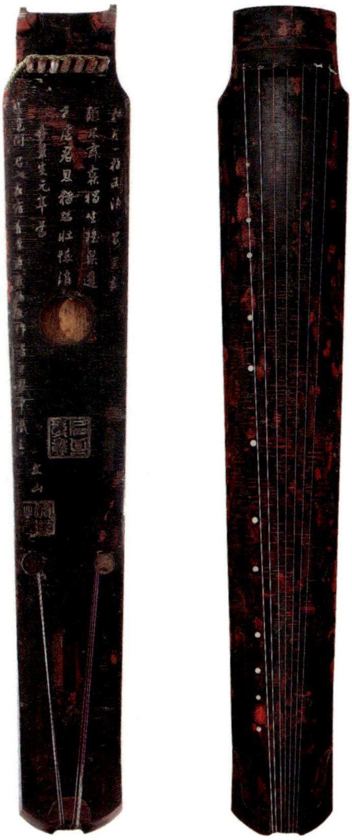

圖二三 中國藝術研究院藏『文山』琴

比較少，故真迹較多。如清代蘇州怡園主人顧文彬坡仙琴館舊藏明琴題款即其典型一例。其琴背項間刻有清初乾嘉間書法篆刻名家鄧石如大篆琴名『風雷』，其下筆粗重勁利，勢猛氣足，應是其盛年之佳作。其下龍池兩側刻有晚清同光間書法大家何紹基按琴名『風雷』而寫的行書四言古詩：『震雷巽風，陰陽相應，四時變化，乃利於正。雷風相與，亭毒吾性，久而不已，孤琴佇興。』其筆勢豪放潑辣，堪稱佳作。兩者在傳世鄧、何兩家墨迹中早已失傳，故彌足珍貴。

琴是一種樂器，其發音性能與音質、音色的優劣也是鑒賞的一個重要方面。不同時代、不同製琴工匠製作的琴，由於受到不同時代、不同審美情趣的制約，其音色、音質並不是千篇一律的。一般説來，唐琴或北宋琴多洪鬆透潤；南宋琴或明琴多清静甜美；元朱致遠琴多清静剛勁。過去有經驗的琴家，拿到一張琴，只要敲敲該琴上下三準的面板或底板，静聽其聲，就能知其發音的大致情況。當然也有這樣的情況，有人拿來一張陳年老琴請你鑒别，有時張絃一試，也許聲音虚而不實，並不佳妙。這時必須仔細分析，不能輕易作斷。譬如汪孟舒先生舊藏唐『春雷』琴就發生過類似情況。後經仔細觀察，纔知是龍齦年久脱膠所致。經重新上漆粘緊，琴音又完好如初。因此，在琴音的鑒别上必須十分慎重。

據瞭解，傳世古琴除個人收藏外，在中國很多省市博物館、文物商店或國外有些博物館中都有收藏，有的甚至藏量甚巨。但對其研究、鑒賞，除故宫博物院等極個别大博物館外，幾乎無人問津。這是十分可惜的事情。這裏所説的點點滴滴，只不過是一些極不成熟的看法，意在抛磚引玉，期望引起有志者的興趣，使文物研究中這一空白領域早日得到填補。

一九九八年六月初稿

二〇一五年五月修訂

圖二四　中國藝術研究院藏『文山』琴斷紋特寫

注釋：

一　（東漢）應劭：《風俗通義》。

二　《禮記·樂記》。

三　《山海經》。

四　濟青公路文物考古隊繡惠分隊：《章丘繡惠女郎山戰國大墓發掘報告》，《濟青高級公路章丘工段考古發掘報告集》，齊魯書社，一九九三年版。

五　湖北省博物館：《曾侯乙墓》，文物出版社，一九八九年版。

六　荆門市博物館：《荆門郭店一號楚墓發掘簡報》，《文物》，一九九七年第七期。

七　《莊子·漁父》：『孔子游乎緇幃之林，休坐乎杏壇之上，弟子讀書，孔子絃歌，鼓琴奏曲。』

八　（宋）朱長文《琴史》：『（阮籍）母喪，嵇喜來弔，以白眼待之，喜不悦而去。喜弟康聞之，乃齎酒挾琴造焉，嗣宗青眼。』

九　（宋）朱長文《琴史》。

一〇　《南齊書·王仲雄列傳》，中華書局，一九七二年版。

一一　（明）蔣克謙：《琴書大全·記載》第四三至四五頁，《琴曲集成》第五册，中華書局，一九八〇年版。

一二　楊宗稷：《琴學叢書》。

一三　《琴論綴新》第一集，北京古琴研究會，一九六二年油印本。

一四　（明）蔣克謙：《琴書大全·琴式》轉引唐陳拙《琴書》，《琴曲集成》第五册，中華書局，一九八〇年版。

一五　同注一四。

一六　『唐人有作伏羲樣琴一張，長二尺八寸，天祐壬子歲嘉辰日合』，（明）蔣克謙：《琴書大全·琴式》第四三頁，《琴曲集成》第五册，中華書局，一九八〇年版。

一七　（明）蔣克謙：《琴書大全·雜録》第一八頁，同上。

一八　（明）蔣克謙：《琴書大全·琴製》第一三頁，同上。

中國古琴珍粹

伏羲式

伏羲

伏羲見鳳集于桐乃象其形立高三尺增六寸六分製以爲琴法六律六呂之會取期之數索神靈絃絲修身理性反其天真作琴著則而象之

韓詩外傳曰伏羲琴長七尺二寸應七十二候即二十四氣也

軒轅記伏羲置琴女媧和之

〇〇一

九霄環佩琴

故宫博物院藏

九霄環佩琴，伏羲式。面桐底杉，琴體闊大厚重，琴頭自承露起微向下傾，腹内納音隆起，中間開有長溝。紫栗殼色漆，有剝落傷裂，後人用朱漆修補多處。鹿角灰胎，胎下有粗絲黄葛布底，小蛇腹斷間雜細密牛毛斷。背面龍池、鳳沼爲扁長圓形，龍池上方刻篆書『九霄環佩』四字，池旁左側刻『超迹蒼霄，逍遥太極。庭堅』十字；右側刻『泠然希太古』、『詩夢齋珍藏』十字及『詩夢齋印』一方。池下刻篆書『包含』大印一方。印下刻蘇軾題記：『靄靄春風細，琅琅環珮音。垂簾新燕語，滄海老龍吟。』鳳沼上方刻小橢圓印，篆書『三唐琴榭』四字；鳳沼下方刻方印篆書『楚園藏琴』四字，腹内左側刻楷書『開元癸丑三年斲』七字。此琴造型古樸凝重，發音蒼鬆透潤，一向爲琴家所推崇，譽爲希世珍品。《琴學叢書》《今虞琴刊》均有著録。清代末年，此琴爲北京琴家佛尼音布（室名『詩夢齋』）收藏，二十世紀二十年代初，此琴爲清宗室溥侗所得，後售與收藏家劉世珩（『三唐琴榭』、『楚園』均爲其號）。二十世紀五十年代從劉氏後人收得，歸故宫博物院珍藏。據鄭珉中先生研究，該琴爲盛唐雷氏之作。銘刻中『九霄環佩』、『包含』爲較早的鐫刻，蘇、黄題跋及腹内斲製年代刻款均係僞刻。通長124厘米，隱間114.2厘米，肩寬21.2厘米，尾寬15.4厘米，厚5.8厘米。

額

尾

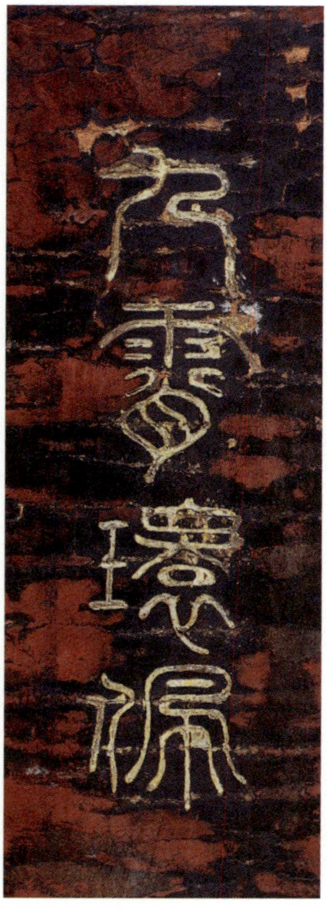

琴名

正面

背面

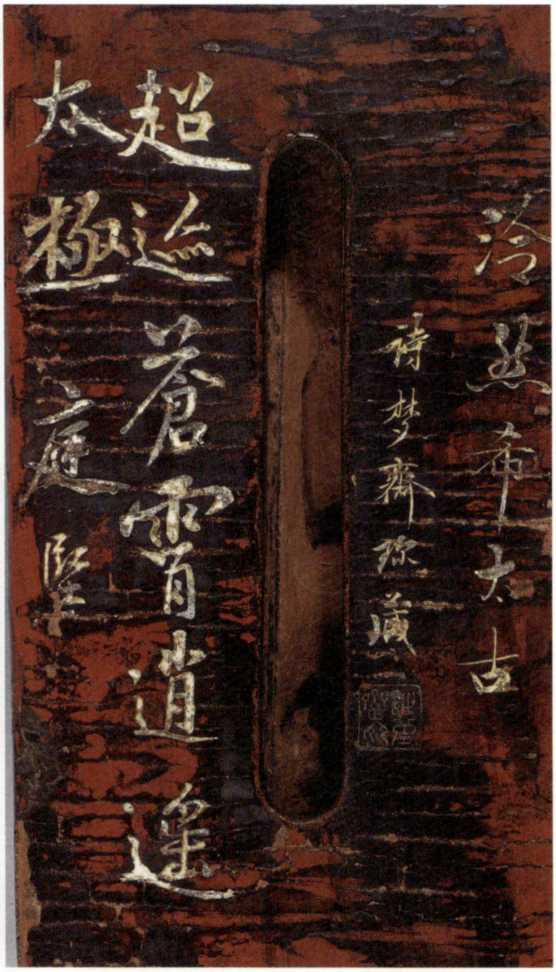

题款

印章

〇〇二

九霄環佩琴

中國國家博物館藏

九霄環佩琴，伏羲式。琴體渾厚帶圓。桐木斲，色黄，質鬆古。栗殻色漆，大小蛇腹斷。蚌徽。圓形龍池，橢圓形鳳沼。龍池納音隆起，中心内凹。雁足、軫紅色瑪瑙製。琴腹圓形納音四角有墨書四字。背面項間陰刻篆書琴名『九霄環佩』。龍池兩側陰刻行書：『雷氏斲之，肇自開元。馮氏寶之，不知幾傳。我非知音，而理可言。心主於内，手應乎絃。故聲和可以仰馬，意殺形之捕蟬。豈特此哉，大則歌《南風》，小即治單父，舉不出於斯焉。』款署『嘉泰元年四月辛丑平園老叟周必大書』。下部陰刻外圓内方篆書『中和之氣』印一方。琴音洪鬆透潤。原藏山東省博物館，一九五九年轉由中國歷史博物館（現中國國家博物館）收藏。鄭珉中先生定爲唐琴。按『嘉泰元年』應為『辛酉』，現款係後人僞作。通長123.5厘米，隱間115.5厘米，肩寬23厘米，尾寬15厘米，厚5.6厘米。

池内納音與題款

斷紋

正面

背面

○○三

大聖遺音琴 王世襄舊藏

大聖遺音琴，伏羲式。琴體古拙凝重，帶明顯圓勢。桐木製成。鹿角灰胎，具體成分待定。胎上施漆，色紫如栗殼。蛇腹斷兼小牛毛斷。金徽玉軫。圓形龍池，橢圓形鳳沼。琴背項間刻草書琴名『大聖遺音』。龍池兩側刻隸書四言古詩：『嶧陽之桐，空桑之材。鳳鳴秋月，鶴舞瑤臺。』池下有『困學』、『玉振』兩印。池内圓形納音四角分刻『至德丙申』四字。通長121厘米，隱間112.6厘米，肩寬19.6厘米，尾寬14.7厘米，厚5厘米。

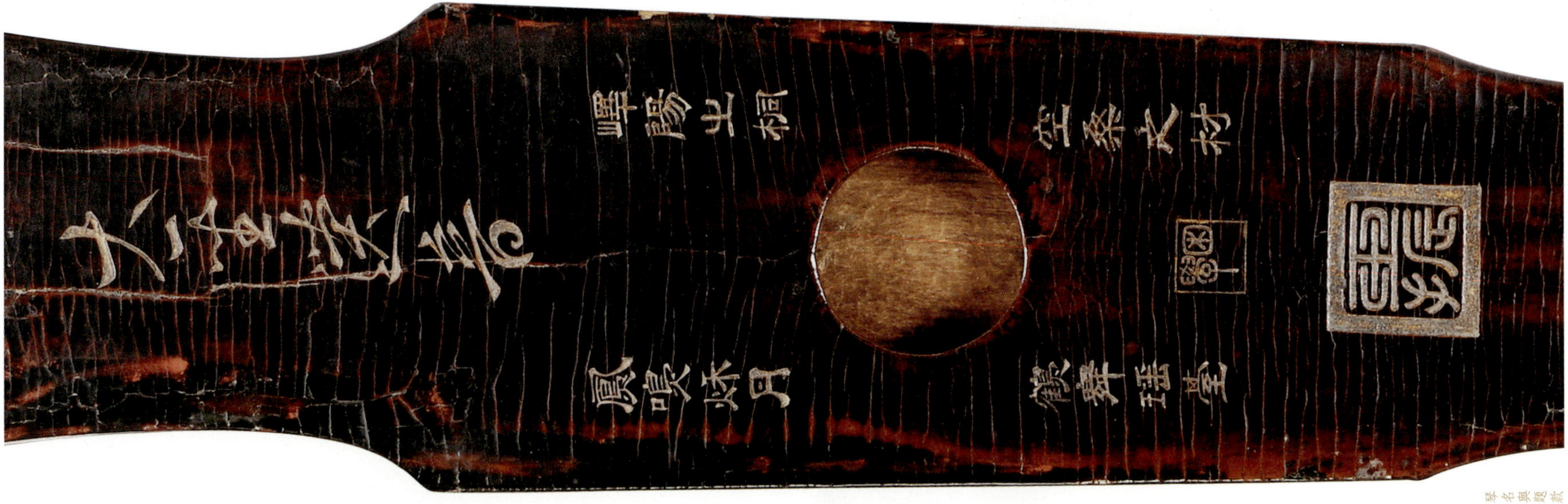

琴名與題款

正面

背面

〇〇四

春雷琴

旅順博物館藏

春雷琴，伏羲式。琴體扁中帶圓。桐木製成，木質古而鬆。黑漆，鹿角灰胎，側面脱漆處露葛布底。蛇腹斷兼細密流水斷。鎏金銅徽。背有圓形龍池與鳳沼。龍池内納音處有拼接痕，未見題款。琴背草書刻題琴名『春雷』兩字，池下有篆書『滄海龍吟』大印一方。鄭珉中先生定爲唐琴，並認爲琴背漆下原有銘刻隱約可見，現有琴名及大印係重髹所刻。從琴背殘留褐漆及銀色顆粒得知，原有底漆似爲加有銀粉的紫漆。通長128.6厘米，肩寬21.3厘米，尾寬14厘米，重3360克。

琴名

印章

背面

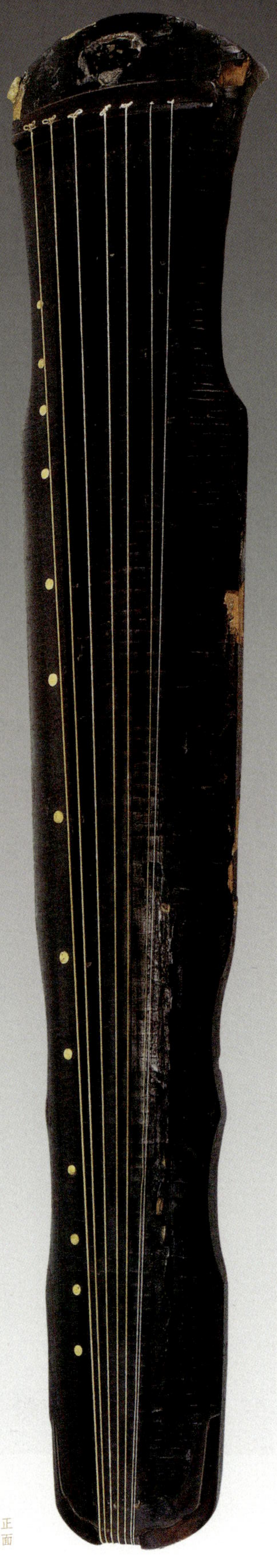

正面

〇〇五

九霄環佩琴

遼寧省博物館藏

九霄環佩琴，伏羲式。琴體渾厚，背面微凸，木質鬆黄，鹿角灰胎，琴背栗殼色原漆，琴面與側牆係後加朱漆。蛇腹斷兼梅花斷。圓形龍池，橢圓形鳳沼。龍池内納音微隆，有拼接痕。琴背池上陰刻篆書琴名『九霄環佩』，下有一窄邊大方印，内刻篆書『夏氏泰符子子孫孫永寶』。池下刻篆書『清和』寬邊大方印。另在靠近琴頭的側牆處刻有隸書『響泉韻磬』四字，下題『乾隆御賞』，後有隸書『幾暇臨池』閑章一枚。琴音鬆古。鄭珉中先生定爲唐琴，但其側牆乾隆題款閑章應屬僞作。隨琴附乾隆琴盒一件，盒頭刻『頭等十八號』，蓋刻『宋製九霄環佩，大清乾隆辛酉年裝』，下有一方印。鄭氏認爲該盒亦非乾隆原盒。通長122厘米，隱間113厘米，肩寬21.5厘米，尾寬15.6厘米，厚4.4厘米。

印章

琴名

側牆題款

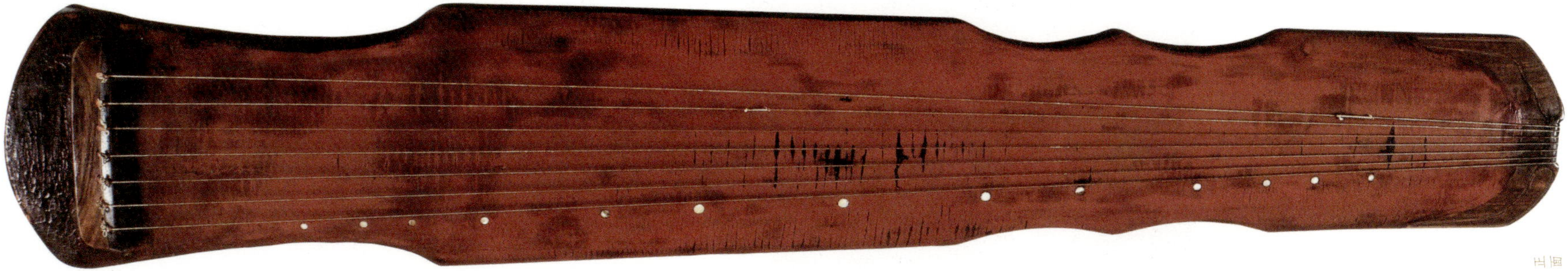

正面

背面

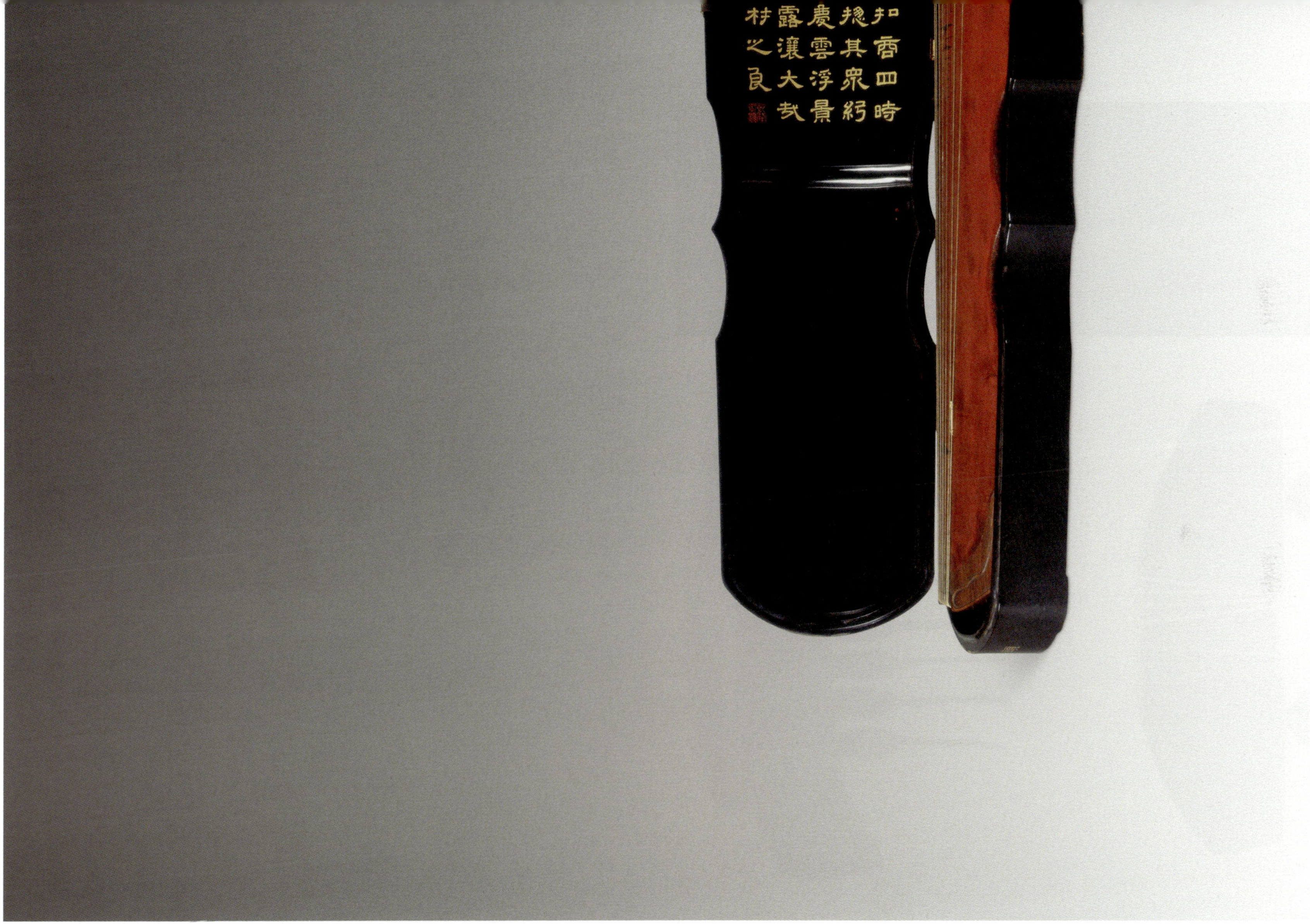
扣畜四時
揔其衆紛
慶雲浮景
露瀼大哉
材之良

〇〇六

虞廷清韻琴 趙濤藏

虞廷清韻琴，伏羲式，北宋。琴體闊大厚重，桐木斲，木質鬆黄，鹿角灰胎。現琴面因重修而斷紋不顯。琴背呈栗殼色原漆，大小蛇腹斷兼雜細小牛毛斷。圓形龍池，橢圓形鳳沼。池内納音微凸，四角刻隸書腹款『開寶戊辰』，即宋太祖開寶元年（九六八）。琴背項間刻行書琴名『虞廷清韻』。龍池兩側陰刻行書：『雷氏斲之，肇自開元。馮氏寶之，不知幾傳。我非知音，而理可言。心主於内，手應乎絃。故聲和可以仰馬，意殺形之捕蟬。豈特此哉，大而歌《南風》，小則治單父，舉不出於斯焉』，款署『宋嘉泰元年辛丑平園老叟周必大識』。下刻『復古殿』行書及『御書之寶』篆書金漆大方印。琴音鬆古洪亮。鄭珉中先生定爲北宋官琴。按『嘉泰元年』應爲『辛酉』，現款係後人僞作。通長125.1厘米，隱間114.5厘米，肩寬21.8厘米，尾寬15.7厘米，厚6厘米。

頭

尾

琴名

側面

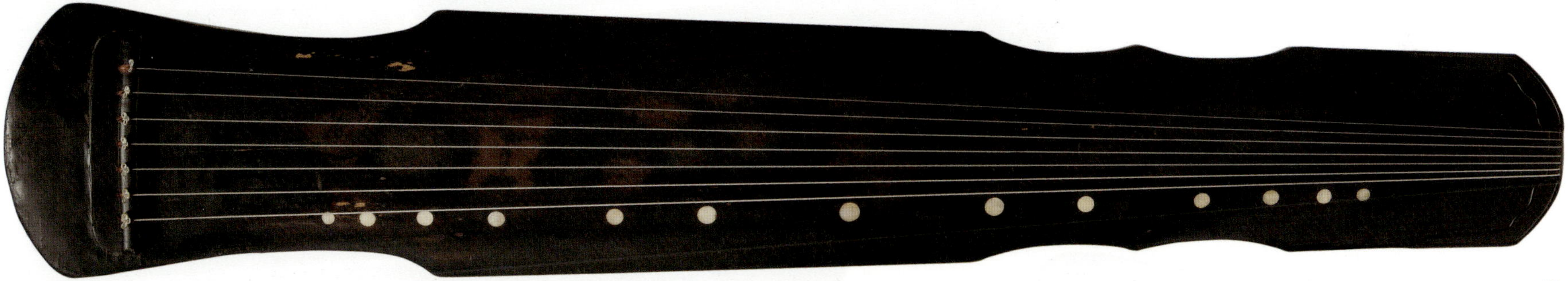

正面

背面

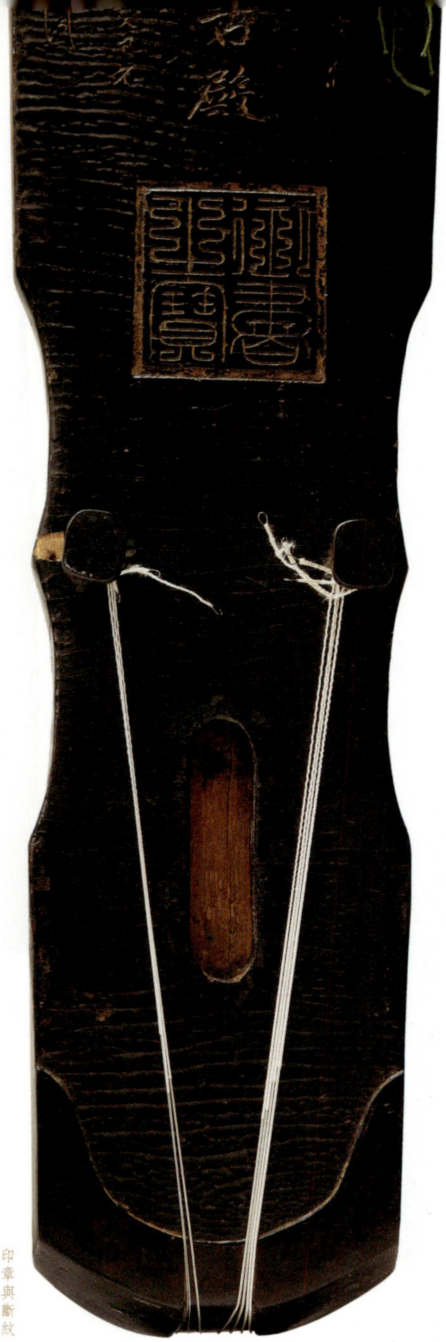

印章與斷紋

題款

琴頭與項

〇〇七

輕雷琴 中國藝術研究院藏

輕雷琴，伏羲式變體。桐木製。琴體扁中帶圓。額較寬，呈弧狀。琴面右肩、右腰和鳳沼上方多處灰漆剝落，琴尾兩側底面分離，見其木質金黄疏鬆，底層灰胎下包有麻布，上髹黑漆，漆質較硬。黑漆之上，加有一層漆質較鬆、赤黑相間的面漆。通體呈大小蛇腹斷。龍池、鳳沼均作圓形。納音呈圓形，微微凸起。周圍刻楷書『大唐開元三年雷氏造』九字。龍池上方刻篆書琴名『輕雷』二字及草書銘文『振萬物乎虺虺，觸纖塵乎霏霏。無妄飛而無折摧，是之謂天隨』二十四字，均填以銀漆。銘文似清代鄭板橋書體。此琴紅木足、白玉軫，製作工藝精湛，音色渾厚鬆透。濟南琴家張鴻文曾藏此琴。鄭珉中先生認爲其琴額係後改而成。通長118.6厘米，隱間108.6厘米，肩寬19.6厘米，尾寬14.5厘米，厚5.8厘米。

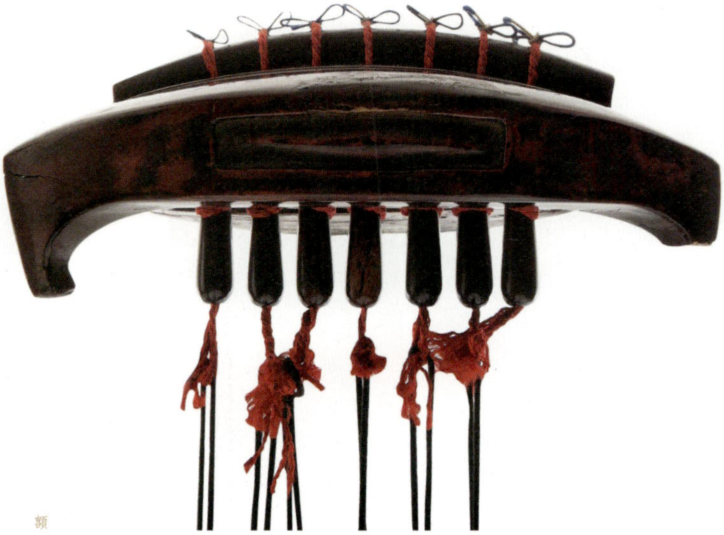

額

尾

琴名與銘文

側面

背面

正面

中國古琴珍萃

神農式

諸葛亮曰神農琴長三尺六寸三分以應三光也。音釋 三光日月星辰是也

字林曰神農造琴五絃長三尺六寸。音釋 宋秦會云

神農

桓譚新論曰神農削桐爲琴以絲爲絃以通神明之德合天地之和焉又曰爲琴七絃足以通萬物而考理也

音釋 桓譚漢人新論書名

〇〇八

清風琴 胡若思舊藏

清風琴，神農式。面桐底梓，鹿角灰胎。琴面經朱黑兩漆修補，斷紋不顯。琴背係褐色原漆，呈不規則蛇腹斷。圓形龍池與鳳沼。琴背項間刻琴名『清風』。龍池兩側刻『雷氏斲之，肇自開元。馮氏寶之，不知幾傳。我非知音，而理可言。心主於内，手應乎絃。故聲和可以仰馬口，意殺形之捕蟬。豈特此哉！大而歌《南風》，小則治單父，舉不出於斯焉』，款署『嘉泰元年辛酉平園老叟周必大識』。下刻有『曠代之寶』四字大方印。琴音古韻悠長，別有一格。通長126厘米，肩寬22厘米，尾寬15.5厘米。

印章

琴名

題款

背面

正面

〇〇九

一池波琴

查阜西舊藏

一池波琴，神農式。琴體闊大厚重，肩在三徽處，背面尾部渾圓。八寶灰胎，表髹朱、黑兩漆，顏色斑斕。圓形龍池，方形鳳沼。琴背池上刻『一池波』三字，下有近人沈草農題詩與識文『春風吹縐豈干卿，底事當時此定名。應有游魚争出聽，曾翻太液浪花生。阜西得舊琴曰「一池波」，琴面破損有空如盎，益堂爲修復之，天衣無縫，雅韻重賡，巨眼神工，一時瑜亮，喜題俚句，並誌鴻爪。癸卯首夏草農識，益堂鐫，阜西藏。』後有滿漢合璧『唐凱』兩方印。通長124厘米，隱間115.2厘米，肩寬22.2厘米，尾寬17厘米，厚7.6厘米。

題款 印章

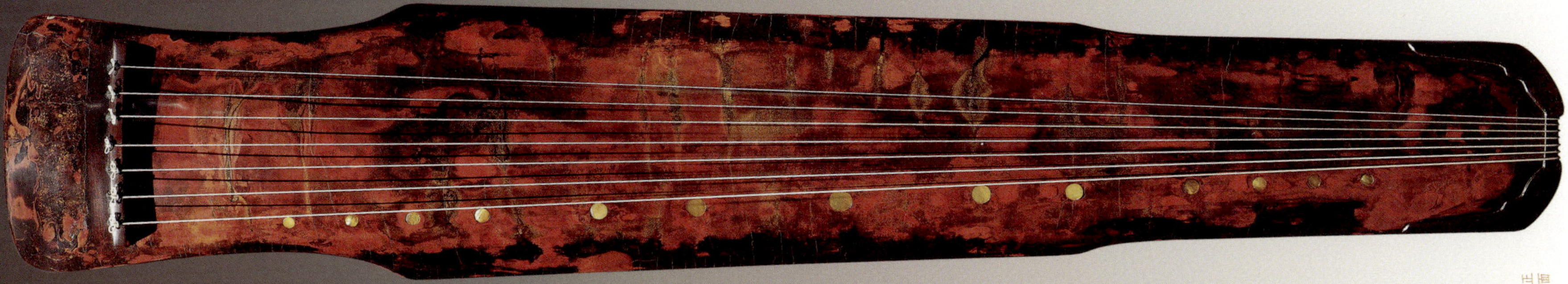

正面

背面

中國古琴珍萃

列子式

列子

列子作兩項間爲峻刀之勢嘗游太山見霹靂傷桐因而制琴大有聲居鄭圃

四十年人無知者作集陵枯魚二曲綴七十二小調作一百二十種雜弄○

〇一〇

玉壺冰琴

天津市藝術博物館藏

玉壺冰琴，列子式。朱漆，純鹿角灰胎，脱漆處露鹿角灰胎及黄色葛布底。玉徽、玉軫，蛇腹兼冰裂斷紋。桐木面，杉木底。背面龍池、鳳沼皆爲長方形。紫檀岳山，承露作圓角，焦尾冠角較圓，尾托冠角做工精細，不露棱角。龍池上方刻草書『玉壺冰』，下刻『紹興』雙連印。該館定爲宋琴。通長124厘米，肩寬22厘米，尾寬15厘米，厚5.3厘米。

正面

背面

○一一

月明滄海琴 上海博物館藏

月明滄海琴，列子式，元代。原黑漆，後補罩栗殼色漆，面底有不規則流水斷，雜以細牛毛斷兼細流水斷。琴面外側七徽及九徽至十一徽間，面漆裂紋似朵朵梅花，雖漆黑隱而不顯，然清晰可辨。琴中有梅花斷者較爲少見。龍池下方有一陰文亞字形方章『純陽子』。腹內右側書『至正壬辰十月上旬』，左側書『東海雲林生監造』。通長118.5厘米，隱間110.1厘米，肩寬18.3厘米，尾寬12.5厘米，厚4.5厘米。

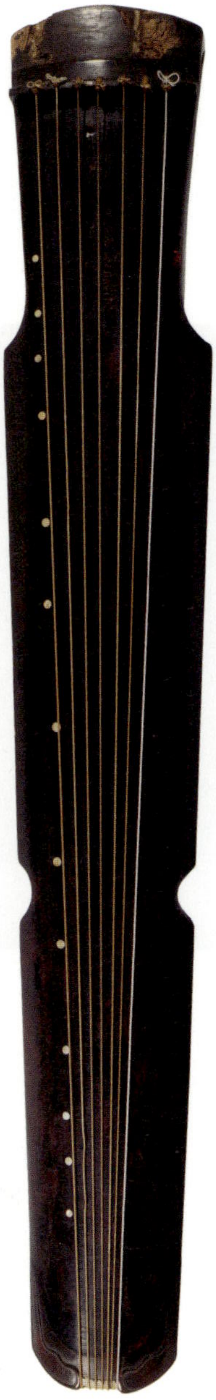

正面

背面

琴名

印章

〇一二

鳳鳴琴 中國藝術研究院藏

鳳鳴琴，列子式。通體髹黑漆，蛇腹斷，背面項間刻篆書琴名『鳳鳴』，龍池兩側刻五言篆書：『彩鳳出丹山，黄鶴來玄圃。不作尋常鳴，式聲回太古。』通長119厘米，隱間112厘米，肩寬17.5厘米，尾寬12.5厘米，厚5.3厘米。

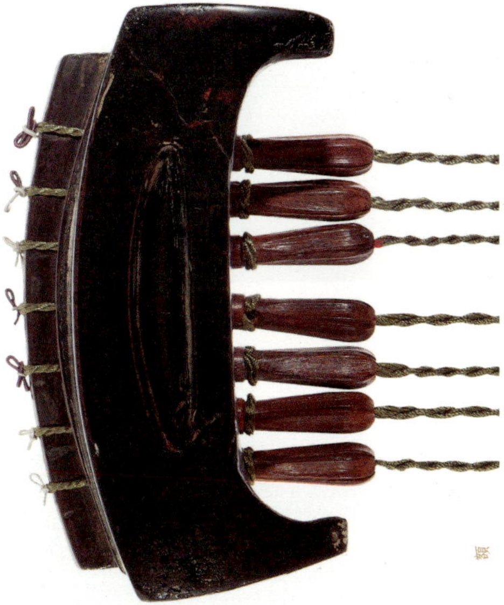

額

尾

琴名

背面

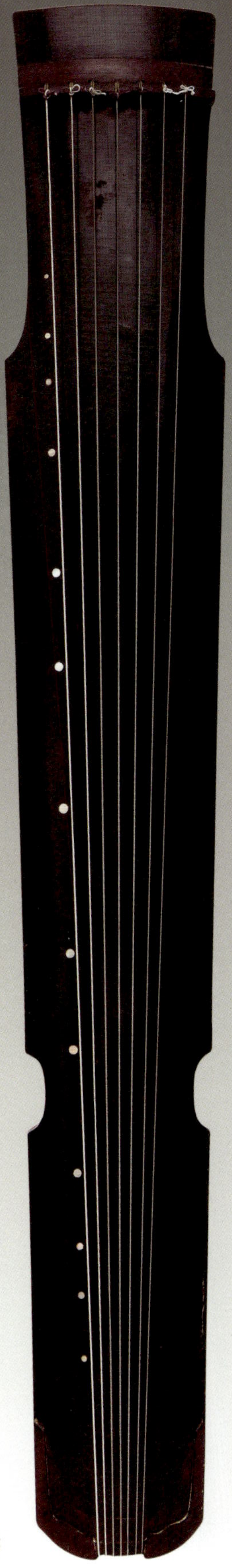
正面

〇一三

正吟琴 龔一藏

正吟琴，列子式。黑漆，間雜暗紅色漆，隱牛毛斷紋。琴肩處彎弧直通琴頭額沿。背面龍池兩側有金粉嵌填的兩行篆體詩，駁落已甚。此琴由南京張正吟先生傳龔一，張氏於琴背題詩：『廿年操縵不知寒，一曲淋漓世所參。南國歸來添喜訊，新詞古調更誰諳。』後由高二適書法，徐石橋篆刻。經原主同意，請書法家丁錫康先生篆刻琴名『正吟』。據傳此琴原爲李清照遺物。通長120厘米，隱間113.5厘米，肩寬18.5厘米，尾寬13厘米，厚3.5厘米。

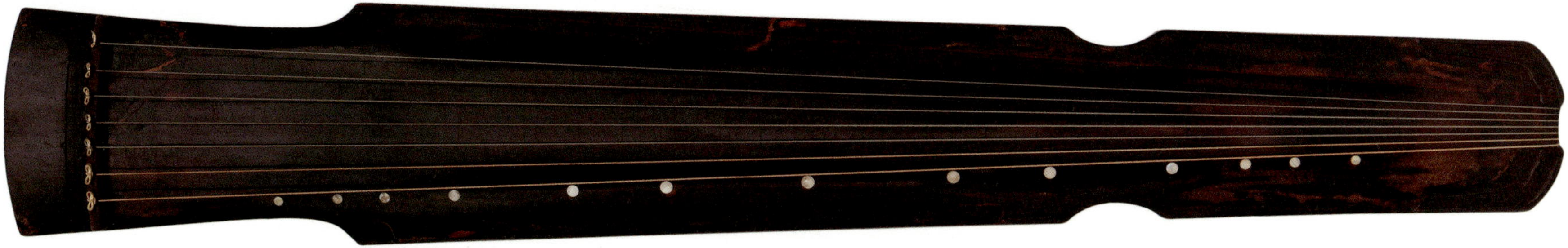

正面

背面

○一四

金聲琴 趙濤藏

金聲琴，列子式變體。琴體較輕，木質深黃，漆質較鬆。原栗殼色漆，經朱漆褐漆修補。蛇腹斷間雜梅花斷。琴背項間刻琴名『金聲』。長方形龍池與鳳沼。琴背池下原似有銘刻，經後人用漆填平。池内未見題款。琴音鬆古透潤。通長119厘米，隱間110.7厘米，肩寬18厘米，尾寬13厘米，厚4厘米。

琴名

正面

背面

中国古琴珍萃

鳳嗉式

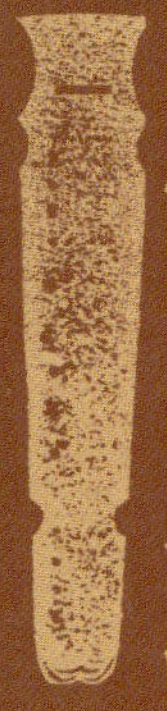

衛師曾作頂之上録兩月輝作三十九弄定六十七調以
琴調靈公公知其善乃命教不成使歸鳳凰山等故琴有

仙集一云今教侍輝師曾挂之今想鞭師曾三百○

〇一五

管平湖猿嘯青蘿琴 趙濤藏

猿嘯青蘿琴，鳳嗉式。通體髹黑漆，呈大蛇腹斷。圓形龍池，方形鳳沼。池上題琴名行書『猿嘯青蘿』。池下題行書『事餘戲弄，龍舞鳳翔。諸色俗累，一時消忘。橫琴山廬藏』，下有滿漢合璧『唐凱』大方印。該琴原爲夏蓮居先生珍藏，一九五六年贈著名琴家管平湖。管氏得琴後，曾剖腹重修，換去原有青玉岳山，琴音大變，被譽爲『琴中絕品』。管氏剖腹後，發現該琴原是一張仲尼式小琴，經後人用貼板條加寬之法改製而成。原琴腹內項間留有淡淡楷體墨書『太康二年于冲』。下有墨書圓圈，中書一『二』字。鄭珉中《記彌足珍貴的唐凱藏琴》敘之甚詳。現池內尚存『一九五六年春管平湖再修』刻款。通長120.5厘米，隱間110.2厘米，肩寬22厘米，尾寬17厘米，厚6厘米。

額

玉飾

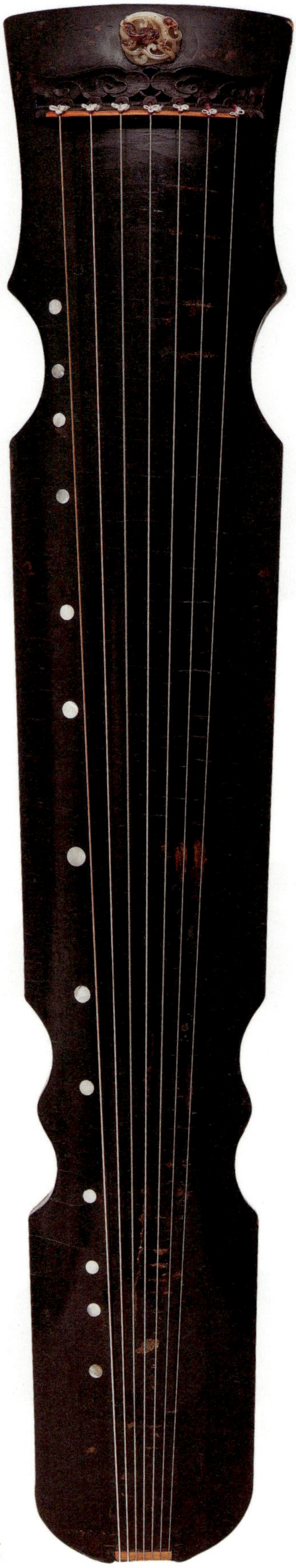

正面

背面

〇一六

懷古琴 劉少椿舊藏

懷古琴，鳳嗉式。琴體較厚。鹿角灰胎，內雜大量硃砂。栗殼色漆，間用朱漆修補。大小蛇腹斷。圓形龍池與鳳沼。琴背項間刻篆書琴名『懷古』。下有不規則方印，內書『知音世所稀』五字。龍池兩側刻四言古詩：池右『冉冉溶溶，聚氣以成』；池左『油然而起，勢逐雲從』。下刻『丁節』、『周魯封藏』圓方兩印。琴音蒼古醇厚。按周魯封係清初《五知齋琴譜》的彙纂者。通長126.8厘米，隱間117.3厘米，肩寬22厘米，尾寬14.8厘米，厚4.17厘米。

琴名印章

印章

題款

額

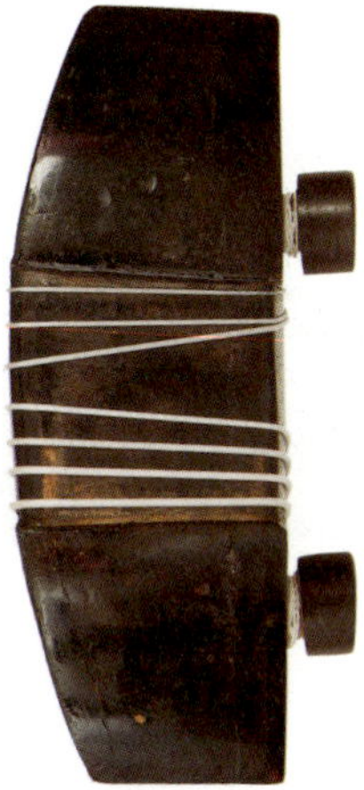

尾

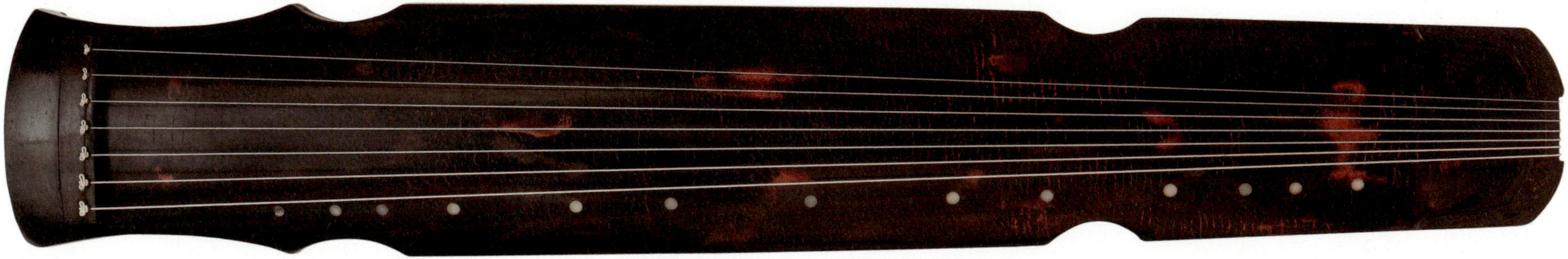

正面

背面

中國古琴珍萃

琴式待定

〇一七

大聖遺音琴 故宫博物院藏

大聖遺音琴，琴式待定〔注〕，唐代。桐木製，栗殼色漆，外罩黑漆，局部朱漆修補。鹿角灰胎間雜銀粉，硃砂，蛇腹斷兼小牛毛斷紋。金徽玉軫。背面龍池圓形，鳳沼扁長圓形。池内納音微隆。龍池上方刻草書『大聖遺音』四字，池下方刻『包含』印，龍池兩側刻隸書銘文『巨壑迎秋，寒江印月。萬籟悠悠，孤桐颯裂』十六字，填以金漆。腹内龍池圓形納音四角，刻朱漆隸書款『至德丙申』四字。至德丙申是唐肅宗至德元載（七五六）。此琴發音鬆透古樸，是現存清宫舊藏的著名唐琴，曾經琴家管平湖精心修整。通長120.3厘米，隱間111厘米，肩寬20.2厘米，尾寬13.5厘米，厚5.2厘米。

銘文

額

〔注〕該琴原定爲『靈機式』，鄭珉中先生認爲應定爲『神農式』。現經比較，兩者均有不合處，故以『琴式待定』暫時存疑。

按《琴書大全》轉載唐陳拙《琴書》稱：『雷氏之琴，今（民）間有之，多靈關樣。』又云：『東坡云：人家有琴，其面作蛇腹紋，上池銘云：「開元十年造，雅州靈關村。」下池銘云：「雷家記，八日合。」』可見靈關式的定名，似與雷氏定居地『靈關村』有關。至今該式未見有實物映證。現『大聖遺音』之樣式，有可能即此式之例，也未可知。

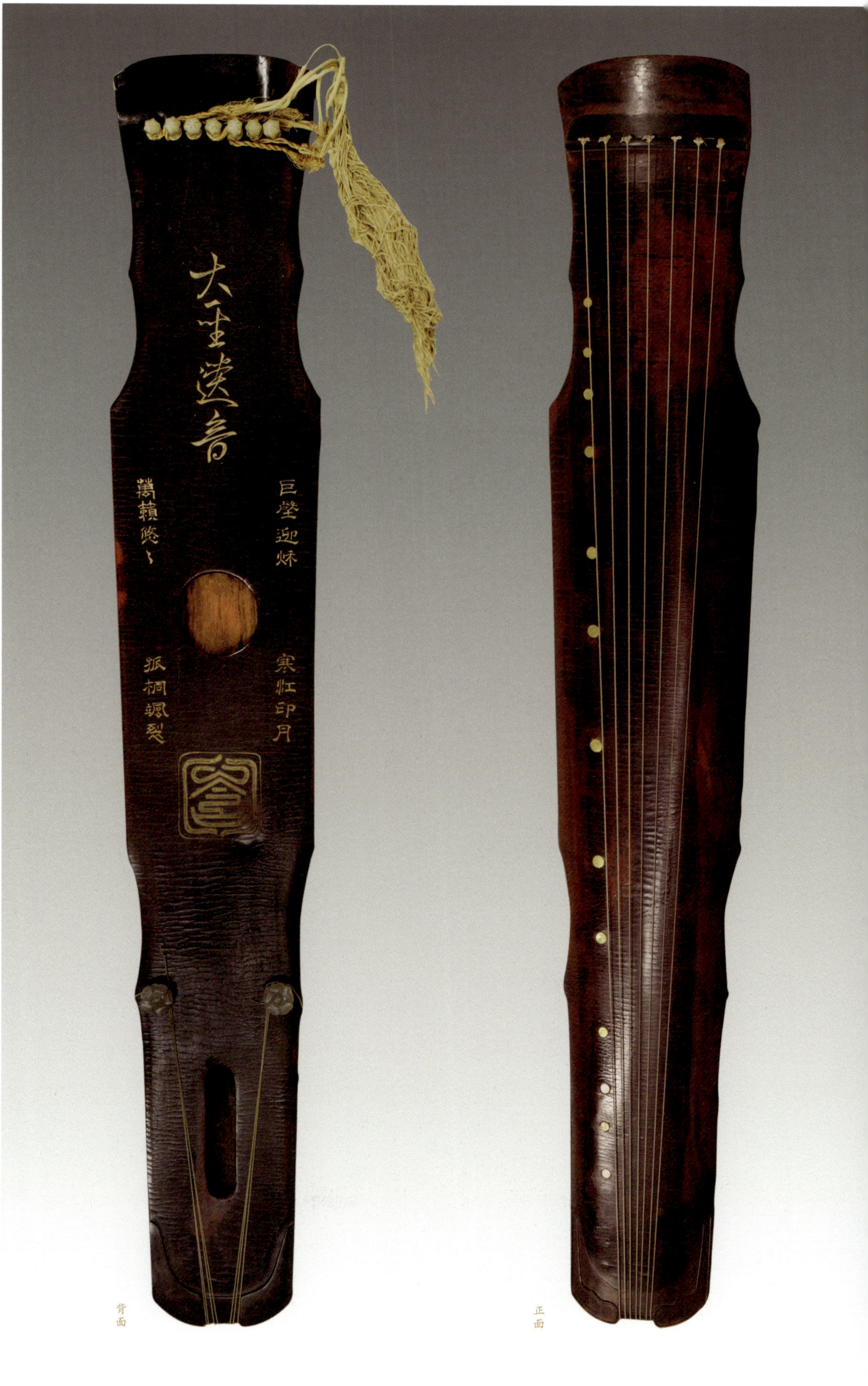

背面

正面

中国古琴珍萃

伶官式

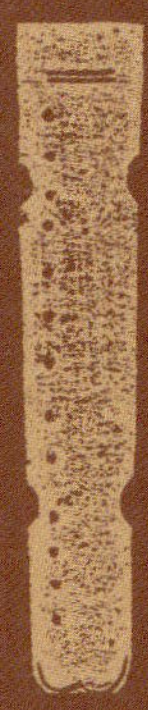

〇一八

谷應琴

浙江省博物館藏

谷應琴，伶官式。通體黑漆，鹿角灰胎，小流水斷兼牛毛斷。面板木質黄中帶黑，琴背項間刻草書琴名『谷應』。龍池鳳沼均圓形。池上刻劉墉大草題款：『人迢迢乎，境寥寥乎，有聲之遥遥乎，而獨不見之調調之刁刁乎』，款署『乙卯閏二月石菴題』。池下中題『夢禪居士藏』，下刻『聞妙龕』方印。其右題隸書『解愠阜財』，下題『李唐物，雷霄製。一千年，今何世？琴有知，應流涕。時百藏，慶佑識』。其左題篆書『空谷足音兮，我思古人。情之怡兮，坐不可馳。與爾無間兮，朝夕於斯』。池内面板納音上下有拼接痕。納音外側有正楷朱砂題刻『雷霄製』三字。琴音清越圓潤。楊時百定該琴爲雷威萬壑松式。通長124.5厘米，隱間114.2厘米，肩寬19.4厘米，尾寬13.7厘米，厚5.6厘米。

題款

背面

正面

〇一九

混沌材琴 中國國家博物館藏

混沌材琴，伶官式。桐木製。琴體修長而扁。鹿角霜胎，間雜有藍綠色大粒寶石，露紫漆地，面漆紅黑相間似飄霞。琴面不規則蛇腹斷，隆起如劍峰。琴背細密流水斷。蚌徽。背面龍池、鳳沼爲長方形，用木條鑲邊。龍池納音較平，鳳沼納音中間凸出。岳山、承露、冠角木製，軫由竹根製成。琴腹陰刻篆書『劉安世造』、『毛仲翁修』、『周魯封重修』等。龍池上方陰刻行書琴名『混沌材』三字，下方陰刻行書『羲皇人已杳，留此混沌材。想是初開闢，聲音妙化裁。完然一大璞，解愠阜民財。不鑿莊生竅，古風尚在哉』，款署『會稽黄鎮仲安跋于皖江』。龍池右側陰刻行書『晉制宋修，一翁』，下有近世收藏者夏蓮居『夏伯子』陰文方印一枚。此琴保存完好，琴音悠揚可聽。面漆略有修補。一九五八年夏氏捐贈給中國歷史博物館（現藏中國國家博物館）。鄭珉中先生定爲宋琴。通長123.5厘米，隱間115.3厘米，肩寬19.2厘米，尾寬14厘米，厚4.5厘米。

側面

題識 印章

混沌材
羲皇人已杳留此混
沌材想是初開闢聲
音妙化裁完然一太
璞解愠阜民財不鑿
莊生竅古風尚在哉
會稽黃纘仲安跋于皖江
晉制宋修
一翁
背面

正面

斷紋

混沌材
羲皇人已杳留此混
沌材想是初開闢聲
音妙化裁完然一太
璞解愠阜民財不鑿
莊生竅古風尚在哉
會稽黃鎮仲安跋于皖江

〇二〇

鳳鳴琴

重慶中國三峡博物館藏

鳳鳴琴，伶官式。琴體較扁薄，鹿角灰胎，黑漆，細密流水斷。橢圓形龍池與鳳沼。琴背項間刻篆書琴名『鳳鳴』兩字，下有草書四言古詩，文曰：『鳳凰來儀，鳴于高崗。文章瑞世，其道大光。』後題『景祐元年石灣晝堂主人題』，下刻單邊『王元穎印』方印一枚。池内納音較平，未見題款。琴音洪鬆透潤，富於韻味。通長127厘米，隱間118厘米，肩寬22.7厘米，尾寬15.3厘米，厚5.2厘米。

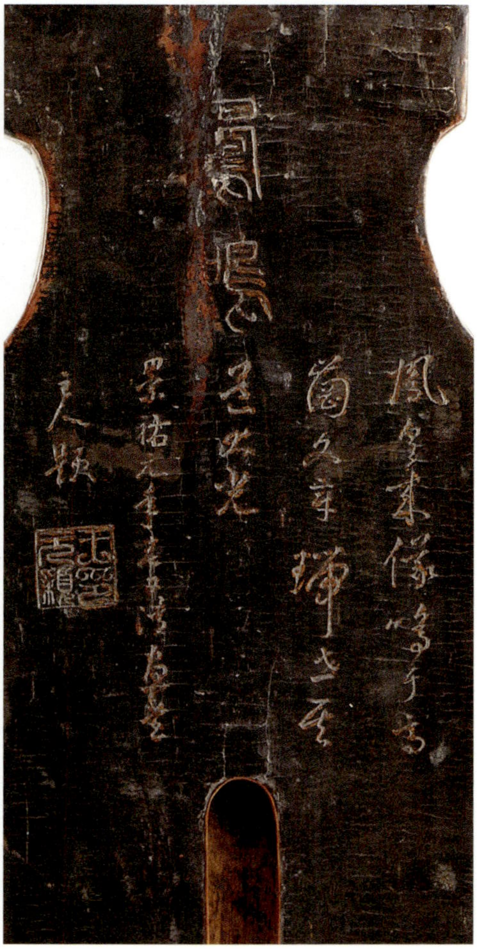

琴名 題款

琴尾（修整前）

背面

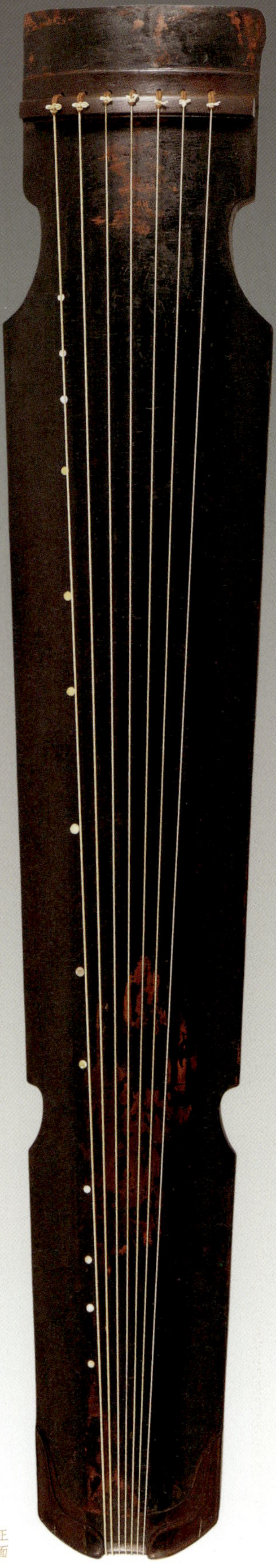

正面

孔子琴長三尺六寸四分用周尺）

同宣聲三尺六寸四分乃龍唇之數

中國古琴珍萃

仲尼式

〇二一

唐款秋籟琴　成公亮藏

秋籟琴，仲尼式。深褐色漆，冰裂斷紋，琴體渾圓而厚。背面刻琴名『秋籟』及『德齋珍藏』印章。琴腹內朱書『大唐開元三口李晉製』字樣。音色典雅、細膩、圓潤，音量雖小而餘韻綿長。此琴原爲清末民初琴家葉詩夢收藏，一九五八年轉由成公亮收藏，並對琴進行修復。通長122.5厘米，隱間113厘米，肩寬17.6厘米，尾寬12.5厘米，厚5厘米。

琴名

印章

腹內朱書

背面

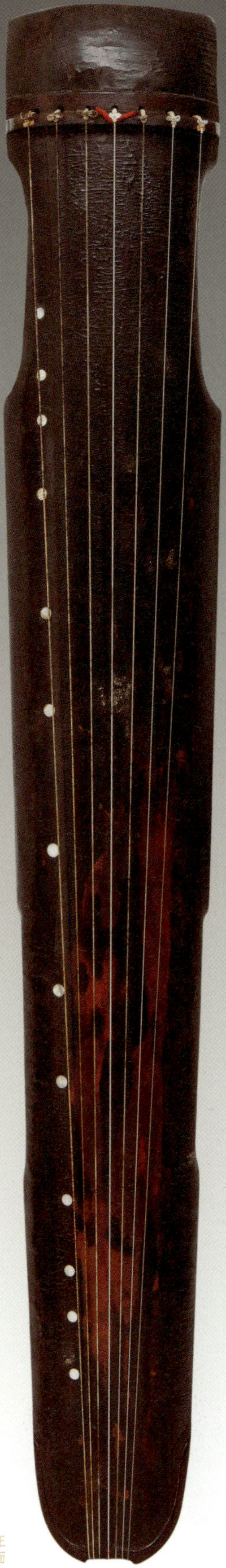

正面

側面

額

尾

〇二二

朱熹太古遺音琴 劉益謙藏

太古遺音琴，仲尼式。桐木胎，黑漆朱髹。通體斷紋斑駁，蛇腹、龍鱗、流水，錯雜相間。背面項間雙鉤篆書琴名『太古遺音』四字，已漫漶不清，僅存『音』字下半部之『日』字尚清晰可辨。龍池兩側刻有行草：『佩劍冲星聊暫拔，匣琴流水自須彈。』池下刻有南宋理學大儒朱熹手書《紫陽琴銘》『養君中和之正性，禁尔忿欲之邪心。乾坤無言物有則，我獨與子鉤其深』，落款爲『淳熙丁未新安朱熹書』。下刻傳爲元代大收藏家鮮于樞陰文『玉振』大方印。琴音高古鬆透，清越多韻。簫聲琴韻室主人吴景略大師視之爲鎮室之寶。通長119.8厘米，隱間111.5厘米，肩寬20厘米，尾寬15厘米，厚5厘米。

額

尾

側面

背面

正面

龍池腹款

題款印章

余謙印無名琴 吴釗藏

余謙印無名琴，仲尼式，杉木製。琴額鳳舌不顯，琴尾冠角兩側下傾呈圓勢。琴面近尾處與琴身兩側經局部修補，焦尾兩側黄花梨冠角、龍齦與碧玉軫足係明代重修時置换。鹿角灰胎，内雜大量硃砂黄金與紅色寶石顆粒。琴面近岳處呈龜背狀隆起，不規則梅花斷，通體斷紋如劍鋒。栗殼色漆，間現黄色漆斑。腹内天圓地方兩柱，截面之小，極爲罕見。琴背近項處有楷書題詩：『江上調玉琴，一絃清一心。泠泠七絃遍，萬木澄幽陰。能令江月白，又令江水深。始知枯桐枝，可以徽黄金』，款署『葉長芝』。近尾處有『易堂』與『余謙之印』兩大金漆方印。按彈之下，手感甚佳，音質渾厚透潤，極具特色。通長110.5厘米，隱間101.2厘米，肩寬18厘米，尾寬14.5厘米，厚4.3厘米。

題款

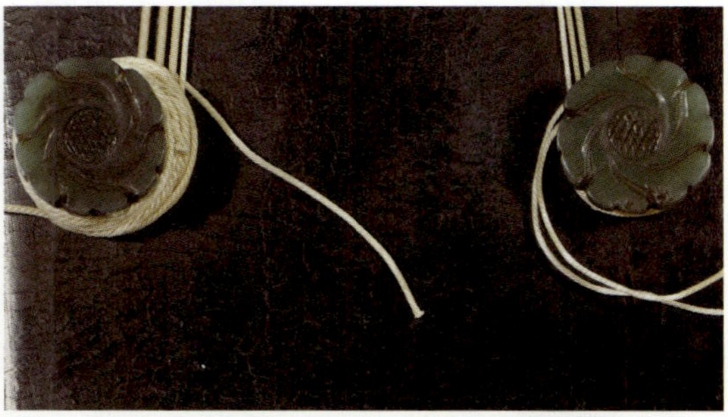

雁足

印章

側面

額

尾

背面

正面

〇二四

張越款琴

呂建福藏

張越款琴，仲尼式。桐木斲，形制清秀古雅。鹿角灰胎。純黑漆，色如烏木。琴面隱現璀璨八寶。通體斷紋極爲豐富，琴面發流水、牛毛紋，局部冰裂紋。琴身在長斷紋間現細牛毛紋，琴底發蛇腹、流水、冰裂斷。龍池、鳳沼爲長方形。池内納音右側刻『張越製』三字，爲平底字，刻工精緻。和田玉徽。紫檀岳山和冠角，雕有龍鬚。整體製作工藝極爲講究。最爲奇特的是冠角爲斜方形，琴尾整體視如瓦片狀，乃歷代琴中所僅見。通體完好，僅護軫局部漆灰剥落。該琴琴音清越，静古而通透，上下準聲音均衡，音色圓潤，走音細膩靈敏，按撫片刻，即有『欲罷不能』、『體氣欲仙』之感，一曲撫畢，身心如洗。藏家多年前得於滬上民國大收藏家之後代，發現爲存世罕見之張越款琴。唐代傳世古琴以『雷琴』、『越琴』爲珍寶，『雷琴』存世較多，而『越琴』則僅此一見。鄭珉中先生對其音色品相非常贊嘆，定爲宋琴。該琴通長119厘米，隱間110厘米，肩寬18.8厘米，尾寬13.6厘米，厚3.8厘米。

額

尾

侧面

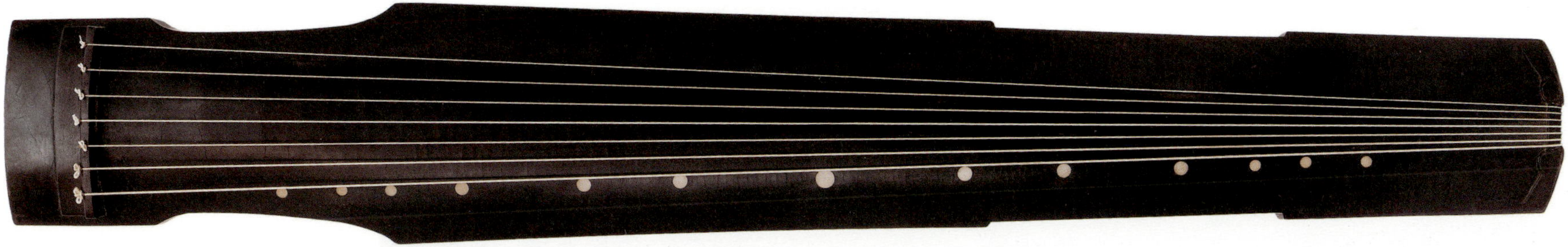

正面

背面

龍池腹款

斷紋

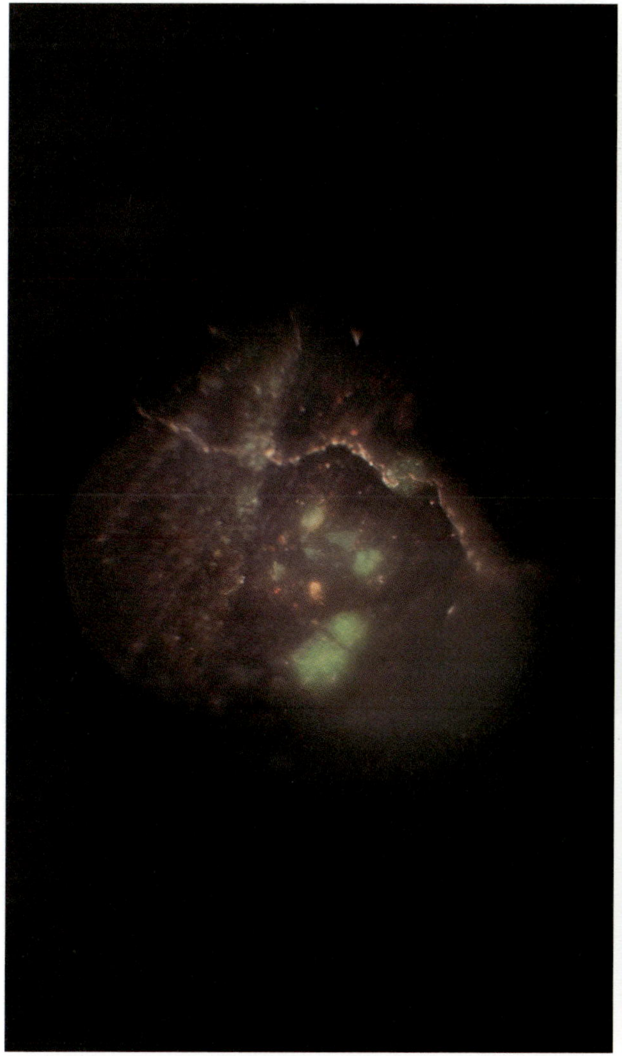

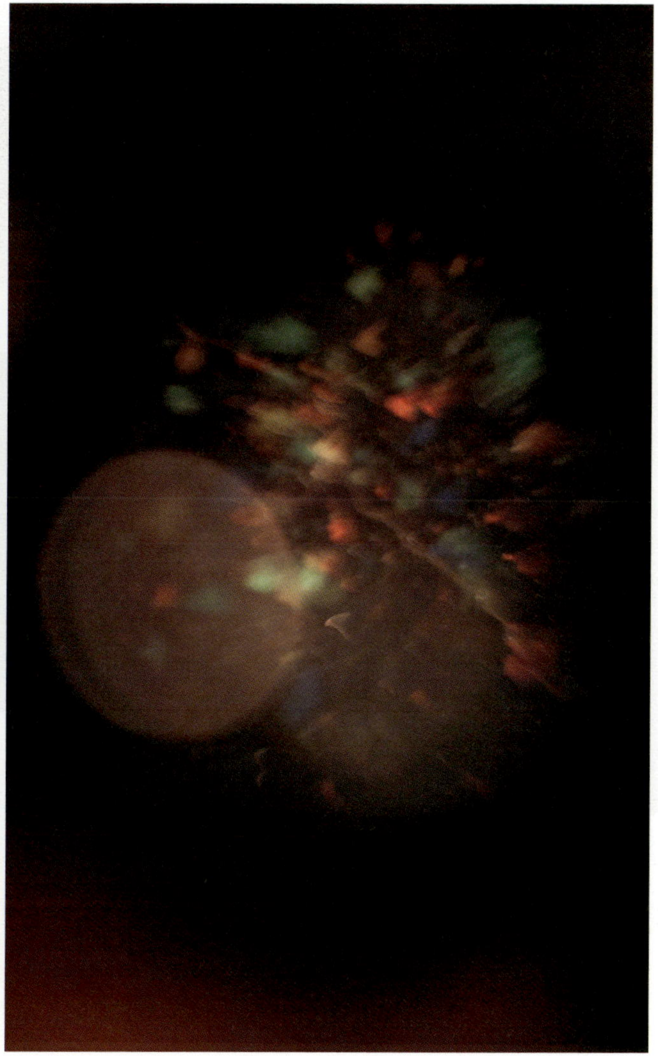

琴面局部
顯微效果

〇二五

來凰琴 浙江省博物館藏

來凰琴，仲尼式。琴體規整。栗殼色漆，表面罩黑漆。通體冰裂斷兼細密流水牛毛斷。琴背項間刻琴名『來凰』。下有楊時百題記：『庚戌春，予得鳴鳳爲怡府二十四琴齋物。後得廿餘琴，皆非其偶，惟此足以匹之。益徵「雷霄製，赤城朱致遠重修」款非僞作。喜極，因以「來凰」名。銘曰：「有鳳求偶兮，翱翔三年。良材邂逅兮，九德兼全。凰兮凰兮，天假之緣。」』款署『壬子臘日，九疑山人楊宗稷題于宣南後二十四琴齋』。題記右刻『後二十四琴齋』印，左刻『時百所藏』、『子子孫孫永寶藏』二印。龍池腹内有『雷霄製』和『朱致遠重修』刻款。鳳沼腹内有『清同治十二年岳陽李綏重修』刻款。琴音高古透潤，極具魅力。一九五三年浙江鎮海徐桴捐贈，由浙江省博物館收藏。該館定爲唐琴。通長120.4厘米，隱間110.7厘米，肩寬20.7厘米，尾寬13.5厘米，厚5.6厘米。

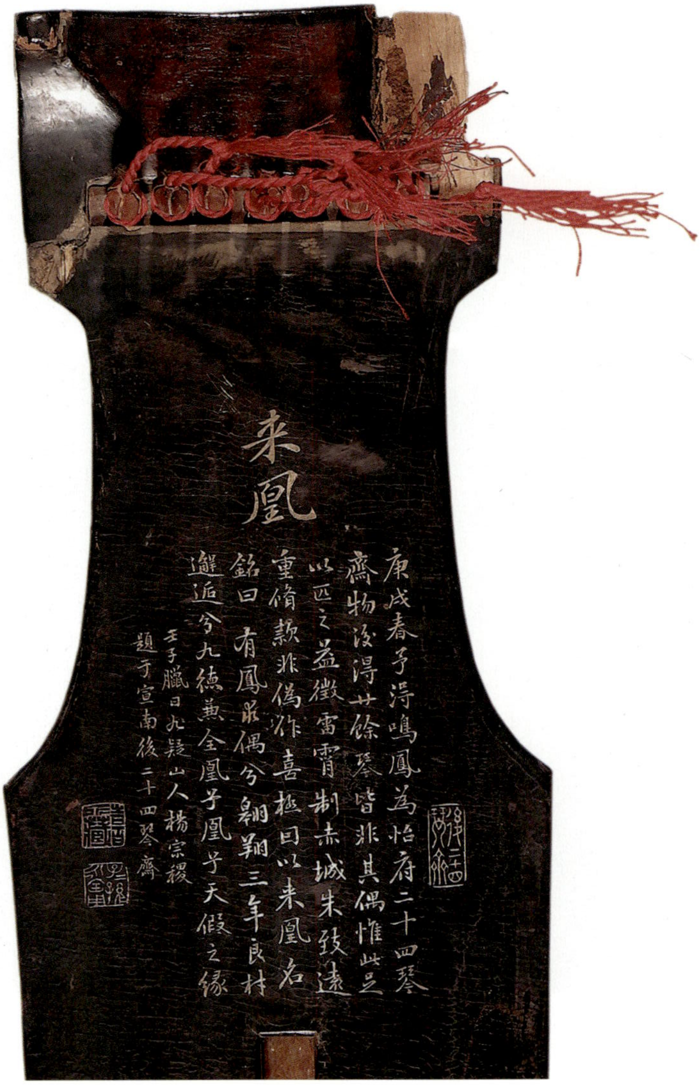

琴名 題款

背面

正面

〇二六

萬壑松琴 故宫博物院藏

萬壑松琴，仲尼式。桐面梓底。琴體渾厚，琴面弧度較大。鹿角灰胎，通體髹黑色光漆，呈蛇腹間牛毛斷紋。龍池、鳳沼均爲長方形。龍池上方刻楷書『萬壑松』三字。龍池兩旁刻填青行草銘文『九德兼全勝磬鐘，古香古色更雍容。世間儘有同名器，認爾當年萬壑松』。款題『析津蒙叟題藏，時年七十有七』。下刻篆文『宋兆芙印』、『鏡涵』小印；『天峰居士書鐫，時年六十有一』。下刻篆文『朱』、『寶成』小印。題識處右刻『歲在丙申夏曆正月初六日』，左刻『孔子降生二千五百零七年』。此琴材古質鬆，色黄，做工精而細。金徽、玉足、玉軫。琴聲古透清奇，藴鐘磬之音。曾由津門琴家宋鏡涵（兆芙）珍藏，一九八三年入藏故宫博物院。鄭珉中先生定爲北宋琴。通長128.6厘米，隱間117.1厘米，肩寬20.4厘米，尾寬14.9厘米，厚5.9厘米。

側面

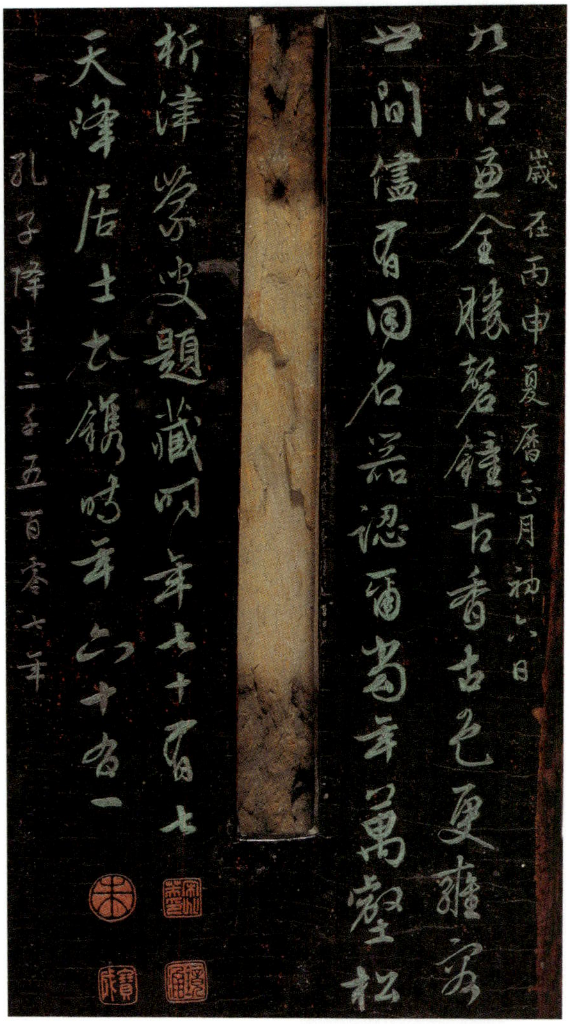

題款

正面

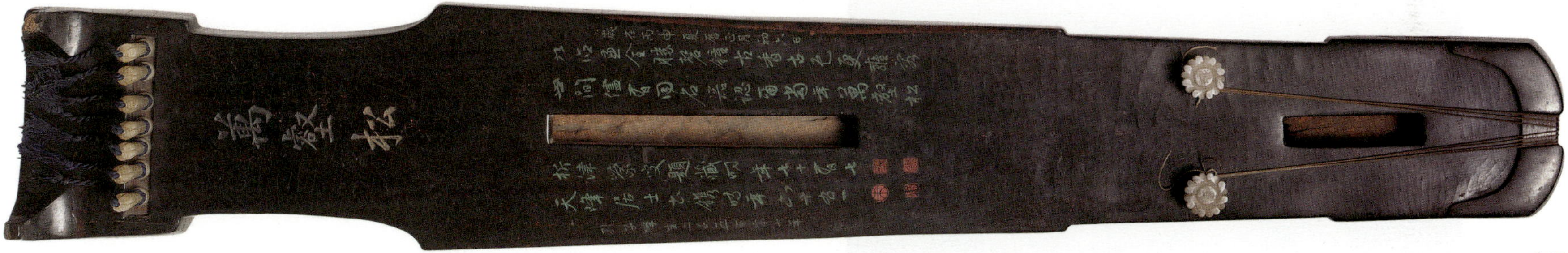

背面

側面

琴名

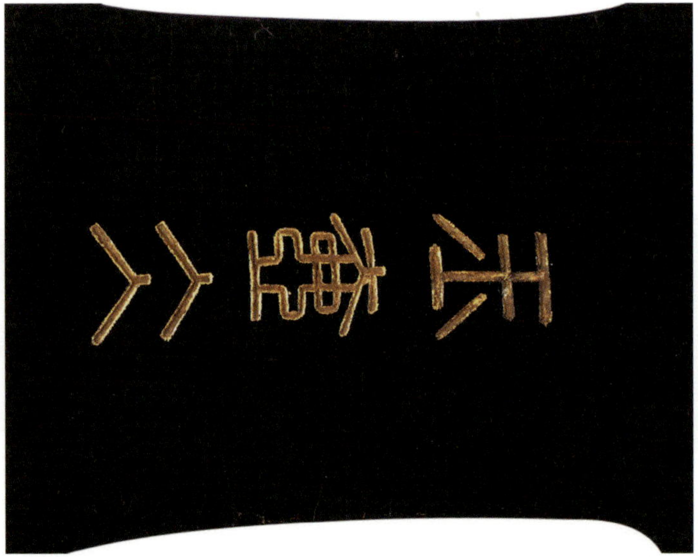

〇二七

玉壺冰琴

故宮博物院藏

玉壺冰琴，仲尼式，南宋。清宮舊藏。桐木製。琴體秀美，琴面弧度不大。純鹿角灰胎，外髹黑色光漆，小蛇腹兼細牛毛斷。龍池、鳳沼均爲長方形，納音微隆。琴背龍池上方刻篆書琴名『玉壺冰』三字。琴腹龍池納音兩側朱書銘文兩行，右爲『宋紹興二年』，左爲『公路金遠製』楷書十字。此琴選材精良，做工細緻，金徽玉足，琴音鬆脆響亮。通長119.1厘米，隱間110.3厘米，肩寬19.3厘米，尾寬13.3厘米，厚4.8厘米。

背面

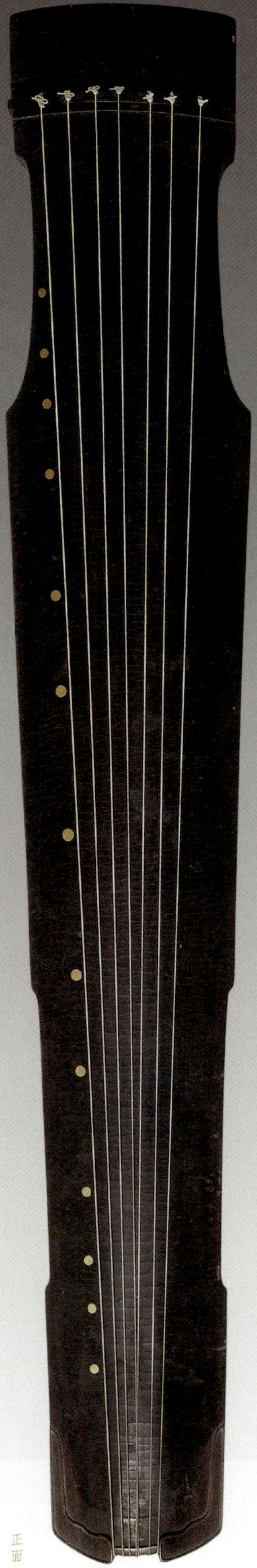

正面

〇二八

海月清輝琴 故宮博物院藏

海月清輝琴，仲尼式。面桐底杉。琴面弧度不大，琴底較平。通體髹栗殼色漆，補以朱漆，呈流水斷紋。龍池、鳳沼均爲長方形。納音微隆。龍池上方刻隸書『海月清輝』四字，其下刻篆書『乾隆御府珍藏』六字寬邊印一方。雁足兩池之間刻有梁詩正、勵宗萬、陳邦彥、董邦達、汪由敦、張若靄、裘日修等人各體小字題銘。此琴選材考究，做工精湛，金徽、玉足、玉軫，琴音清透，頗具金石之韻。清代曾由熱河行宮收藏。通長117.2厘米，隱間109.1厘米，肩寬18厘米，尾寬12.6厘米，厚5厘米。

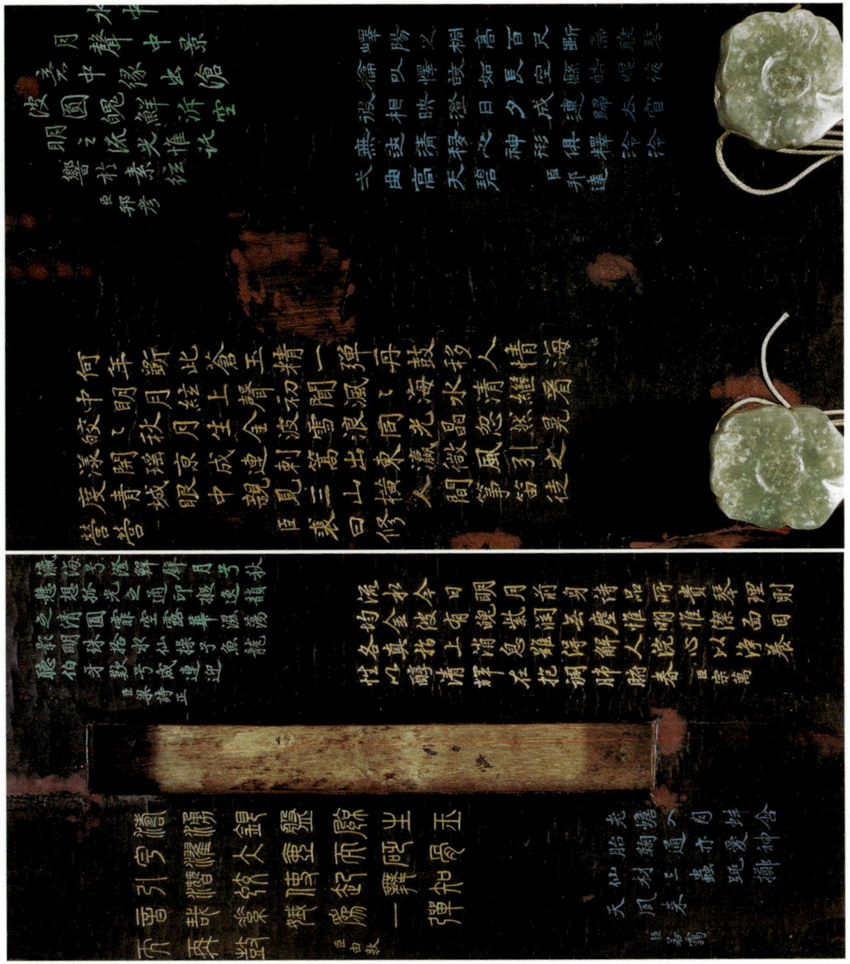

題款

背面

正面

〇二九

玉玲瓏琴 吴兆基舊藏

玉玲瓏琴，仲尼式。琴體秀美帶有圓勢，項較長，肩在二徽半處，琴額護軫呈弧狀內收。面板通體由多塊六邊形木塊拼接而成，俗稱『百衲琴』。鹿角灰胎，內雜大粒硃砂，栗殼色底漆，外髹黑漆，蛇腹兼冰裂斷，並在項間與近尾處琴面上間有多個圓紋，極爲少見。龍池與鳳沼呈長方形。琴背池上刻琴名『玉玲瓏』三字。池內納音微凸。琴音鬆透圓潤，富於韻味。通長124厘米，隱間115厘米，肩寬19厘米，尾寬14.5厘米，厚4.5厘米。

額

尾

斷紋

側面

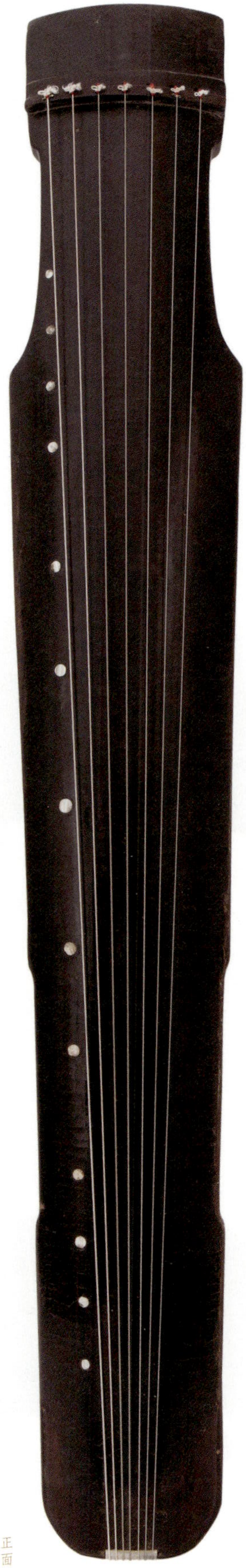

正面

背面

〇三〇

清玉琴 張伯駒舊藏

清玉琴，仲尼式。琴體規整，絢麗多姿。玉製岳山與冠角。通體漆胎，由鹿角灰內雜硃砂與紅橙藍各色寶石細粒組成的『八寶灰』爲地，表面髹以黑漆，呈大小蛇腹兼冰裂牛毛等斷紋。長方形龍池與鳳沼。琴背項間刻琴名『清玉』，池下有『太和寶口』四字圓角大方印。池內納音微凸。琴音清實多韻。通長122厘米，隱間113.5厘米，肩寬18.8厘米，尾寬14.8厘米，厚5厘米。

額

尾

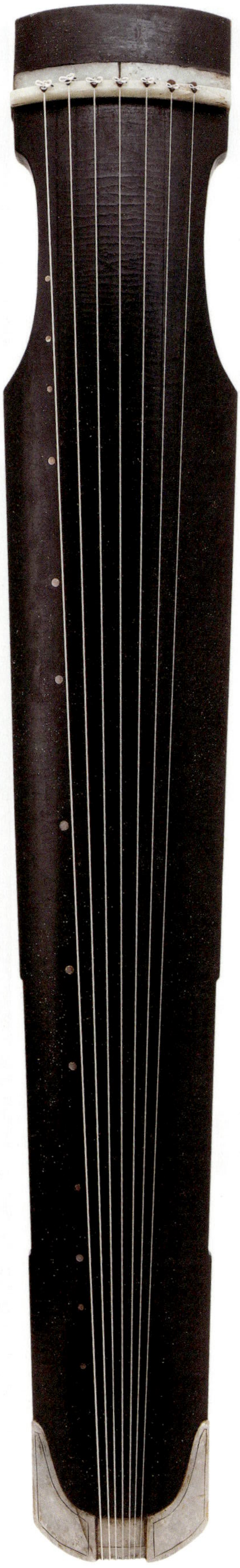

正面

背面

側面

印章

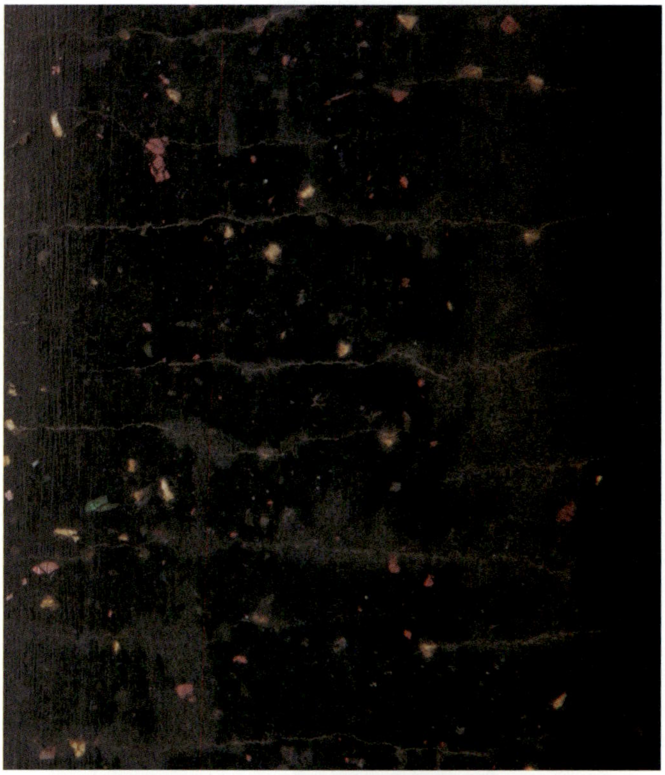

斷紋

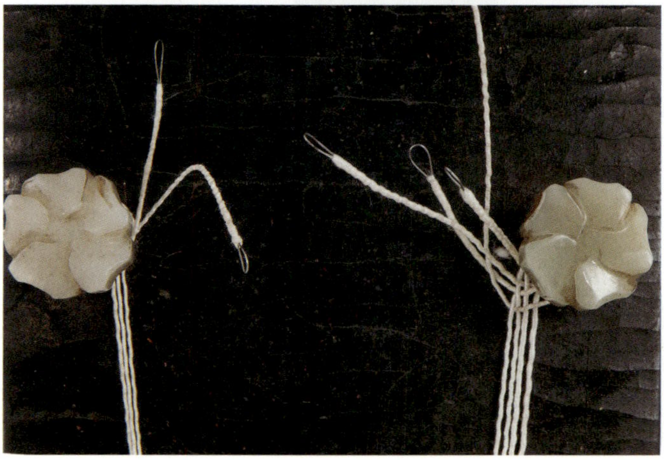

雁足

〇三一

衛中正琴

重慶中國三峽博物館藏

衛中正琴，仲尼式。琴體勻稱，面桐底梓。鹿角灰胎，通體髹栗殼色漆，外罩黑漆。面蛇腹斷，底多流水斷。長方形龍池與鳳沼。池内納音微凸，納音左側陰刻楷書『宋慶曆道士衛中正製』。通長117.4厘米，隱間109.7厘米，肩寬18.5厘米，尾寬13厘米，厚5.4厘米。

正面

背面

〇三二

無名琴

馬維衡藏

無名琴，仲尼式。琴體規整，面桐底梓，木色深黃。鹿角灰胎，内雜硃砂金粉。栗殼色漆。面板蛇腹斷，邊沿更呈梅花斷，斷紋凸起如虺。底板呈細密流水斷。緑松石徽，異常精美。琴音鬆古透潤，富金石韻。據傳，此琴原爲宋李清照舊物，清乾隆間爲紀曉嵐所藏，後贈與其友張廷琛。張廷琛知其兒媳張之洞母喜琴，故又以此琴相贈。張之洞四歲時，其母病故，唯留此琴與張之洞相伴。藏者自定爲宋琴。通長121.3厘米，隱間107厘米，肩寬21厘米，尾寬14.5厘米，厚5厘米。

額

尾

斷紋

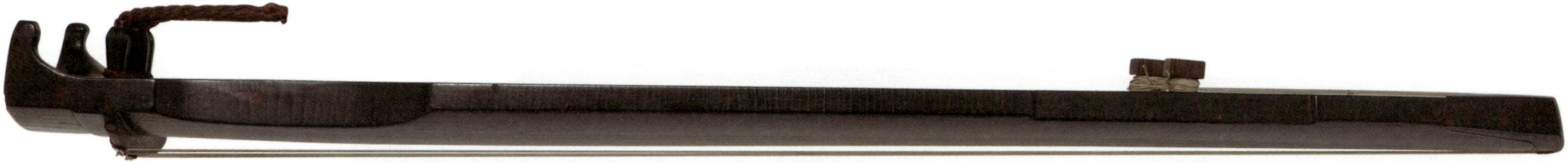

側面

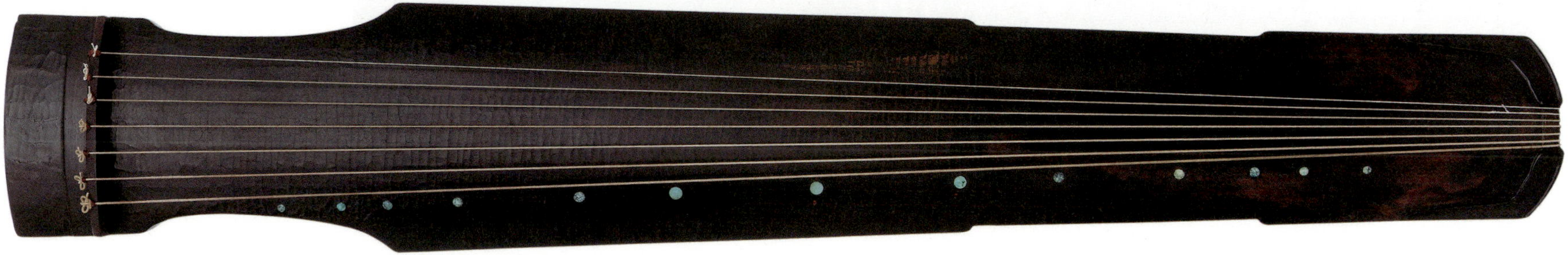

正面

背面

〇三三

嚴天池韻雪琴 浙江省博物館藏

韻雪琴，仲尼式。鹿角灰胎。栗殼色底漆，上罩黑漆。琴面斷紋不顯，背面呈不均匀流水斷。長方形龍池與鳳沼。琴背項間刻篆書琴名『韻雪』，下有『松絃館珍玩印』大方印。池右刻明萬曆間松絃館主人嚴澂題款，池左有玉京道人題款：『惟性所擇，行神如空。來往千載，真體内充。淺深聚散，走雲連風。素處以默，得其環中。集司空表聖詩品句。』下有民國初年九嶷派琴家楊宗稷題記：『太白曾聽綠綺來，虞山一代正宗開。玉京妙寫蓮華偈，三絕難逢此異材。池内刻隸兩行，至德元載青蓮居士造。辛酉日長至得于都門。時百楊宗稷題并識。』楊氏記云：『其聲音之妙，亦與「鳴鳳」「來風」相伯仲。』通長123.8厘米，隱間113.3厘米，肩寬19.8厘米，尾寬13.3厘米，厚5.7厘米。

納音 題款

正面

背面

○三四

號鐘琴 浙江省博物館藏

號鐘琴，仲尼式。琴體較薄，木質鬆黃。通體黑漆，呈細密小蛇腹斷。長方形龍池鳳沼，琴背項間刻隸書琴名『號鐘』。池下刻南宋詩人謝疊山（名枋得，一二二六—一二八九）隸書識文：『東山之桐，西山之梓，合而爲式，垂千萬古』，下署『疊山氏識』。該館定爲宋琴。通長119厘米，隱間100.3厘米，肩寬18.8厘米，尾寬13.3厘米，厚4.2厘米。

琴名

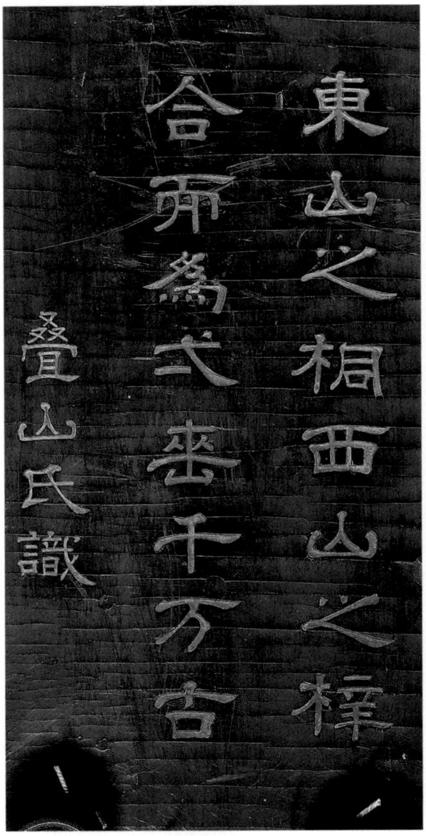

題款

背面　正面

〇三五

龍昇雨降琴

劉益謙藏

龍昇雨降琴，仲尼式。形制規整，面桐底梓，琴體扁而寬。鹿角灰胎，通體髹黑漆，大小蛇腹斷兼細密牛毛斷。琴背項間刻篆書琴名『龍昇雨降』。長方形龍池與鳳沼。池内納音凸起。琴音内斂蒼潤，出音如戛玉。該琴係簫聲琴韻室主吴景略先生珍藏之重器，被譽爲宋琴之代表。通長122.7厘米，隱間113.2厘米，肩寬19厘米，尾寬15.5厘米，厚4.8厘米。

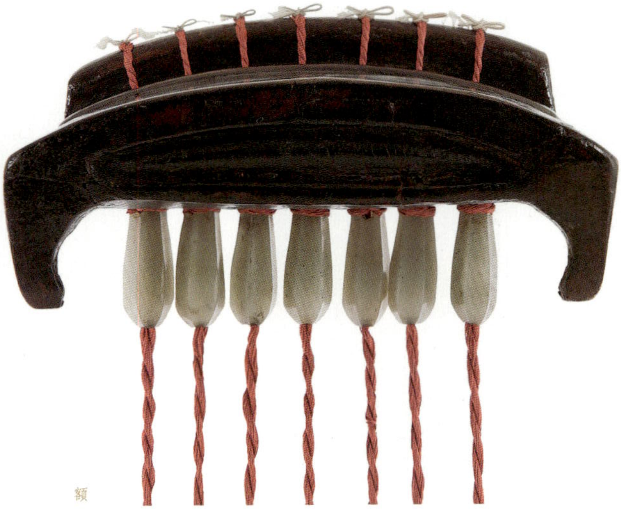

額

尾

琴名

侧面

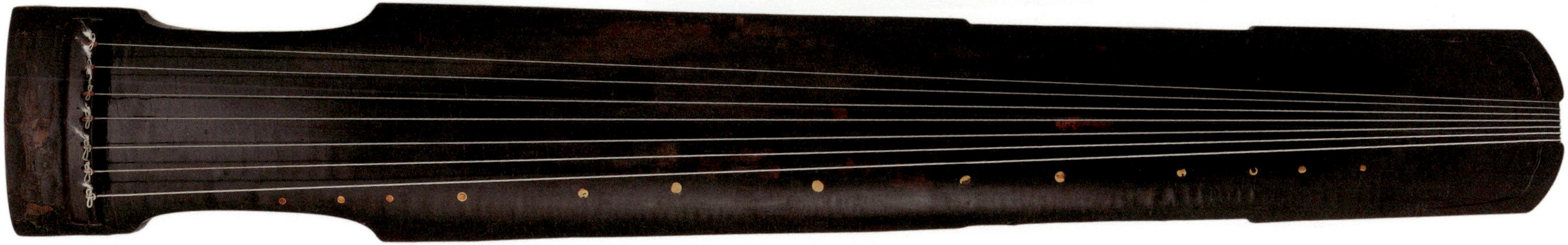

正面

背面

○三六

大雅琴 潘振華藏

大雅琴，仲尼式，宋代。琴身扁而長大，琴頭特寬向外，焦尾突然縮細，爲此琴特色。面板爲桐木，全身鹿角灰胎，間有緑松石等八寶灰，黑色帶栗殼色漆。面呈大蛇腹斷，部分起劍峰。背爲冰紋斷。金徽。腹内木質朽舊，龍池納音凸起，鳳沼納音係鑲嵌而成，現已脱離。琴音奇古，音韻流美。琴背刻篆書題名『大雅』二字。龍池下有印兩方，一爲『春草池館珍藏』；另一方爲『十琴樓主人陳□卿珍藏』。通長128.5厘米，隱間117.5厘米，肩寬25厘米，尾寬12厘米，厚5厘米。

背面

正面

〇三七

金鐘琴 故宫博物院藏

金鐘琴，仲尼式。清宫舊藏。鹿角灰胎，葛布底，栗殼色漆外罩黑漆，通體細密流水兼牛毛斷。長方形龍池與鳳沼。池内納音凸起，琴腹較窄。琴背肩部刻小篆琴名『金鐘』。龍池兩側刻隸書琴銘『閑邪納正，導德宣情』，池下刻草書『宣和殿』，下刻九疊文『御書之寶』大方印。通長115.7厘米，隱間107.9厘米，肩寬19.6厘米，尾寬13.6厘米，厚4.8厘米。

正面

背面

○三八

溪山晚磬琴

中國國家博物館藏

溪山晚磬琴，仲尼式。桐木斲，木質鬆黃。鹿角灰胎，栗殼色漆，外髹黑漆。通體細密小蛇腹斷。長方形龍池與鳳沼。琴額嵌有帶翠玉片。琴背項間刻琴名『溪山晚磬』，旁署『一翁重修』，下有『百子』小方印。琴背龍池右側刻『松風一榻雨瀟瀟，萬里封疆不寂寥。獨坐瑶琴遣世慮，君恩猶恐壯懷消』。池左刻『岦（時）景炎元年，蒙恩遣，問召入，夜宿青原寺，感懷之作，谱于琴中識之』，下署『文山』。按『文山』，即南宋末年名臣文天祥。鳳沼左下方有一填朱六字大方印。通長116厘米，隱間109厘米，肩寬20.2厘米，尾寬13.6厘米，最厚5.8厘米。

背面

正面

○三九

雲泉琴

劉善教藏

雲泉琴，仲尼式。原爲栗殼色漆，後罩黑漆，略露栗殼色底。小蛇腹斷紋。面桐底杉。背面龍池上方刻楷書『雲泉』二字，其下刻『久御不厭』大印一方。腹内納音微隆，現大部朽蛀。納音右側刻『伏虎寺鐘梁』，左側刻『成都雷霄斲』。琴音温勁鬆厚，極富底藴。原爲上海琴家劉景韶先生收藏，曾賦詩一首：『山寺鐘梁四善材，蜀琴千載響雷霄。高歌一曲仰天笑，何處湘靈鼓瑟來。』擬刻於琴背兩側。通長124.8厘米，隱間113.8厘米，肩寬19.8厘米，尾寬14.2厘米，厚4.8厘米。

側面

額

尾

正面

背面

〇四〇

玲瓏玉琴 故宮博物院藏

玲瓏玉琴，仲尼式變體。清宮舊藏。板厚而膛小，鳳舌鑲嵌，池沼形狀特異，納音貼以木片。黑漆，八寶灰胎極薄，牛毛間蛇腹斷。金徽，白玉軫足，紫檀岳尾，唯尾托爲紅木，護軫傷損一。龍池上刻行書琴名『玲瓏玉』。左右刻草書琴銘『嶧陽之桐，空桑之材；鳳鳴秋月，鶴舞瑶臺』，龍池下刻行書『復古殿』，及九疊文『御書之寶』大印。『復古殿』爲宋高宗紹興二年（一一三二）以後在建康（南京）所修行宫之一殿，紹興二十八年（一一五八）於臨安（杭州）又有此殿之設。鄭珉中先生認爲全部銘刻爲當時一手而成，俱貼金。通長118.4厘米，隱間110.7厘米，額寬17.4厘米，肩寬19厘米，尾寬13厘米，厚5.7厘米。

琴名

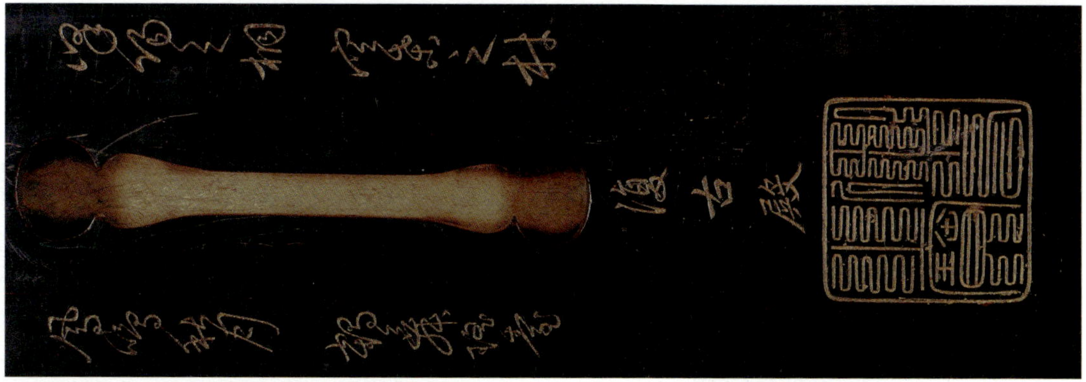

題款印章

背面

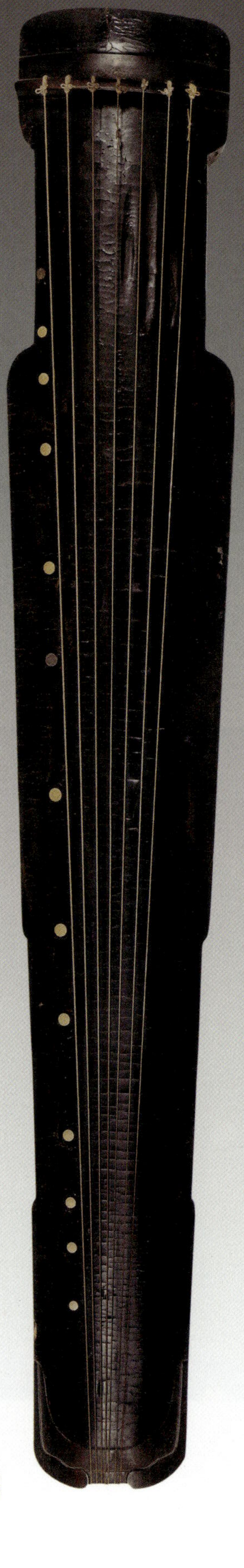

正面

〇四一

松風清節琴 吉林省博物館藏

松風清節琴，仲尼式。鹿角灰胎，朱紅間栗殼色漆，蛇腹間冰裂斷紋。玉徽，雙青玉雁足。面圓，底略鼓，整體造型渾厚。龍池、鳳沼爲長方形。龍池上方刻楷書『松風清節』四字，腹内可見寸許六方龜背百衲紋片。腹款楷書『大唐貞觀五年，雷擊良材，雷霄監製百衲』。曾定爲唐製百衲琴，後經專家定爲宋代製品。音質鬆古清脆。原爲王世襄先生所藏，一九六三年由吉林省博物館收藏。通長116.4厘米，隱間108厘米，肩寬18.6厘米，尾寬13厘米，厚6.5厘米。

斷紋

背面

正面

〇四二

朱晦翁琴 劉益謙藏

無名琴，仲尼式。形制規整，木質鬆而色深。通體鹿角灰胎，黑漆，琴面蛇腹斷勾中帶斷，極其雅緻。琴背因重修而斷紋不顯。長方形龍池與鳳沼。池内納音右側刻字一行，刀痕極淺，又曾塗漆，故較難辨識，但『朱晦翁藏』等字尚隱約可見，左側刻『古吴王昆玉重修』七字。王世襄《自珍集》稱，該琴一九四七年王氏得自北京地安門外萬寶興古玩店。鄭珉中先生對其十分重視，認爲聲音深沉蒼古，雖稍有塌腰，不足爲病。通長123.5厘米，隱間113.3厘米，肩寬19.3厘米，尾寬15.8厘米，厚4.6厘米。

頭

尾

側面

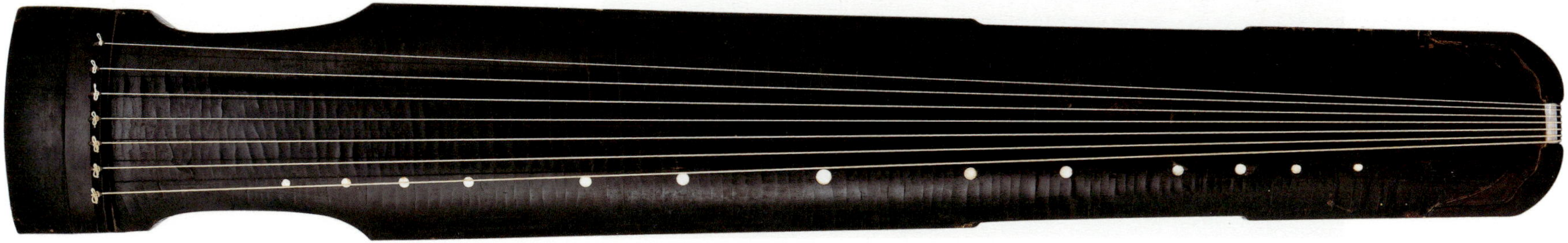

正面

背面

〇四三

楊時百天覝琴

趙濤藏

天覝琴，仲尼式。形制規整，杉木製，木質黝黑。通體鹿角灰胎，上髹朱漆，後罩黑漆。琴面斷紋頗多，呈大小流水兼牛毛斷。長方形龍池與鳳沼。琴背項間刻有民國書家常贊春篆書琴名『天覝』。下有楊宗稷贊文：『溯自戊申，琴爲余累。枯桐半百，終鮮稱意。今歌得寶，實神所秘。人力罔求，天庥載至。錫厥嘉名，答彼蒼賜。』池左有虞銘新隸書題款：『壬戌三月，楊宗稷得於都門，命名「天覝」。並銘常贊春作籀，虞銘新題款，俾與嘉慶戊辰一行相對如楹帖。』據《琴學叢書·藏琴錄》載，該琴池右原刻七分楷字一行：『嘉慶戊辰暮春日，長白靈源福海，復見於閩中熙春協鎮公署，聲音之妙，得未曾有。』現字迹已漫漶難辨。楊氏藏琴在其晚年曾大量轉與他人，只有『天覝』從未易手，可見其珍愛之深。該琴音質上乘，富金石韻。通長118厘米，隱間110厘米，肩寬19厘米，尾寬13厘米，厚5厘米。

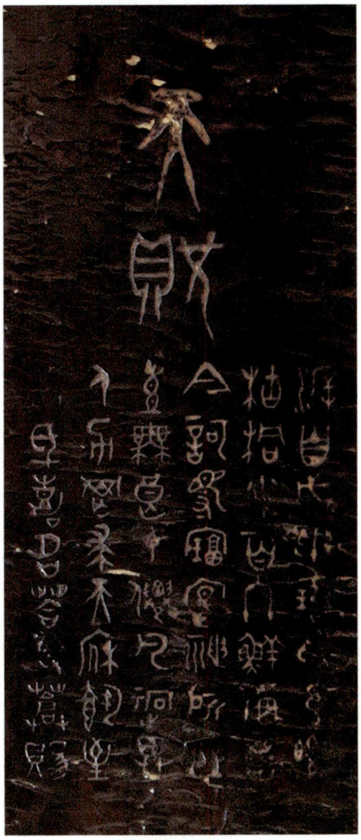

琴名 題款

額

尾

背面

正面

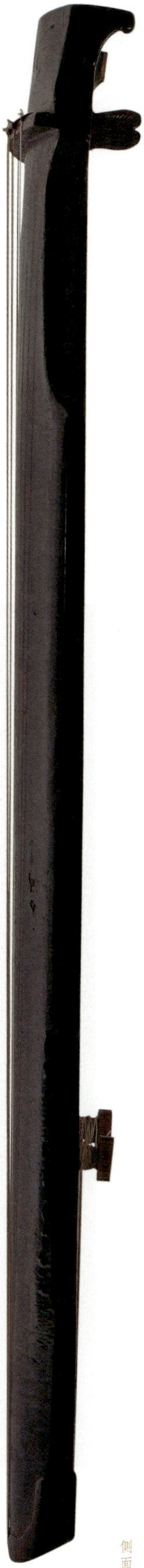

侧面

〇四四

神化琴 馬維衡藏

神化琴，桐面梓底。純鹿角灰胎，胎質細膩堅韌。栗殼色漆，琴面流水斷。琴底刻篆書『神化』二字。傳此琴於民國年間，被破腹重修，挖去原款，增寫墨書『此琴乃唐人雷威製，己巳秋六十四琴齋主人吳浸陽重修』二十三字。吳氏重修時，琴底及兩邊髹以厚漆，故原斷被掩。現藏者在底板上端發現一漆泡，經細心剔除，驚現精美冰裂斷紋，後磨去重修厚漆，便隱現原有精美流水斷。其琴音和潤清醇，別具特色。通長128厘米，隱間117.5厘米，肩寬21.4厘米，尾寬15厘米，厚5.6厘米。

額

尾

龍池腹款

側面

正面

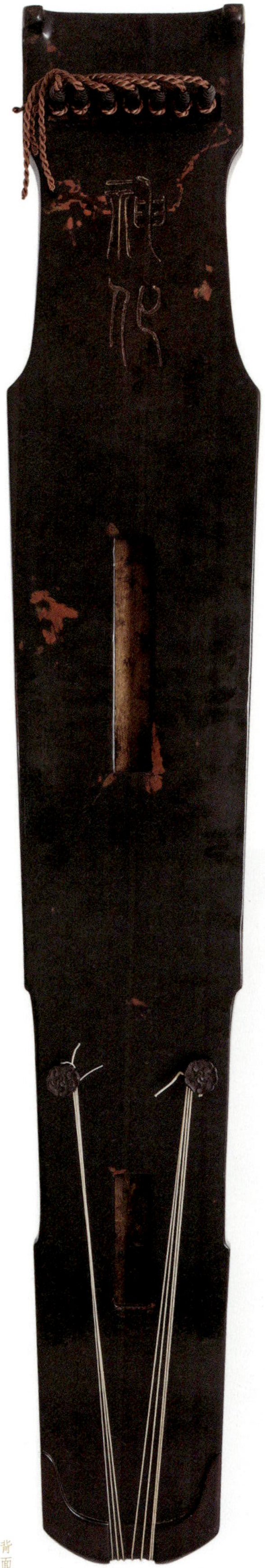

背面

〇四五

鐵鶴舞琴

沈興順藏

鐵鶴舞琴，仲尼式。琴體修美勻稱，肩在三徽處。漆胎堅實，栗殼色漆，琴面經磨修斷紋隱而不顯。琴背係原漆，漆色黯然，斷紋凸起形如蛇虺。項間刻隸書琴名『鐵鶴舞』，下有明張弼草書：『咏吟白日，和音高絕，鐵鶴百年，問誰能識。成化庚寅十一月日，識以王臯，書以張弼。』下有朱印一方。池右有明吕常五言詩一首：『一嘯當風月，團摩上碧青。何人懶磨洗，古韻未凋零。弘治庚戌春仲，吕常題。』及朱印『秉之』。吴寬四言古詩一首：『騰騰兀兀，如許春風。心無心裏，會有會中。匏翁題。』下有『匏翁』與『吴寬』朱印。雁足上有清惲壽平題記一則：『此婁東王煙客太常藏寶也。戊午夏出以示，余撫玩久之，擬欲題詞，覺珠玉在前，吮毫汗下，僅記月日。時虞山石穀子同觀。園客壽平題，與賞音者共鑒之。』下有印兩方。雁足下有一陽文大方印『寒碧山莊珍藏』。印左有清王泳題記：『余自吴門得此，越二年攜以過武林，梁氏山舟一見，名人題贊，梅紋蕉斷，剥落蒼古，以爲王劉家舊藏物，撫弄手不忍釋，爰請諸余。余思物聚所好，書數語割愛以贈。嘉慶庚寅，古虞天香樓主王泳識。』鳳沼右有清張廷濟題記：『道光庚寅九月，過錢塘梁學士家，出「鐵鶴舞」示余，□爲西廬老人舊藏，前明遺老題跋甚夥。余諦審之，雁足上有古印，字迹磨滅，想歲久剥蝕。前藏家竟付塗髹，正叔不知誤題其上，然古鼎殘□，越蝕越妙，余不忍没□，特誌之以供同賞。嘉興張廷濟。』通長122.8厘米，隱間113.2厘米，肩寬19厘米，尾寬15.5厘米，厚5.2厘米。

琴名

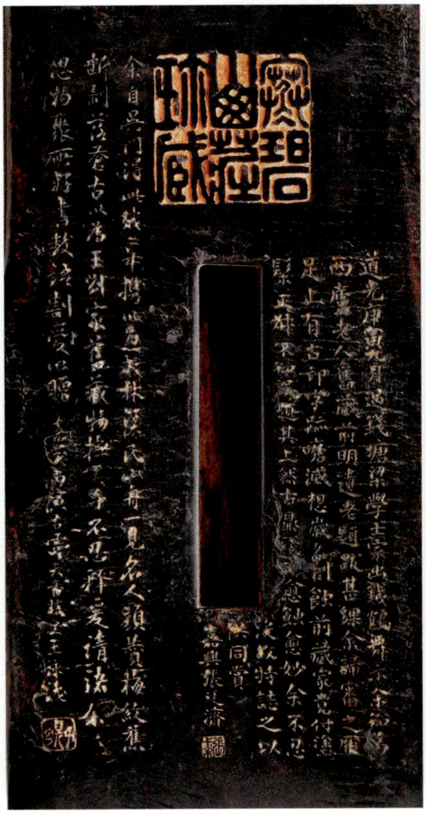

題款

正面

背面

○四六

綵鳳孤鳴琴

趙濤藏

綵鳳孤鳴琴，仲尼式。琴體規整。鹿角灰胎，通體黑漆，蛇腹斷。長方形龍池與鳳沼。琴背項間刻琴名『綵鳳孤鳴』。池下刻長篇銘文，文字尚待辨識。池内納音微凸，納音右側刻『建炎戊申春日』，左側刻『□□ 道人監製』。撫弄之下，琴音清實透潤，手感極佳。通長119厘米，隱間111.5厘米，肩寬19.5厘米，尾寬12.5厘米，厚5厘米。

額

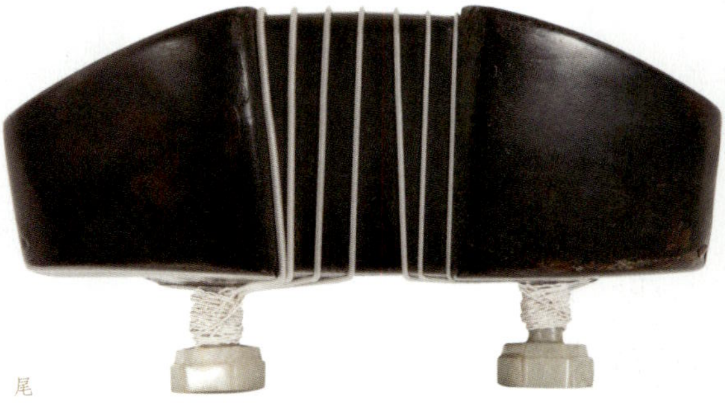

尾

背面

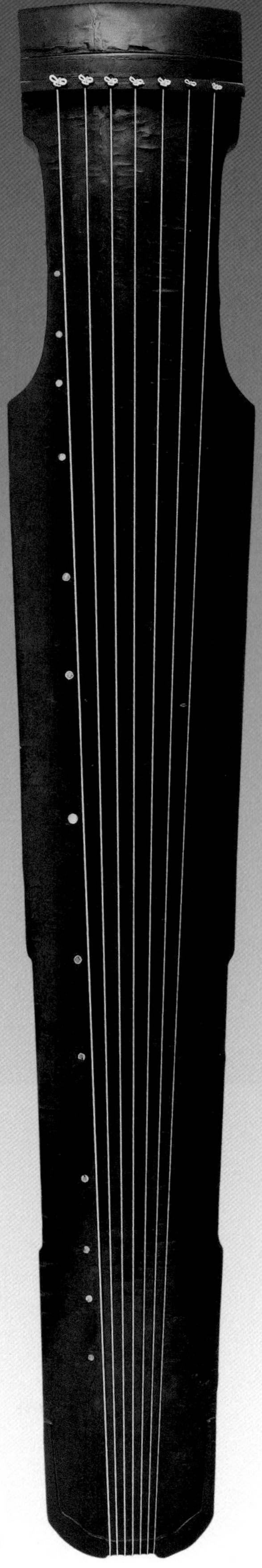

正面

〇四七

虎嘯琴 徐忠偉舊藏

虎嘯琴，仲尼式。杉木製，琴體闊大厚重。栗殼色漆，漆灰甚厚，間有彩色石屑，是所謂八寶砂者。大蛇腹斷間雜細密流水斷。龍池納音旁刻有隸書題款『赤城朱致遠製』，音質古樸渾厚，韻味悠長。通長124厘米，隱間114厘米，肩寬20厘米，尾寬15厘米，厚5.5厘米。

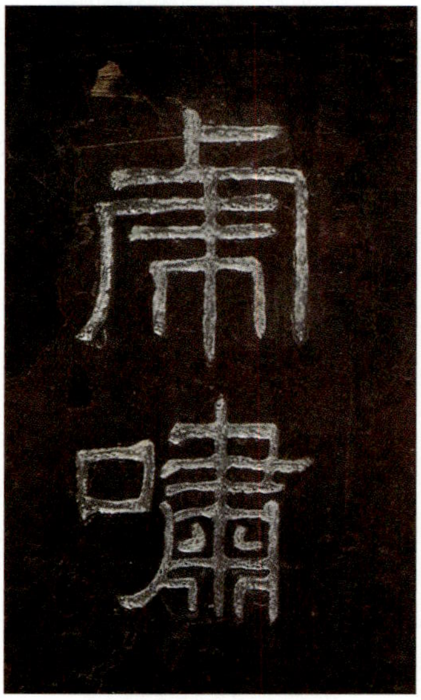

琴名

斷紋

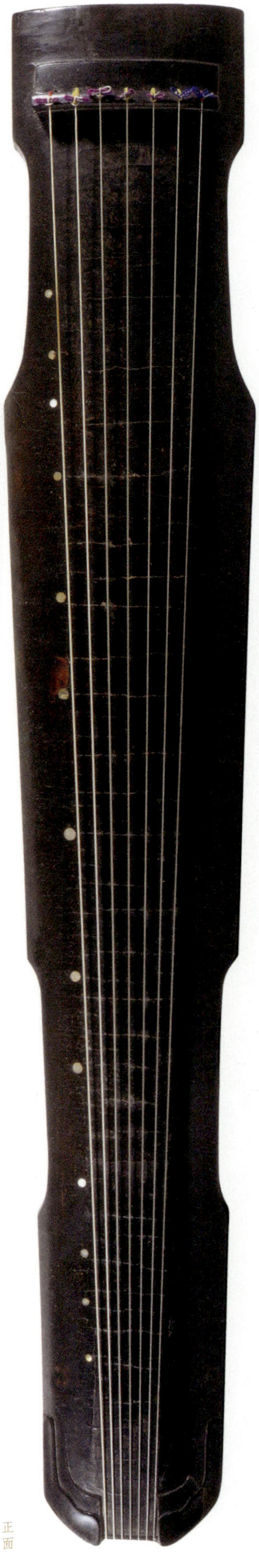

正面

背面

〇四八

梅花落琴 姚公白藏

梅花落琴，仲尼式。琴面以黑漆爲主，間有紅、黄色。蛇腹斷紋。螺徽。紅木雁足，呈五角星形，側面雕成齒輪狀，足底精雕細紋。琴背書『梅花落』三字。龍池内左側刻楷書『大唐武德元年歲次戊寅』十字。龍池兩側刻題記云：『此紉蘭室主人嘗御琴也。掩抑胡笳，半簾涼月，激昂口唱，三復新聲。何期一息靡常，豈謂九原可作；七絃無恙，先凋五月之梅。爰題名曰「梅花落」，請益堂見者而鐫之以誌人琴之悼。癸卯六月下澣希翁記。』下有一橢圓印難以辨識。一九六三年上海琴家沈草農先生爲其題名和題款，由嚴益堂先生鐫刻於琴底，自此該琴名爲『梅花落』。通長118.2厘米，隱間110.2厘米，肩寬19厘米，尾寬13.5厘米，厚6厘米。

正面

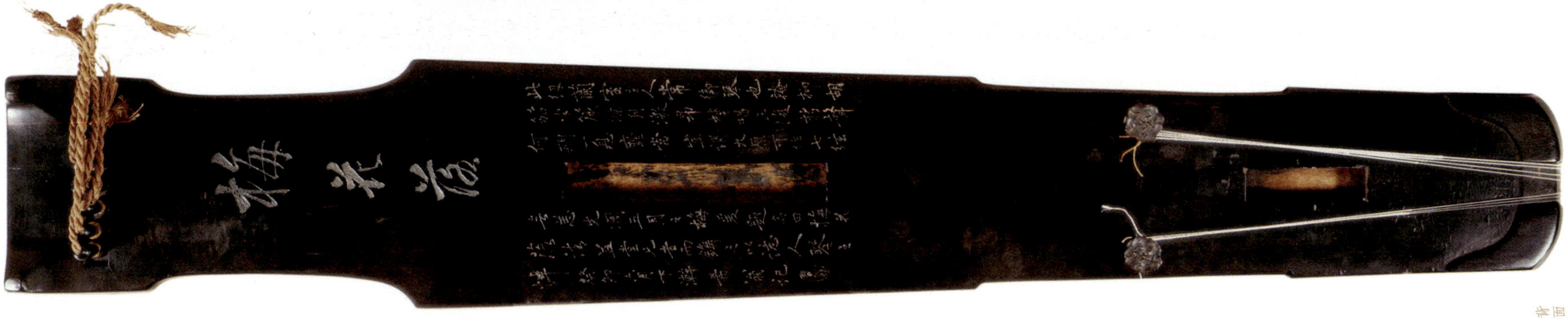

背面

○四九

清籟琴

故宫博物院藏

清籟琴，仲尼式。清宫舊藏。琴面桐木斲。琴體闊大，邊棱略帶圓勢，肩在三徽處。鹿角灰胎，表髹黑漆，細紋斷。金徽。龍池、鳳沼均作長方形。池内納音微隆，納音右側刻楷書『嚴恭遠斲』。琴背項間刻篆書琴名『清籟』兩字，下刻『乾隆御賞』四字朱色方印。龍池兩側及池下刻梁詩正、勵宗萬、汪由敦、張若靄、陳彦邦、董邦達、裘日修諸臣題句。通長121.2厘米，隱間112.2厘米，肩寬18.2厘米，尾寬13厘米，厚5.2厘米。

正面

背面

〇五〇

落花流水琴 田翔千舊藏

落花流水琴，仲尼式。琴體渾厚，邊棱略帶圓勢，肩在三徽二分處。鹿角灰胎，外罩黑漆。蛇腹斷兼冰紋斷。長方形龍池與鳳沼。池內納音凸起。琴背池上刻隸書『落花流水』四字，池下有一大方印，內刻『十琴存古』四字。音質蒼古。通長119.7厘米，隱間111.2厘米，肩寬19厘米，尾寬14.5厘米，厚3厘米。

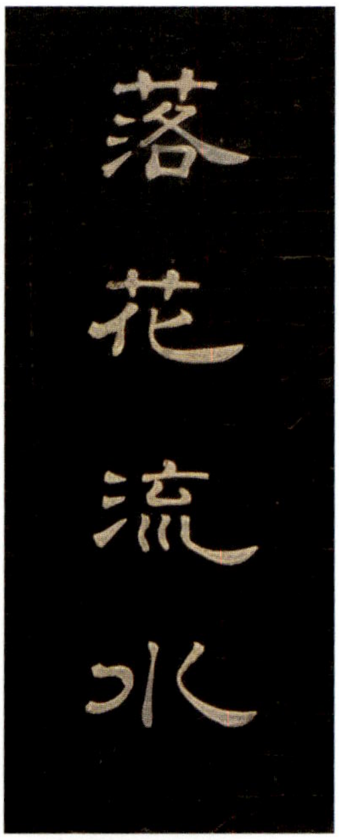

琴名

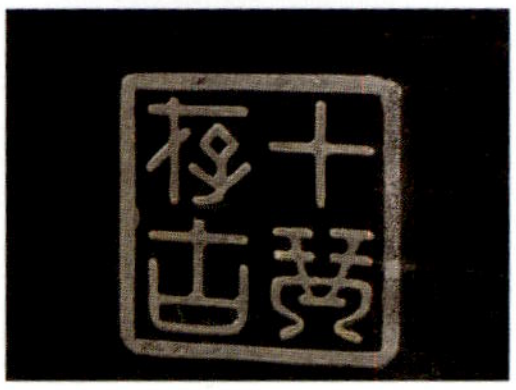

印章

額

尾

背面

正面

侧面

〇五一

無名琴 衛仲樂舊藏

無名琴，仲尼式。黑漆，金徽，小蛇腹斷紋。琴體製作精細，造型渾厚凝重。有紅木雕花紋飾鍍金雁足一對。音量洪大。上海琴家衛仲樂先生於一九四九年以前得此琴。通長123厘米，隱間113厘米，肩寬21.5厘米，尾寬14.5厘米，厚6.5厘米。

正面

背面

〇五二

一天秋琴 查阜西舊藏

一天秋琴，仲尼式。琴體秀美勻稱，木質黃舊疏鬆。褐色底漆，間用朱漆或黑漆修補。漆胎較鬆，蛇腹斷，間雜多種細紋斷。肩在二徽半處，面弧略扁。長形龍池與鳳沼。琴背項間隱約可見琴名『一天秋』三字。腹内無款。該琴手感極佳，聲如金石，富於韻味。係查阜西先生十分鍾愛且經常彈奏之器。從其製作工藝而言，該琴龍池與鳳沼處納音，係用陳年古桐鑲嵌在琴面内壁，四週用竹釘固定。值得注意的是：龍池處納音呈長條狀凸起，鳳沼處則呈橢圓形内凹之狀。這種凸凹處理手法，似含陰陽的寓意在内，在傳世琴中尚不多見。通長122.5厘米，隱間113厘米，肩寬19厘米，尾寬13厘米，厚5厘米。

正面

背面

〇五三

秋嘯琴

黄禮儀舊藏

秋嘯琴，仲尼式。桐木斲。琴體扁闊，造型古樸凝重，項較短，肩在二徽半處。黑栗殼色漆，大蛇腹斷紋。背面龍池、鳳沼均爲長方形。龍池上方刻『秋嘯』二字，下方刻『萬壑松風』金朱大印。發音洪亮堅實。通長126厘米，隱間115厘米，肩寬20厘米，尾寬13.8厘米，厚4厘米。

琴名

印章

背面

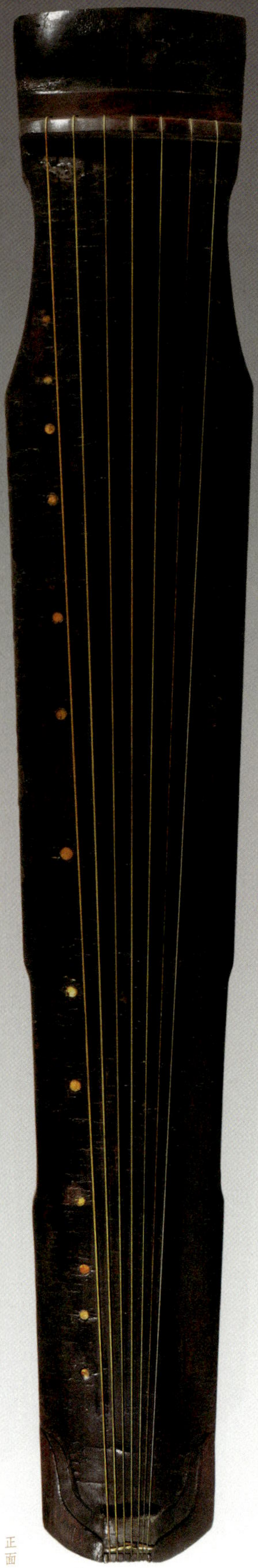

正面

〇五四

誦餘琴　四川省博物館藏

誦餘琴，仲尼式。黑栗殼色漆，小蛇腹斷兼冰裂紋。螺鈿徽。琴軫木製。龍池、鳳沼長方形。雁足、護軫也爲木製。背面頸部陰刻篆書琴名『誦餘』二字。龍池腹内右側陰刻楷書『靖康元年造』；左側陰刻楷書『松絃館重修』。其製作年代有宋末元初或元末明初兩種意見。此琴在明代被琴家嚴澂（一五四七—一六二五）收藏重修過。一九五六年由四川省博物館徵集收藏。現略有殘損。通長122.5厘米，隱間114厘米，肩寬19.1厘米，尾寬14厘米，厚5.2厘米。

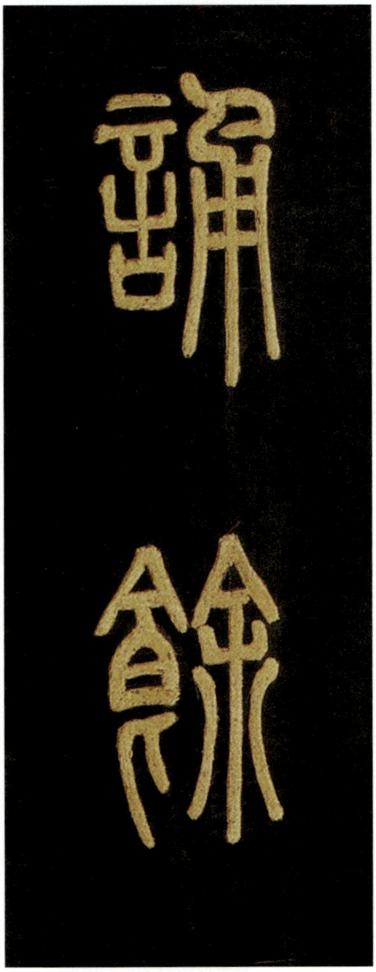

琴名

斷紋

背面

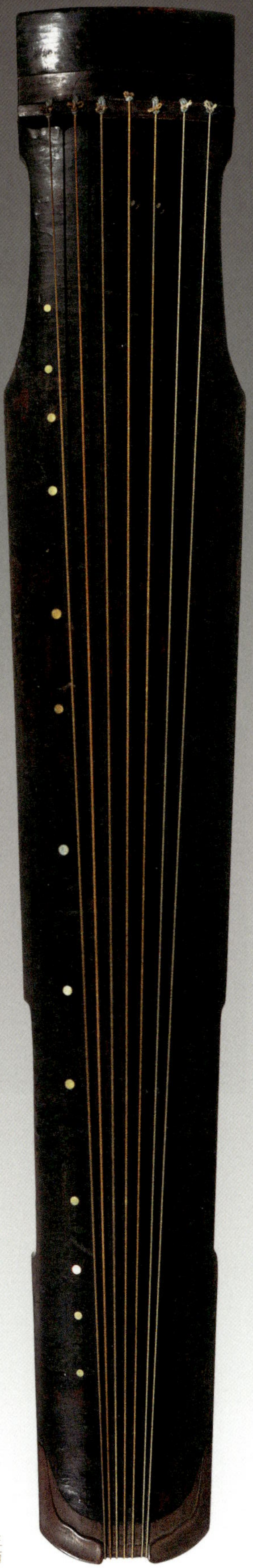

正面

○五五

龍吟琴 南京博物院藏

龍吟琴，仲尼式。琴體修美，肩在三徽。表髹朱漆，細密牛毛斷。蚌徽。除琴頭失兩梟掌、琴尾失一冠角外，餘大體完好。長方形龍池與鳳沼。琴背項間刻草書琴名『龍吟』，池下刻一陰文大方印，文爲『太古』。印下刻明甯藩朱權花押。該院定爲宋琴。通長122.5厘米，隱間114厘米，肩寬20厘米。

琴名

印章

背面 正面

〇五六

龜山異材琴

趙濤藏

龜山異材琴，仲尼式。琴體秀美勻稱，製作規整。漆胎異常珍貴，由鹿角灰内雜金銀細粒合成。通體髹黑漆，漆色潤雅。通體小蛇腹兼流水斷。長方形龍池與鳳沼。琴背項間刻行草琴名『龜山異材』四字，池下刻『太古元音』篆書方印，顯得格外古樸高潔。從該琴琴面與龍池納音處觀察，可以見到許多極爲規整的六邊形方塊。該琴就是由這些六邊形方塊拼接而成的『百衲琴』。撫彈之下，其琴音清實鬆厚，聲如金石。通長120.5厘米，隱間111.5厘米，肩寬18厘米，尾寬14厘米，厚5厘米。

額

尾

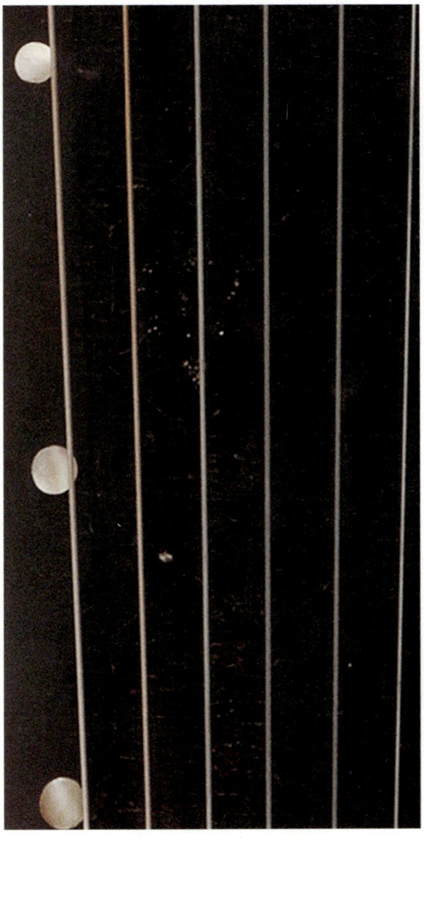

斷紋

背面

正面

側面

〇五七

朱致遠琴 徐忠偉舊藏

朱致遠琴，仲尼式，元代。琴體寬厚。黑栗殼色漆，細紋斷。音色清越而俏嫩，散音、實音、泛音均屬上乘。整體完好無損。龍池納音旁刻有楷書題款『赤城朱致遠製』。通長122.4厘米，隱間113厘米，肩寬20厘米，尾寬15厘米，厚5.5厘米。

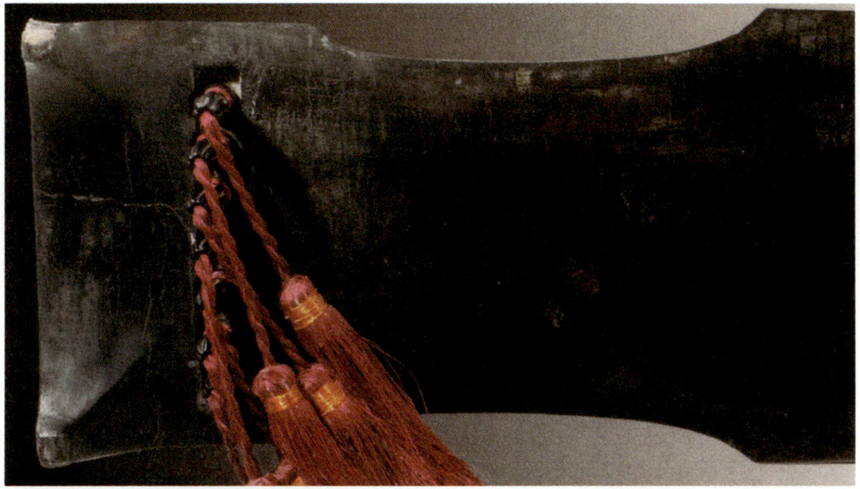

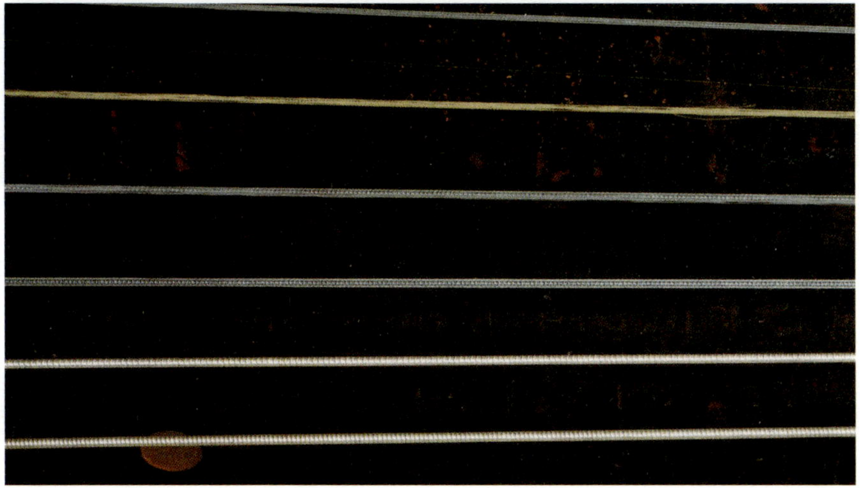

斷紋

背面

正面

○五八

朱致遠琴 劉赤誠藏

朱致遠琴，仲尼式，元代。面桐底梓，木質金紫色。黑漆透光，底面呈細牛毛斷紋。琴腰部微收，線條流暢，造型精美秀麗，尺度適中。琴額原刻有篆書『一天秋』三字，因漆補已漫漶不清。腹内烙有『朱致遠製』四字。此琴發音靈敏，音質丰滿透潤，韻味悠長。原爲琴家鄧懷農購於蘇州，其琴囊有清代琴家枯木禪大師親筆水墨畫及題詩，故知該琴早年曾爲枯木禪師所用。後轉讓給琴家朱惜辰，現由劉赤誠先生收藏。通長120.5厘米，隱間112.3厘米，肩寬19.8厘米，尾寬13.4厘米，厚5厘米。

正面

背面

〇五九

玉泉琴 湖北省博物館藏

玉泉琴，仲尼式。桐木製。黑栗殼色漆，冰裂斷。金徽。長方形龍池與鳳沼。琴背龍池上方刻『玉泉』兩字，池下刻小篆七行：『冰石之操，金玉之章。太古寥廓，肆振清商。子孫之守，先世之藏。』又云：『□陽朱遠，名手也。曾祖尚志翁多奇玩，特珍愛之。問質於靈山僧凡四十年矣。余償而歸之，繫以銘，童手澤也，子孫其寶之。明正德己卯秋徐文溥誌。』《琴學叢書・琴學隨筆》著録。通長120.5厘米，肩寬20厘米，尾寬13.8厘米，厚7.6厘米。

琴名

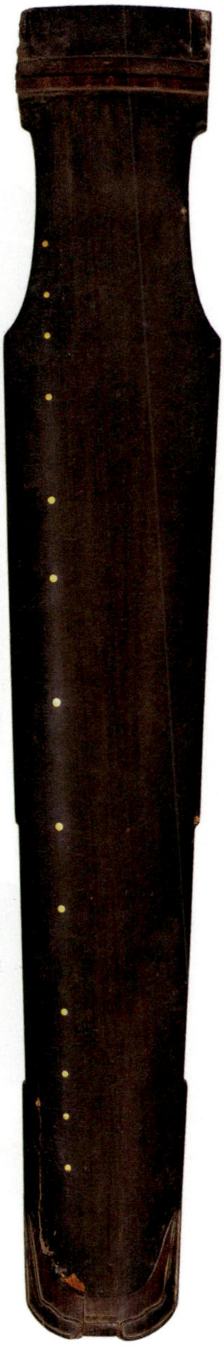

正面

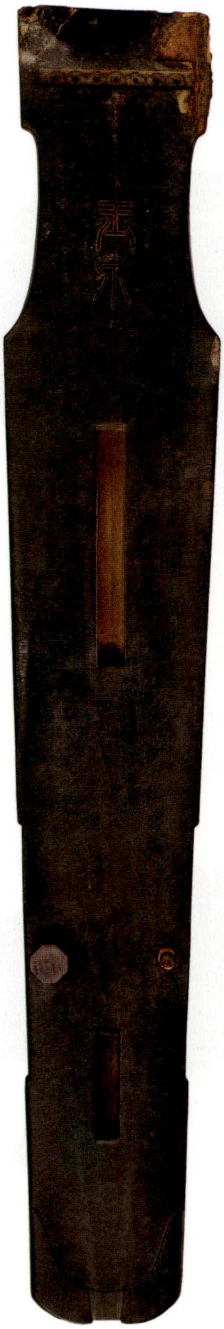

背面

○六○ 真趣琴

中國藝術研究院藏

真趣琴，仲尼式。杉木製。通體髹黑漆，面大蛇腹斷，底流水斷。龍池、鳳沼均爲長方形。納音較平。金徽。龍池上方刻草書『真趣』二字，填以金漆。龍池左側刻行書銘文兩行：『白石仙人得真趣，奇緣幸與知音遇，相攜偕隱雲深處。』二十一字，落款爲『一峰先生屬銘，丁亥夏汪建侯題』草書十三字，填以銀漆。琴腹內納音右側刻楷書『赤城朱遠』四字。銘文記述了琴家夏一峰先生與汪建侯先生以琴結緣的佳話。通長121厘米，隱間113厘米，肩寬18.9厘米，尾寬13.6厘米，厚5.1厘米。

琴名

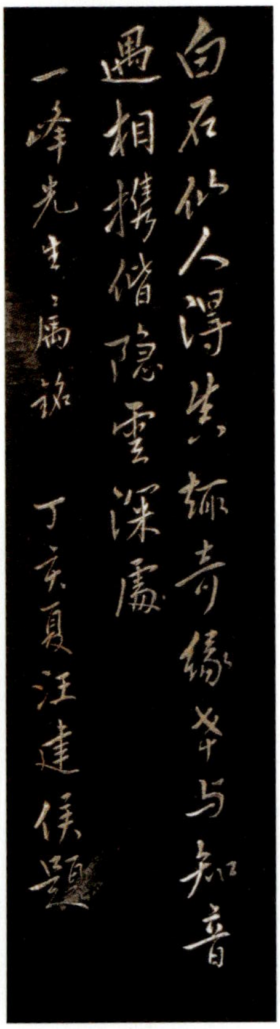

題款

額

尾

背面

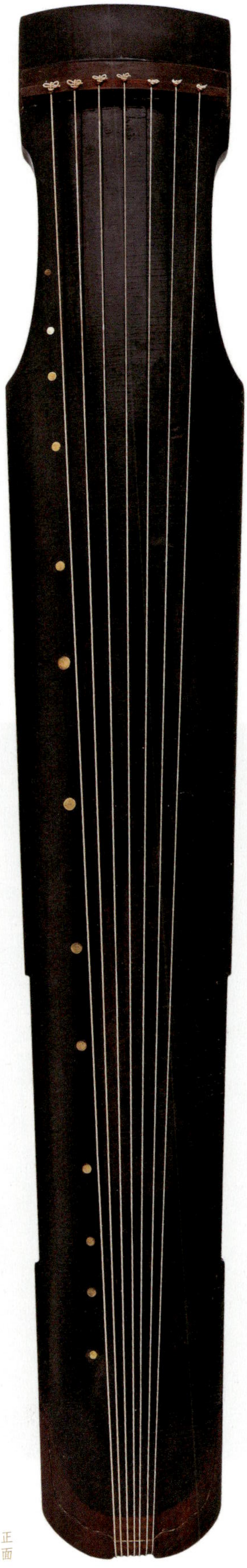

正面

側面

〇六一

蕤賓鐵琴 集幽蘭藏

蕤賓鐵琴，仲尼式。桐木製，木質極輕。黑漆，琴面小蛇腹斷與流水斷相間，琴底多爲冰裂紋。金徽。背面龍池納音處開有一尺餘長、半寸見方的凹槽。龍池上方刻篆書『蕤賓鐵』三字。音色蒼古。按《琴書大全》元人張伯雨《蕤賓鐵琴詩》有序：『蕤賓鐵之謂，芳洲法師所畜，琴體制合古，篆銘特佳，近代所稀有，因發其義賦詩一章。』另《西湖誌》、《琴史續》引『蕤賓鐵琴圖題詠』亦都提及『芳洲錢塘瑪瑙寺法師，工琴，蓄琴二：一曰「石上枯」；一曰「蕤賓鐵」。四方賢士過往西湖之上，必往訪之』。似與此琴相合。若確實如此，則『蕤賓鐵』琴當爲宋元遺物。通長120厘米，隱間113.5厘米，肩寬18.5厘米，尾寬13厘米，厚3.5厘米。

琴名

背面

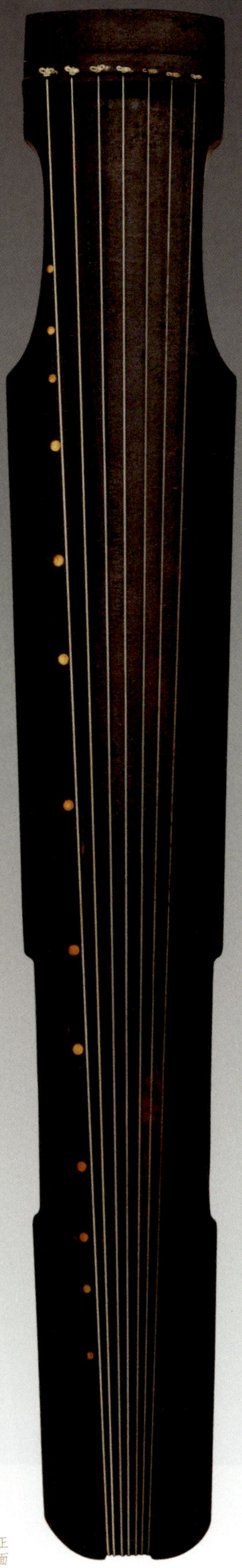

正面

〇六二 蕙蘭琴

謝導秀藏

蕙蘭琴，仲尼式。杉木製。琴體秀美，肩在一徽半處，面較圓，底微弧。鹿角灰胎，黑漆，細密蛇腹斷兼冰紋斷。長方形龍池與鳳沼。音質渾厚，圓潤洪亮。原爲廣東名琴家招學庵先生珍藏，無琴名。現有琴名『蕙蘭』與『謝導秀藏』四字方印係現藏者所刻。通長123.5厘米，隱間116厘米，肩寬18.5厘米，厚3.5厘米。

琴名

印章

背面

正面

〇六三

玉簫琴 中國藝術研究院藏

玉簫琴，仲尼式。杉木製。琴體渾厚。鹿角灰胎，通體髹黑漆，呈小蛇腹斷紋。龍池、鳳沼均爲長方形。納音坦平。龍池上方刻有篆書『玉簫』二字，龍池兩側有隸書題記：『質無瑕兮溫潤，音協律兮悠揚。彼嘉樂兮君子，德斯似兮允藏。』共二十四字，均填以金漆。此琴曾由北京辛元增珍藏。通長126.4厘米，隱間118.4厘米，肩寬20.6厘米，尾寬13.8厘米，厚5.4厘米。

側面

琴名

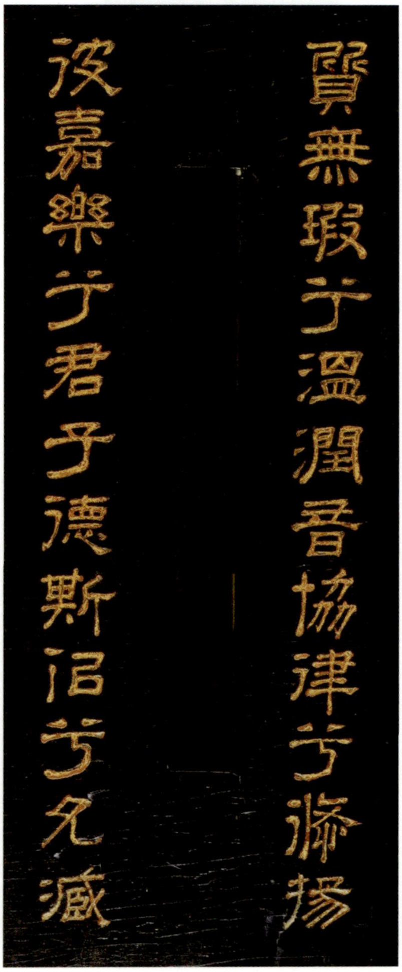

題款

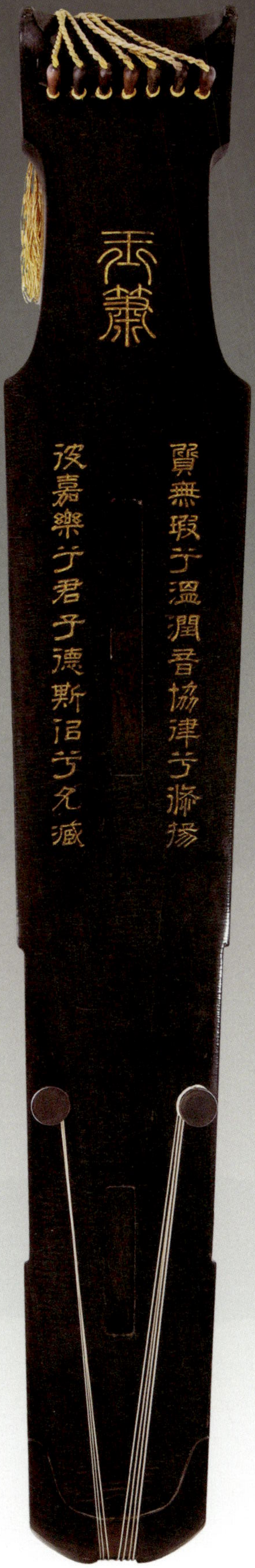

背面

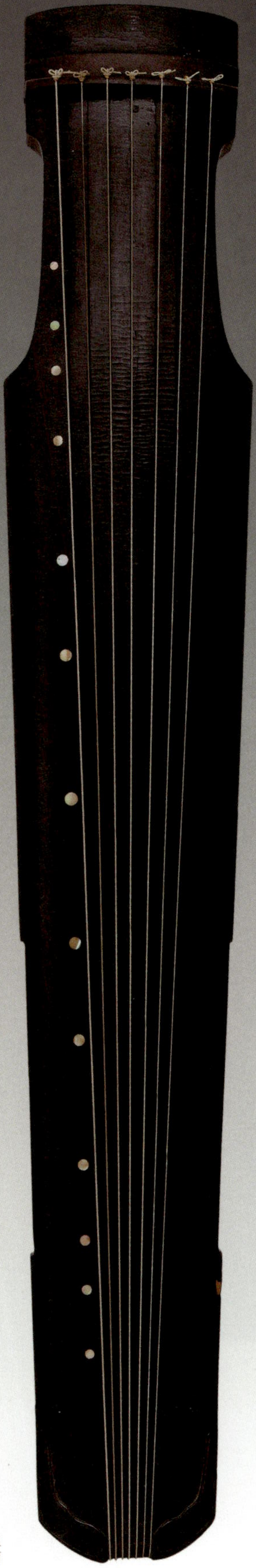
正面

○六四

千歲聲琴 玉聲山房藏

千歲聲琴，仲尼式。琴體寬大而扁。鹿角灰胎，通體髹栗殼色漆，蛇腹斷。長方形龍池與鳳沼。琴背項間刻琴名『千歲聲』，旁署『內有貞觀紀年，故以名之』，下刻『六一』小長方印。池內納音一側殘存墨書題記，可以見及者有：『超、都門偶、美材甚美、予』等字。通長129厘米，隱間119.5厘米，肩寬23厘米，尾寬16厘米，厚5.6厘米。

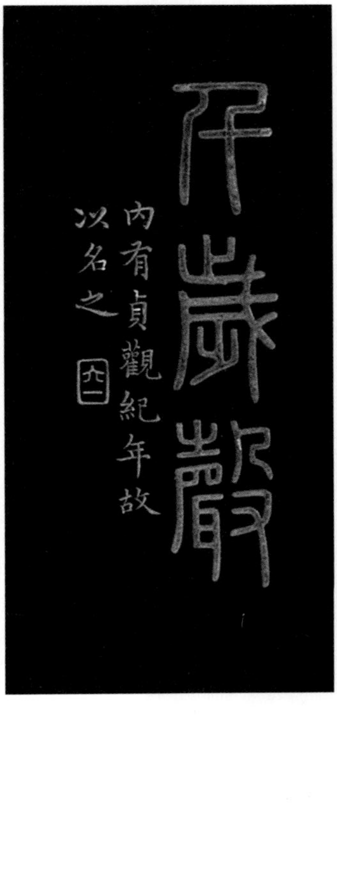

琴名

額

尾

侧面

正面

背面

○六五

萬壑松風琴 中國藝術研究院藏

萬壑松風琴，仲尼式。琴體修美，額間兩護軫微弧內收。漆層較厚，似分三層，底層爲薄鹿角灰胎，中層爲堅硬的黑漆，表層爲薄栗殼色漆，後以朱漆修補多處。小蛇腹斷。紫玉徽，額鑲鈞瓷，長方形龍池與鳳沼。琴背項間刻篆書『萬壑松風』四字，其右上角刻『雲谷老人』長圓形印，池下刻『水晶子藏』四字方印。龍池兩側刻著名琴家管平湖手寫隸書長篇銘文：『昔者參觀古物陳列所，得見晉王徽之琴，形式音韻，均稱絕品，豔羨不置，而此琴與之極相類。余得此琴在民國丁卯年秋。余偶得此琴與王琴相似，初以其無款，疑爲唐琴，然音韻鬆潤靈活，不亞于所藏各琴，且軫池下有雲谷老人印，龍池下有水晶子印，復加審慎拂視，見龍池內右方有二寸餘蕉葉楷書「大通元年鐘山沈約監製」，字迹隱微，幾與木色不分，殊難辨認也。按沈約字休文，工詩文，爲有梁一代宗師，著述宏富。武宗時官至侍中。則此琴迄今已千三百餘歲矣。其古可知，頗堪珍貴。余深幸有此奇緣，因重加整飾，並附識數語，以俟博雅者鑒之。丁卯季秋，古吳吉廠管平誌於湘筠館』。下刻『管平』、『吉廠』兩小方印。腹內納音凸起，納音右側有小字墨書『大通元年鐘山沈約監製』十字。通長123.5厘米，隱間117厘米，肩寬19.3厘米，尾寬14.7厘米，厚4.7厘米。

題款

玉飾

背面

正面

側面

印章

琴名

額

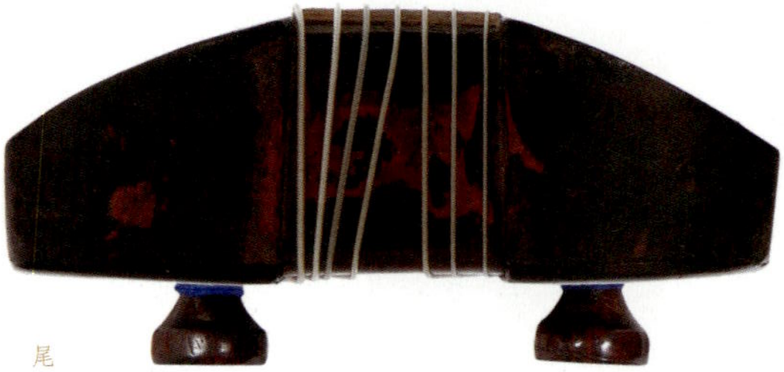

尾

〇六六

醉玉琴 四川省博物館藏

醉玉琴，仲尼式。栗殼色漆，有大塊黃色斑紋。牛毛斷間流水斷。乳白色玉徽。岳山、承露、龍齦、齦托及冠角均用白玉琢製鑲嵌。護軫木製，四棱錐體形。琴軫蒼玉琢製，雁足青玉製。龍池、鳳沼長方形。龍池腹腔内左側陰刻行書款『雍熙甲申春正月人日製』；背面頸部居中陰刻行書『醉玉』二字，其右側陰刻楷書銘文『宋雍熙雅器』，其左側陰刻楷書『雪琴仙館藏』，均係後刻。此琴原爲裴墨痕先生所藏，一九五一年歸四川省博物館收藏。通長119.5厘米，隱間110.3厘米，肩寬20.3厘米，尾寬14厘米，厚4.8厘米。

琴名

背面

正面

〇六七

董其昌款琴 南京博物院藏

董其昌款琴，仲尼式。通體髹黑褐色漆，有稀疏蛇腹斷。琴頭失一冕掌，尾部尾托已佚。龍池與鳳沼均作長方形。琴背龍池兩側刻有銘文：『天台朱致遠先生，以善斲焦桐孤鳴當世，迄今幾三百年，未有能祧其名者。余官轍所及，搜求逸材，要以此琴爲無上之等，愛其清拔疏越，超超元著，直使六雷袖手，兩馬低看，故作斯銘。銘曰：「綠綺初調，黃庭甫畢。萬籟無聲，太華夜碧。」天啟七年丁卯三月既望，香光居士董其昌識。』下鐫『董其昌印』白文印和『宗自上學』朱文印各一方。通長120.6厘米，隱間115厘米，肩寬24厘米，尾寬14厘米，厚3.8厘米。

印章

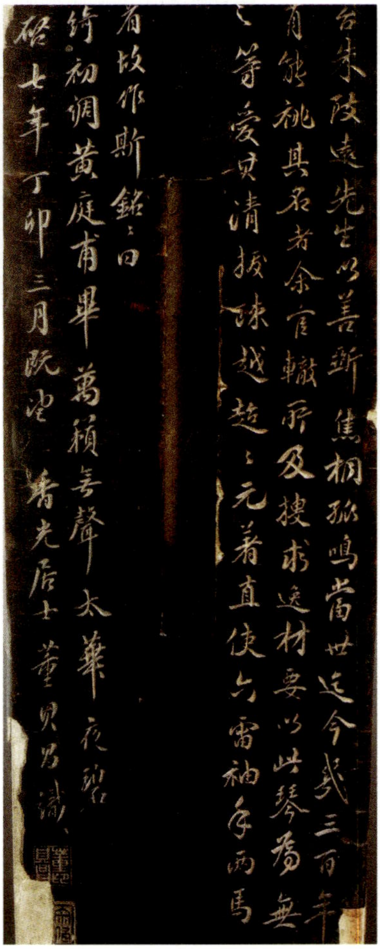

題款

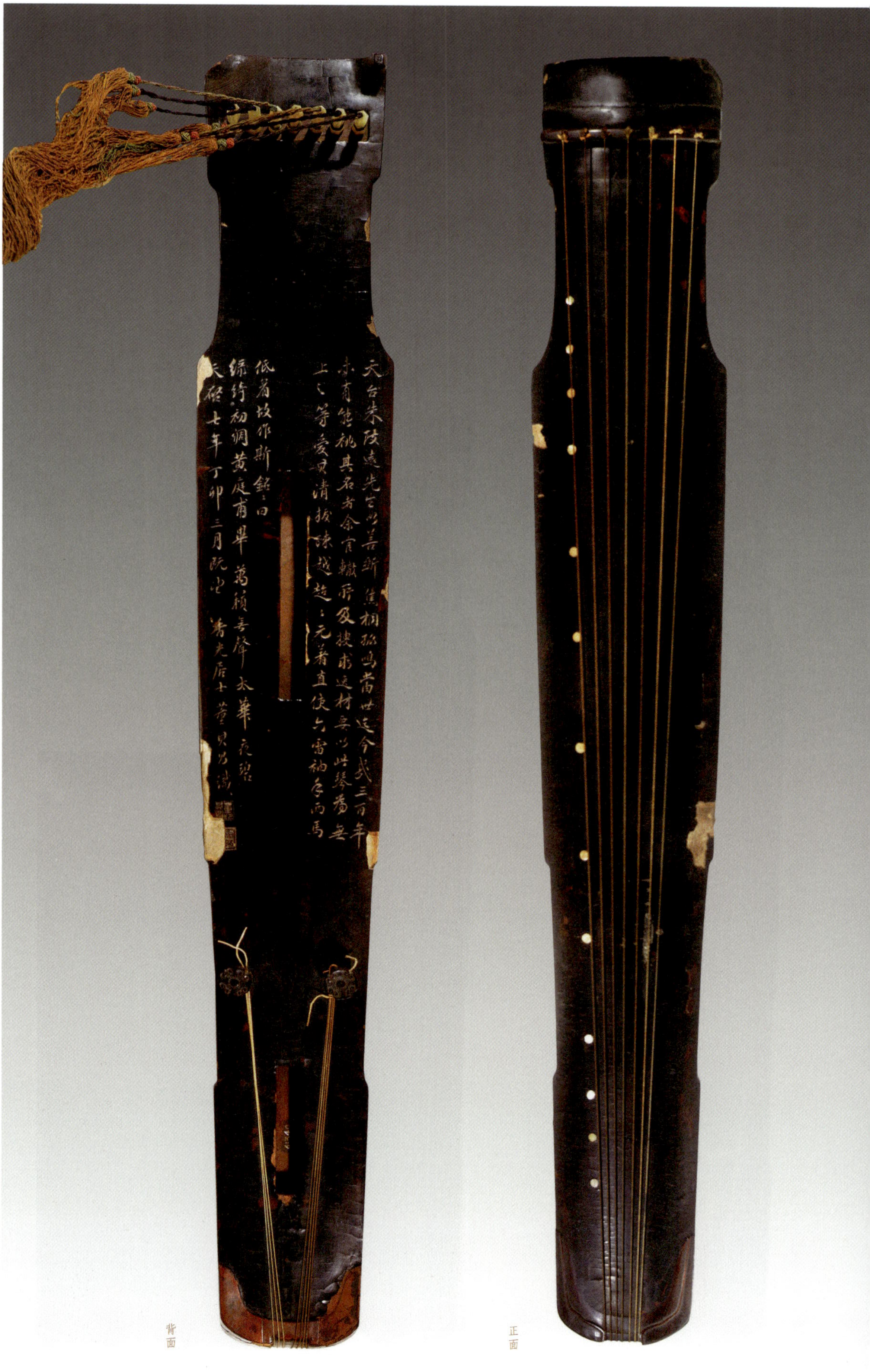

背面　　正面

〇六八

林泉嘉器琴 朱默涵藏

林泉嘉器琴，仲尼式。桐面梓底。黑漆，蛇腹兼流水、牛毛斷紋。背面刻琴名『林泉嘉器』四字。音質秀美清澈。二十世紀五十年代初，查阜西先生在全國普查時發現此琴，定爲宋琴，後由顧梅羹收藏。一九七九年贈朱默涵。通長118.5厘米，隱間110.5厘米，肩寬18.5厘米，尾寬13.5厘米，厚5厘米。

琴名

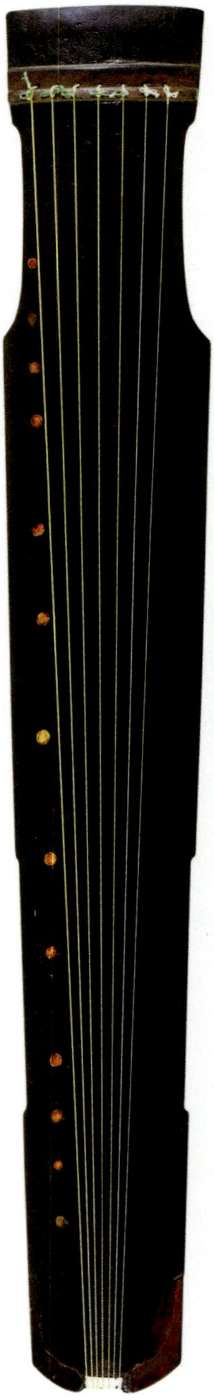
正面

背面

○六九

花笑琴 四川省博物館藏

花笑琴，仲尼式。琴體秀美，扁而長，肩在三徽處。黑栗殼色漆。蛇腹兼冰裂斷。螺鈿徽。龍池、鳳沼爲長方形。背面項部陰刻篆書『花笑』二字。龍池內納音凸起，右側陰刻楷書『口頂三圍桐孫』；左側陰刻楷書『筆花生製家藏』。納音下部陰刻篆書『劉可行氏』大印一方。一九五六年由四川省博物館收藏。此琴曾用褐漆修補多處。通長120.6厘米，隱間112厘米，肩寬17厘米，尾寬12.3厘米，厚4.7厘米。

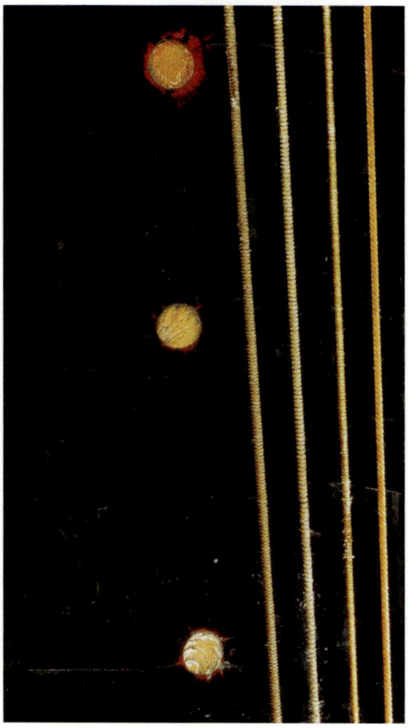

斷紋

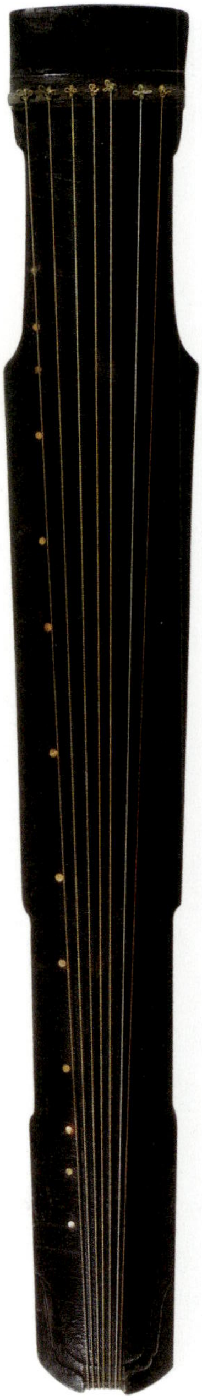

正面

背面

〇七〇

竹寒沙碧琴 四川省博物館藏

竹寒沙碧琴，仲尼式。琴額轉角處修圓，黑栗殼色漆，有多處修補痕迹。大蛇腹斷紋。岳山、承露、龍齦、齦托、冠角均用紅木雕製鑲嵌。乳白圓形玉徽。背面龍池、鳳沼爲長方形。琴背額部和護軫由整木雕製，雁足木製，有乳白橢形玉飾。背面項間陰刻楷書『竹寒沙碧』四字。其左側陰刻楷書銘文：『杜陵抱稷契之懷，老無所施，將赴成都，指點浣溪，寄情幽獨，大有終焉之志。余築琴堂於沙堰，沿溪綠竹叢茂，亦足以暢敘幽情，而此琴修葺適成，因名以誌之。二十七年花朝鐵俠命元翰錄鑴。』現藏四川省博物館。該館定爲宋琴。通長120.5厘米，隱間111.6厘米，肩寬19.5厘米，尾寬14厘米，厚5.3厘米。

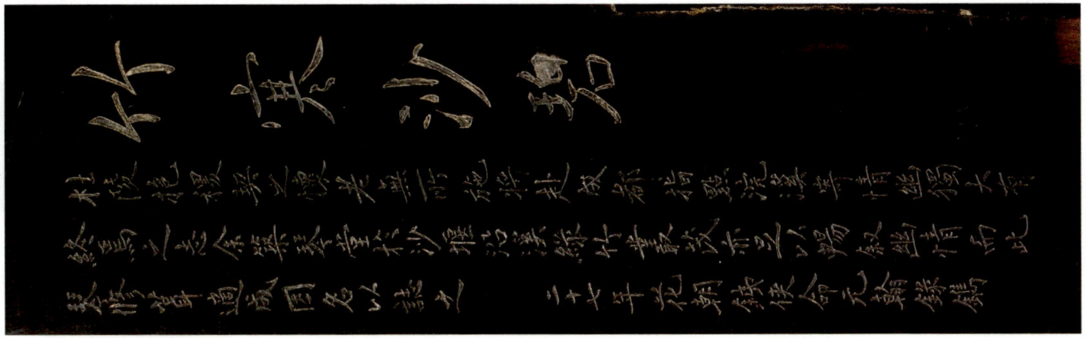

琴名題款

正面

背面

〇七一

小遞鐘琴 中國藝術研究院藏

小遞鐘琴，仲尼式。桐木製。琴體秀美，琴面弧度漫圓。原髹黑漆，後加朱漆修補，通體呈細牛毛斷紋。龍池、鳳沼均作長方形，納音微隆。龍池上方刻篆書『小遞鐘』三字，池右刻隸書銘文兩行：『嶧陽良材，雅中風律。空山有人，呼之欲出。養之以和，守之以一，海上遺音，退藏吾室。』其下刻篆書印章兩方，上爲『劍泉珍藏』，下爲『孫晉齋同賞』。池左刻楷書款字兩行，均小於銘文，右爲『丁巳夏至金筑景劍泉銘於進思退思之齋』，下刻二印，一葫蘆形印篆書『金筑』，一方印篆書『景其濬印』，左爲『蘭亭西客周少白鐫』，下刻小印一方篆書『周氏少白』。此琴選材考究，桐木紋細質鬆，岳山、承露和琴足均用象牙製作，琴軫骨製，工藝精細，琴音清脆鬆亮。孫晉齋爲晚清京城著名琴師，景其濬亦爲當時琴人和收藏家。此琴先後由北京著名琴家鄭穎孫、汪孟舒收藏，一九六六年汪氏捐獻給國家。鄭珉中先生定爲明初之器。通長119.4厘米，隱間111.2厘米，肩寬19.6厘米，尾寬13厘米，厚5.3厘米。

琴名

額

尾

側面

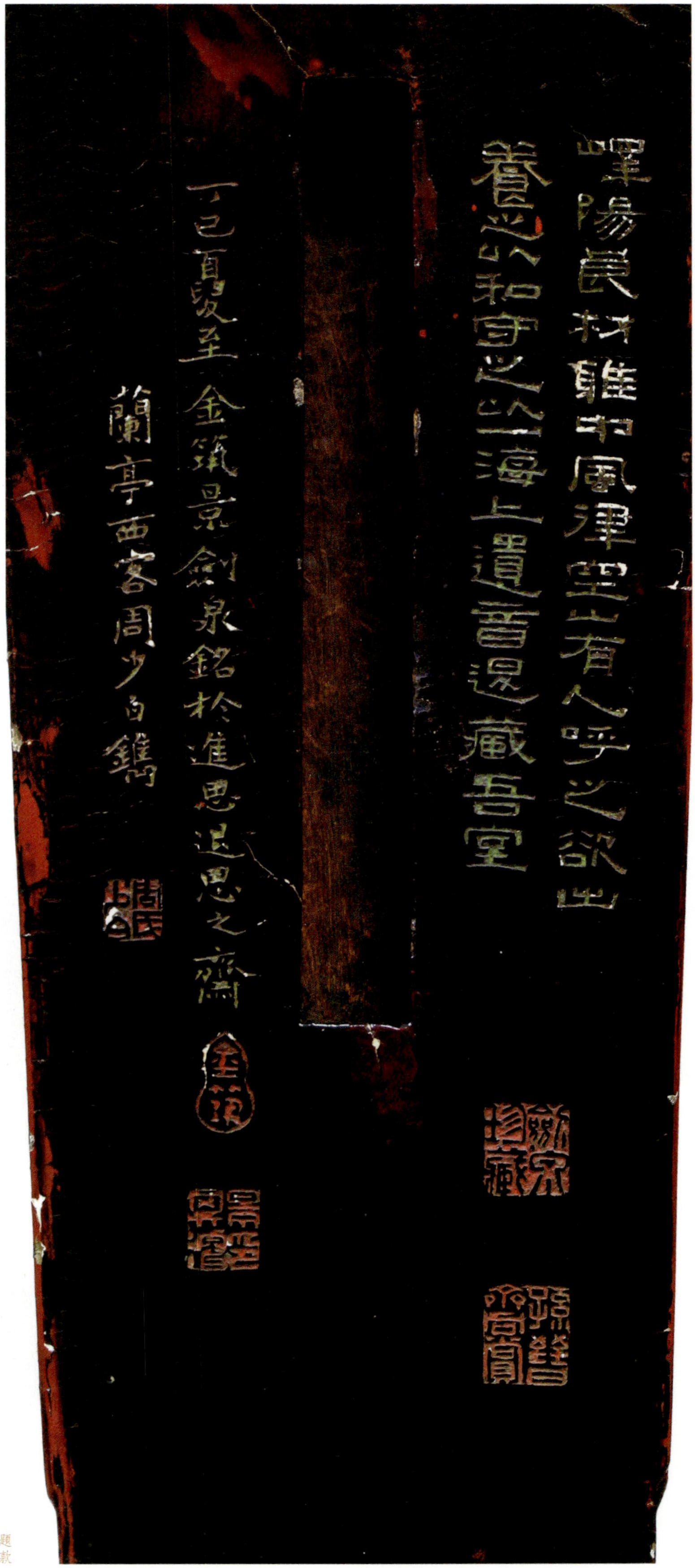

嶧陽良材雖中風律空山有人呼之欲出
養以和寧之心海上遺音退藏吾室
丁巳首夏至金筑景劍泉銘於進思退思之齋
蘭亭西客周少白鐫

題款

背面

正面

〇七二

懸崖飛瀑琴 沈興順藏

懸崖飛瀑琴，仲尼式。琴體修美，肩在三徽，原栗殼色漆。面經磨修，蛇腹斷隱約可見，底細密冰紋斷，除局部重髹黑漆外，餘仍維持原貌。長方形龍池鳳沼。池上用金漆寫有隸書『懸崖飛瀑』四字，兩側分別寫有『一腔護作飛瓊韻』、『三弄渾疑瀑布聲』。池下金漆『中和琴室』陽文大方印，下寫明甯藩朱權花押。池內納音凸出，墨書腹款模糊不清。通長115厘米，隱間106厘米，肩寬18.4厘米，尾寬12厘米，厚4.9厘米。

琴名

題款 印章 花押

正面

背面

〇七三

明弘治御製琴

故宫博物院藏

明弘治御製琴，仲尼式。清宫舊藏。面爲桐木，鹿角灰胎，褐色底漆，外髹黑漆，小蛇腹兼冰裂斷。長方形龍池與鳳沼。背面未刻文字。池内納音微隆，納音之上有墨書題款三行：『大明弘治十一年，歲次戊午，奉旨鴻臚寺左寺丞萬脛中、製琴人惠祥斲于武英殿。命司禮監太監戴義、御用監太監劉孝、潘德督造。』琴音清亮堅勁，有金石之韻。通長120.4厘米，隱間112.6厘米，肩寬18.8厘米，尾寬13.7厘米，厚4.9厘米。

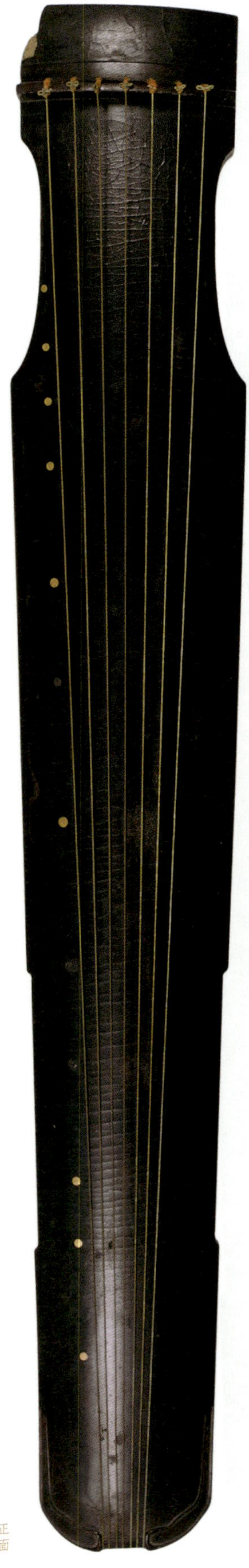

正面

背面

〇七四

明衡王清英琴 戴微藏

清英琴，仲尼式，明代。朱漆，呈嫩荸薺色，牛毛斷紋。徽、軫係半透明之微黄色玉製，雁足玉製，呈梅花形，足面刻細紋海星圖案。背面龍池上方篆書刻『清英』二字。池下刻正方形細邊印璽，鐫篆書『清修主人』四字。池内腹款二行『嘉靖甲寅仲春』和『皇明衡國藩翁製』之字樣，分刻納音兩側。可知此琴爲明嘉靖間衡王琴。音質鬆亮沉深，有金石意，音量稍小。此琴原爲琴家張子謙先生珍藏，後轉由戴微收藏。通長117.8厘米，隱間99.7厘米，肩寬17厘米，尾寬12.2厘米，厚4.5厘米。

正面

背面

〇七五

寒泉漱石琴 湖南省博物館藏

寒泉漱石琴，仲尼式。黑漆，冰裂斷紋。背面龍池、鳳沼爲長方形。龍池上方刻『寒泉漱石』四字。龍池兩側刻『清修主人鑒』，及『雅』、『玩』二印。龍池、鳳沼之間刻一印。爲『清修主人』四字。音質頗佳。原由湖南琴家李伯仁先生收藏，一九五四年後，轉由湖南省博物館收藏，該館定爲明琴。通長122厘米，隱間114.8厘米，肩寬18厘米，尾寬12.2厘米，厚4.6厘米。

琴名

印章

題款

背面

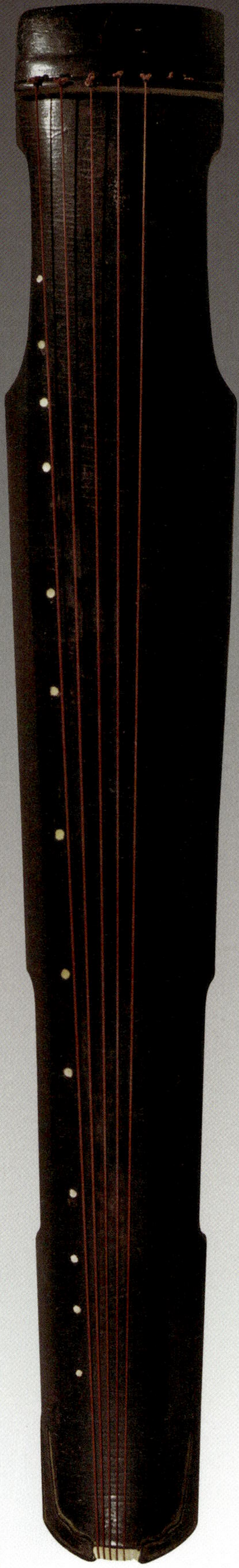

正面

〇七六

明嘉靖琴 中國藝術研究院藏

明嘉靖琴，仲尼式，明代。桐木製。琴面圓弧，琴底較平。通體髹黑色漆，呈小流水斷紋。龍池、鳳沼均爲長方形。琴腹内龍池右側刻有楷書『嘉靖』二字，填以朱漆。此琴紅木岳山、承露、琴足，青玉琴軫。音色圓潤。通長119.2厘米，隱間110.8厘米，肩寬19厘米，尾寬14厘米，厚4.3厘米。

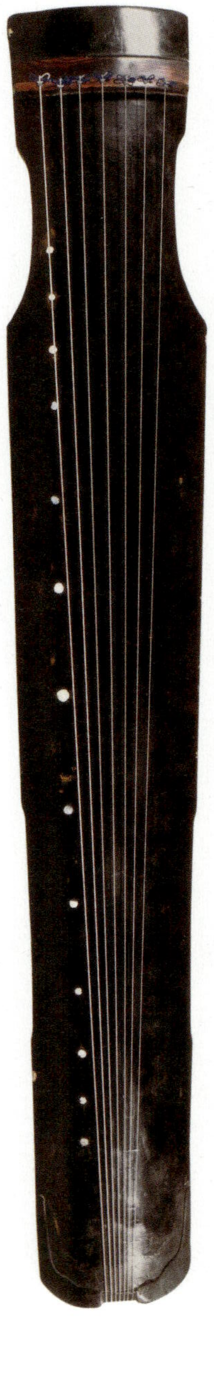

正面

背面

〇七七

玉韻琴 天津市藝術博物館藏

玉韻琴，仲尼式，明萬曆。面桐底杉，肩自二徽起，焦尾冠角較圓，黑漆，通體小蛇腹斷兼冰紋斷。蚌徽，玉軫，玉足。長方形龍池與鳳沼。琴背龍池上方刻草書『玉韻』兩字，龍池右刻『圓潤静芳鏗玉韻』，左刻『翕純皦繹契韶音』，下刻篆書『益藩雅製』、『存誠養德』兩印，内填金漆。腹内納音右側刻行書『大明萬曆七年歲次乙卯孟冬之吉』，左側刻行書『益國湟南道人獲古桐材雅製』。鳳沼内刻行書『南昌琴士涂桂奉命按式監斲』。通長124.2厘米，肩寬19厘米，尾寬13.2厘米。

印章

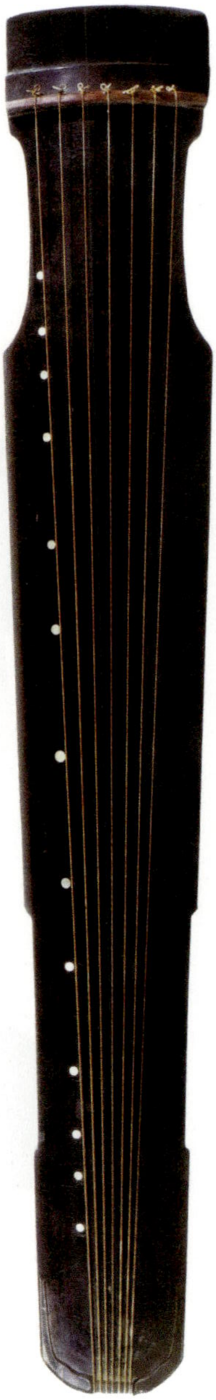

正面

背面

○七八

風雷琴 吴釗藏

風雷琴，仲尼式，明萬曆。肩在三徽處，底微弧。純鹿角灰胎，通體細密蛇腹斷，長方形龍池與鳳沼。琴背項間刻清人鄧石如大篆『風雷』，下署『石如』與『完白山人』單邊方印一枚。龍池之下刻清人何紹基行書四言古詩一首：『震雷巽風，陰陽相應，四時變化，乃利於正，雷風相與，亭毒吾性，久而不已，孤琴佇興。』下有晚清蘇州怡園主人顧文彬『坡仙琴館』收藏大方印。池內納音凸起，兩側有墨書題記，池右爲『萬曆甲申歲孟夏月之吉』，池左爲『豫章□□溪獲古桐材作』。琴音清實恬靜，韻圓透潤。通長126厘米，隱間118厘米，肩寬19厘米，尾寬15厘米，厚5.4厘米。

額

尾

琴名

納音 題款

侧面

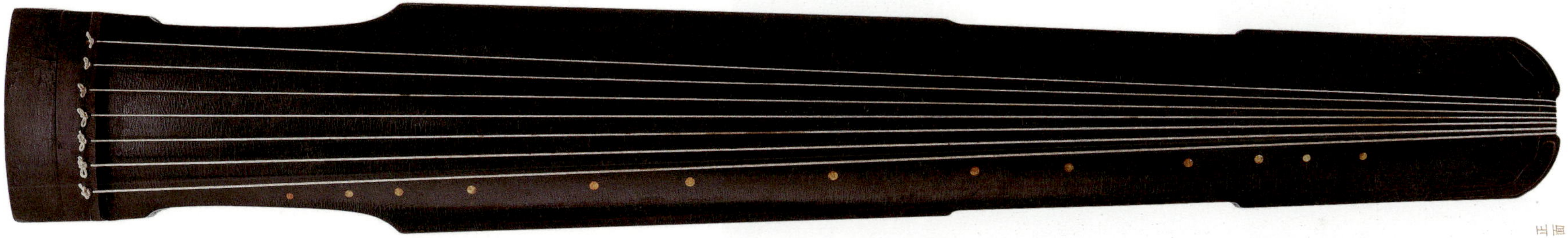

正面

背面

〇七九

朱雀琴 孫克仁舊藏

朱雀琴，仲尼式，明萬曆。肩在三徽處，鹿角灰胎內雜大量硃砂，褐漆爲底，表髹黑漆，細密蛇腹斷。額間鑲立體虺龍玉雕。琴背項間刻『朱雀』兩字，龍池右刻『靈根瑞雪，玉質清霜。平分風月，戛若宮商』。左刻『靜如綠綺，柔口紅粧。忘機魚鳥，山高水長。崇禎乙酉秋日，黃宗炎』，下刻一方印。納音兩側刻腹款『汪舜臣爲程尚甫斲，萬曆丙辰中秋日記』。通長123.5厘米，隱間114厘米，肩寬19.5厘米，尾寬17.4厘米，厚4厘米。

額

尾

琴名

背面

正面

側面

○八○

明崇昭王妃琴

中國藝術研究院藏

崇昭王妃琴，仲尼式，明萬曆。杉木製。琴面渾圓，弧度較大，琴底平坦。通體髹黑色漆，琴面呈小流水斷紋，琴底呈大蛇腹斷紋。龍池、鳳沼均爲長方形。琴首嵌以長方形『翔鳳』玉雕爲飾。琴腹内龍池兩側刻隸書題款，右爲『明萬曆己未歲孟秋吉旦』十字；左爲『敕理國事崇昭王妃鍾』九字，均填以朱漆。鳳沼内亦刻有楷書兩行，右爲『遣典寶黄進』五字；左爲『儀賓劉東聚監造』七字。此琴白玉琴足、象牙琴軫，紅木岳山鑲以老竹。音響透清潤。通長129.4厘米，隱間120.5厘米，肩寬21.5厘米，尾寬15厘米，厚4.6厘米。

玉飾

龍池腹款

額

尾

背面

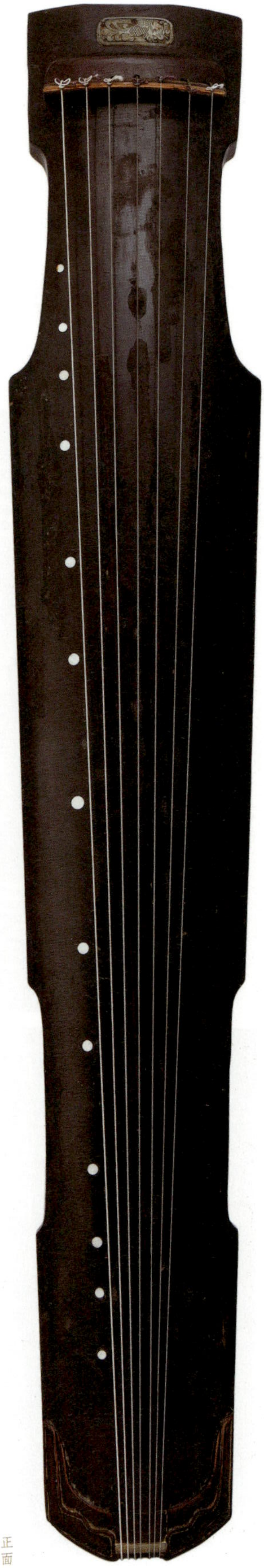

正面

〇八一

萬壑松風琴

湖南省博物館藏

萬壑松風琴，仲尼式。琴面爲桐木斲，琴底爲梓木斲。棗紅色兼黑色漆。細紋斷，兼有冰裂紋、牛毛斷紋。玉質雁足，和闐青白玉軫，蚌徽。背面龍池、鳳沼爲長方形。龍池上方刻『萬壑松風』四字。在龍池兩側刻民國楊宗稷隸書題款：『己巳八月廿七夜半，夢李君伯仁自瀋陽過我。次日奉函，送趙子昂家藏「萬壑松風」來屬審定。余即以夢告，並謂琴佳。嗣得書云見懷之情，極於夢寐，神交千里，無阻關山。琴既佳，請留破岑寂。然疇昔之夜，實君神來，非我神往。少陵夢太白詩「魂來楓林青，魂返關塞黑」是也。因紀大略，刻於琴陰。仍寄李君。著其愛友愛琴，情篤如此。夢後九日，識於宣南舞胎仙館，同社弟楊宗稷。』下刻篆書方印一枚『甲子年生』。在龍池與鳳沼間，刻雷瀹識文一篇。下刻篆書『雷瀹』、『芷濟』兩印。鳳沼下方刻玄樓主人篆書識文一篇，後刻『香雪康客』四字方印。龍池內刻『趙子昂家藏』五字。一九五四年交湖南省博物館收藏。通長116厘米，隱間107.4厘米，肩寬18.4厘米，尾寬14厘米，厚4.5厘米。

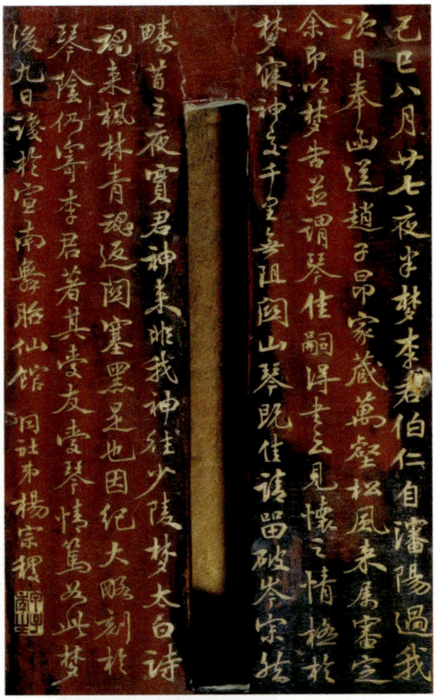

題款

琴名

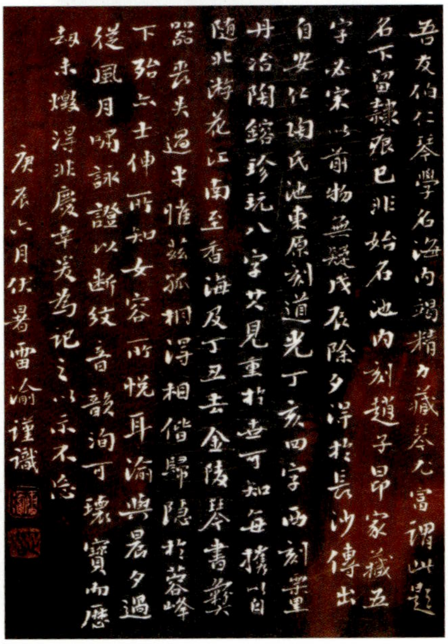

題款

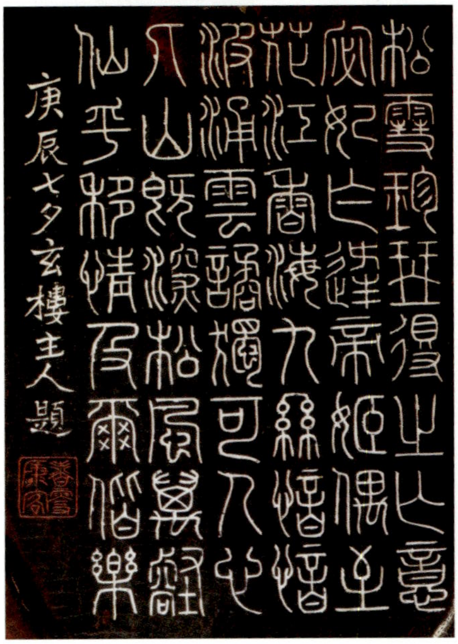

題款

背面　　正面

〇八二

松石間意琴 重慶中國三峽博物館藏

松石間意琴，仲尼式。肩在二徽半處，面較圓弧，鹿角灰胎，黑漆，面蛇腹斷，底細密流水斷。龍池、鳳沼爲長方形，背面項間右邊刻琴名『松石間意』，左刻『吳趨唐寅』與『紹聖二年東坡居士』，旁有篆書『坡仙琴館』印章一枚。池右上角有祝枝山四言詩一首：『明月入室，白雲在天，萬感皆息，琴言告歡。飛飛去鳥，涓涓流泉，臨風舒嘯，撫松盤桓。消憂寄傲，息焉遊焉。允明。』其下有文徵明題款：『月明千里，清風七絃。潛蛟飛舞，孤鶴蹁躚。步虛天上，遺響人間。嫋嫋獨絕，飄飄欲僊。徵明。』池左刻沈周題詩：『風瑟瑟，雲冥冥，鶴起舞，龍出聽。戛綠綺，登紫庭，歌且和，招仙靈。沈周。』其下刻張靈題款：『晨飆夕商，假物喻思。無言之言，情不能已。張靈。』鳳沼兩側刻『琴之爲物，先聖所作。可以消憂，可以寄樂。如風入松，如泉奔壑。如雲在天，如鳥擇木。或撫三終，或吟一曲。淑性怡情，雲龢所獨。雁門文彭』。琴尾有王寵楷書題款：『松濤瀉澗，石壁嶙峋。蛟龍出水，鸞鶴下雲。雅宜山人。』據蘇州顧氏家藏該琴早期拓片得知，琴背原無『紹聖二年東坡居士』題刻，現刻係後期藏者所加。通長122厘米，隱間114厘米，肩寬19厘米，尾寬13.5厘米，厚5厘米。

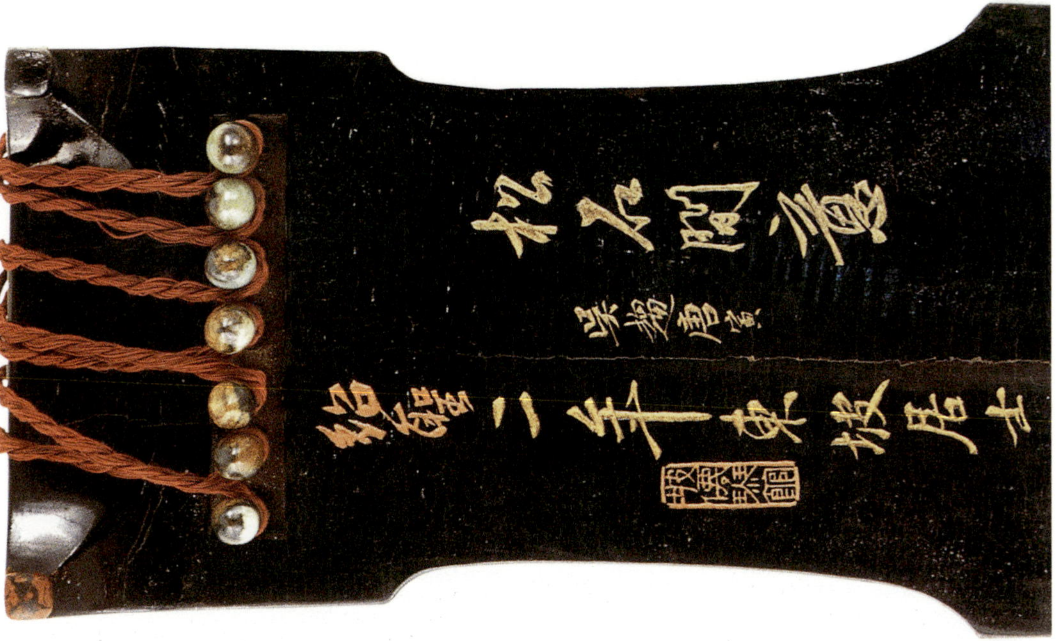

題識印章

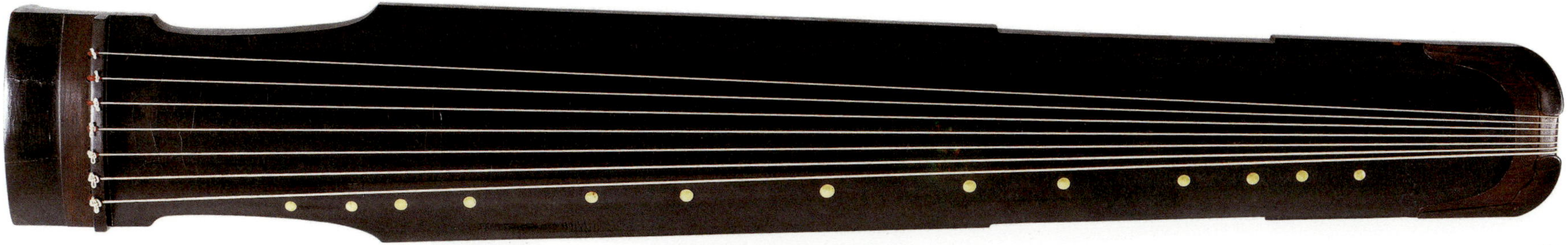

正面

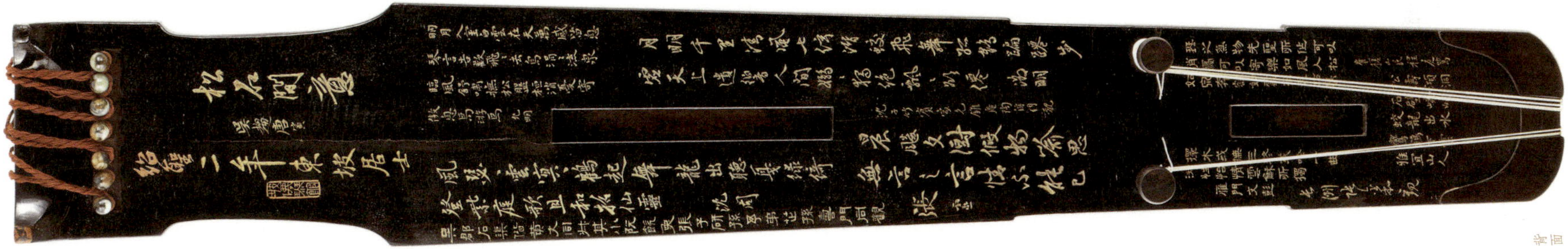

背面

○八三

奔雷琴 故宫博物院藏

奔雷琴，仲尼式，南宋製作。一九八三年入藏故宫博物院。桐木斲，通體黑漆，紫漆修補。鹿角灰胎薄而堅，小蛇腹間牛毛斷。長方池沼，蚌徽，牛角足，象牙軫，紫檀岳尾。亦是聳肩之琴，唯項逐漸坡下，是以聳而不覺其狹。亦非常例，尤怪者無鳳舌。琴爲天津琴家宋鏡涵舊藏。龍池上方刻古篆琴名『奔雷』，池旁宋鏡涵題詩一首：『南北東西幾度遊，名琴能遇不能求。奔雷無意欣相遇，宿願多年始得酬。』『久經風鶴不堪嗟，一撫奔雷興倍賒。三十年來成侶伴，怡情養性不離他。』池下刻朱寶成跋一則：『周密《試聽抄》列舉北方名琴十七床，內一則云：「奔雷，樊澤民琴，當第一。」老友宋君鏡涵三十年前得之，時時撫弄，未嘗相離，今年八十歲，爲琴賦二詩，余喜而鐫之，以誌雪爪云爾。天峰居士朱寶成。』小印鐫『朱』、『寶成』三字。跋文右側刻『夏曆歲次己亥正月十五日』，左側刻『西元一九五九年時年六十有四』。通長126.6厘米，隱間117.2厘米，額寬18.5厘米，肩寬20厘米，尾寬15.6厘米，厚5.2厘米。（引自《故宫古琴》）

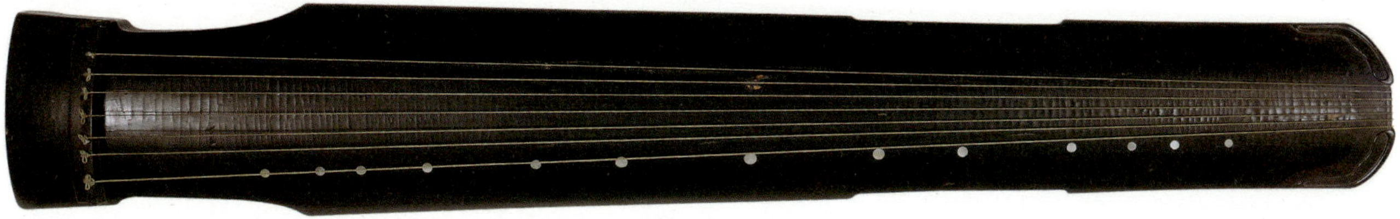

正面

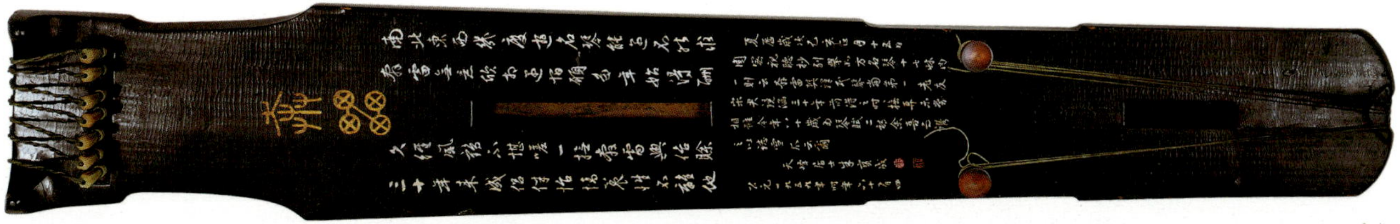

背面

○八四

驚濤琴 張子謙舊藏

驚濤琴，仲尼式。鹿角灰胎，黑漆，蛇腹斷。琴背項間刻草書『驚濤』兩字，其下刻周慶雲（一八六一—一九一三）行書題記：『石床操縵，孤桐細認蛇斷。宮羽口商，五百年來古趣長。曲彈流水，便有濤聲驚夢起。剪取淞波，涼意絲絲拂指多。調寄「減字木蘭花」。此琴曾藏丹徒劉鐵雲家，龍池無款識，測其段（斷）紋，五百年前物也。爲譜小令以美之。庚申八月夢坡居士記。』長方形龍池與鳳沼。池內納音凸起。琴音清麗圓潤。通長124.3厘米，隱間116.5厘米，肩寬19.5厘米，尾寬14厘米，厚4厘米。

琴名

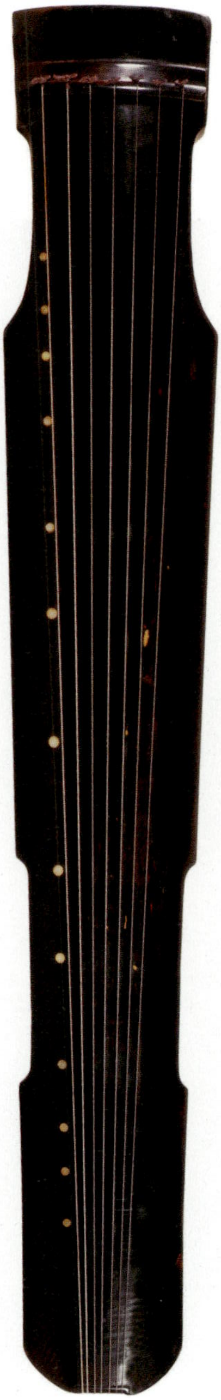

正面

背面

〇八五

玉潤鳴泉琴 山東省博物館藏

玉潤鳴泉琴，仲尼式。體寬而扁，鹿角灰胎，黑漆，細密流水斷。金徽，玉軫，長方形龍池鳳沼。琴背池上刻楷書『玉潤鳴泉』四字，池下刻篆書『王氏阿衡家藏』大方印。池內納音凸起甚高。納音兩側未見題款。通長137厘米，隱間122.5厘米，肩寬24厘米，尾寬16.5厘米，厚4.5厘米。

斷紋

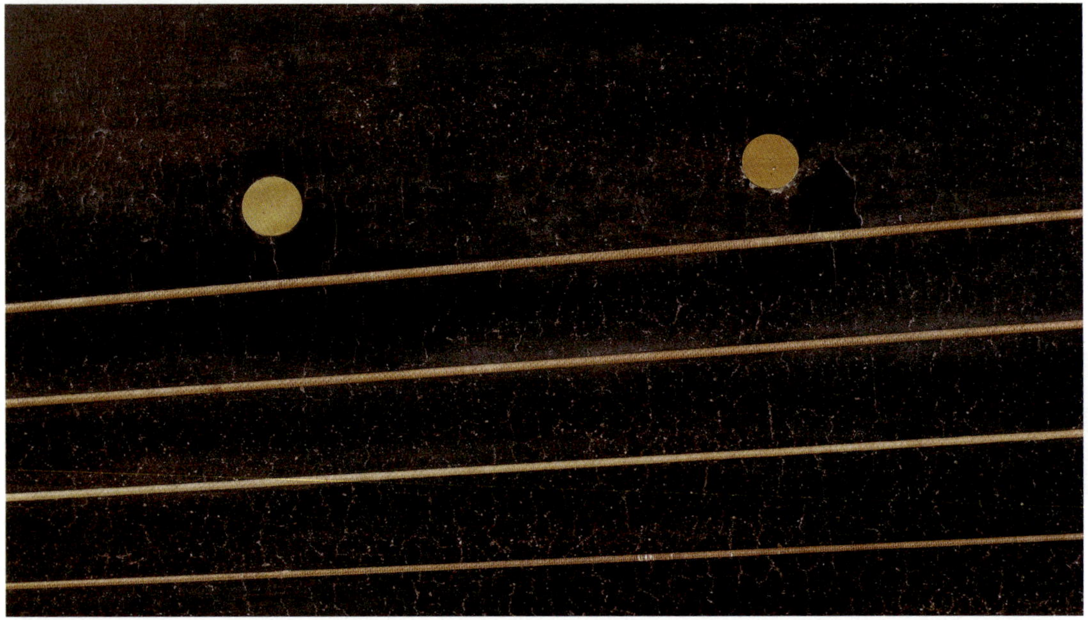

琴名

印章

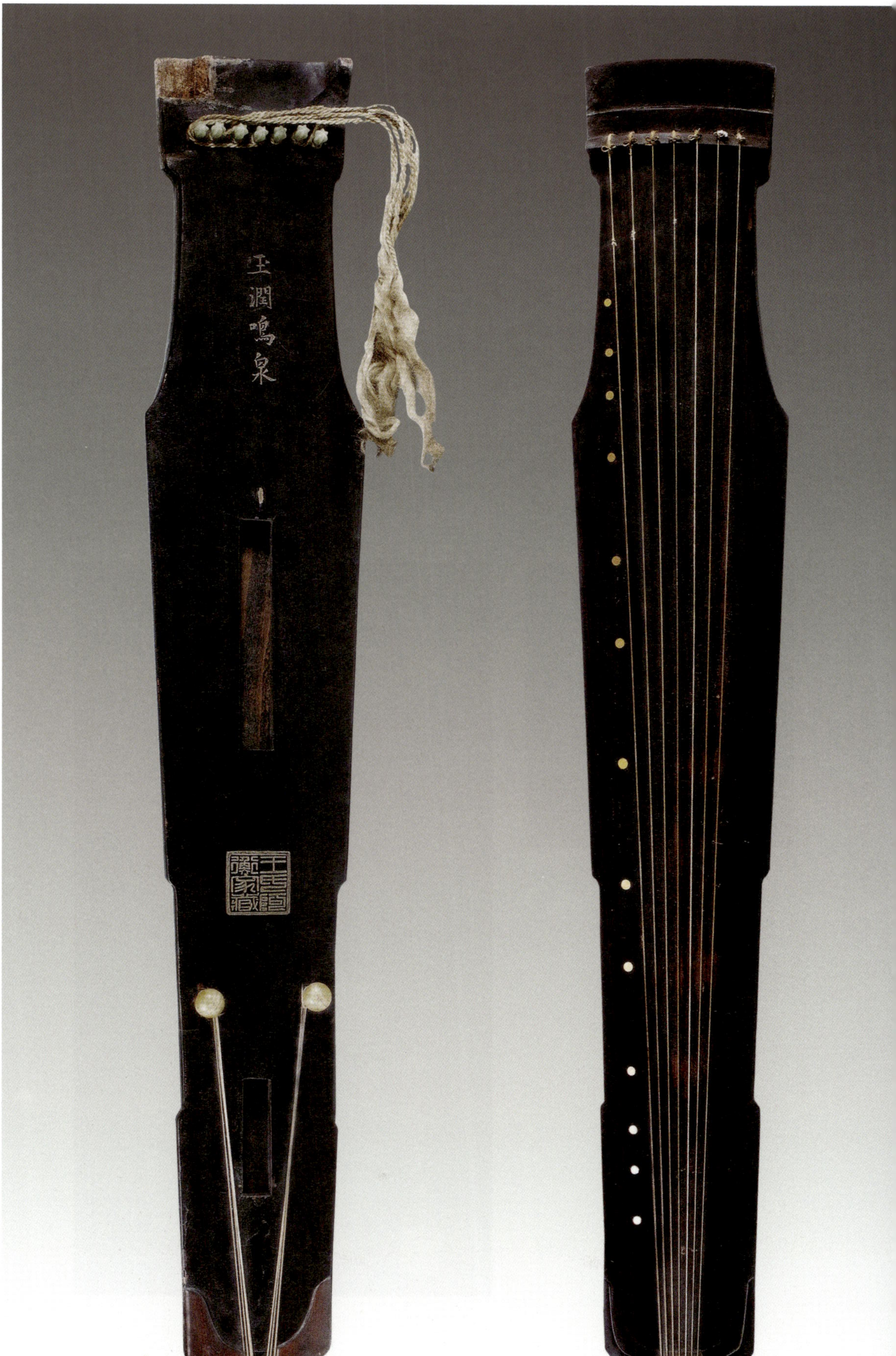

背面

正面

○八六

項子京款琴

重慶中國三峽博物館藏

項子京款琴，仲尼式。額間鑲玉。鹿角灰胎，底褐漆，後髹朱漆，通體流水斷。長方形龍池與鳳沼。琴背項間刻一大方印，印內刻一『襄』字。龍池兩邊刻：『宋人得唐琴如拱璧，襄刊章爲記，向在京師，見雷琴兩張皆然。此琴既經莆陽蔡氏珍藏，定爲唐製無疑。惜乎閱世已久，幾歷重髹，難睹廬山面目矣。萬曆壬午小陽月子京識。』下刻『子京父印』陽文方印。通長123.5厘米，隱間115.6厘米，肩寬19厘米，尾寬13.5厘米，厚3.7厘米。

印章

題款

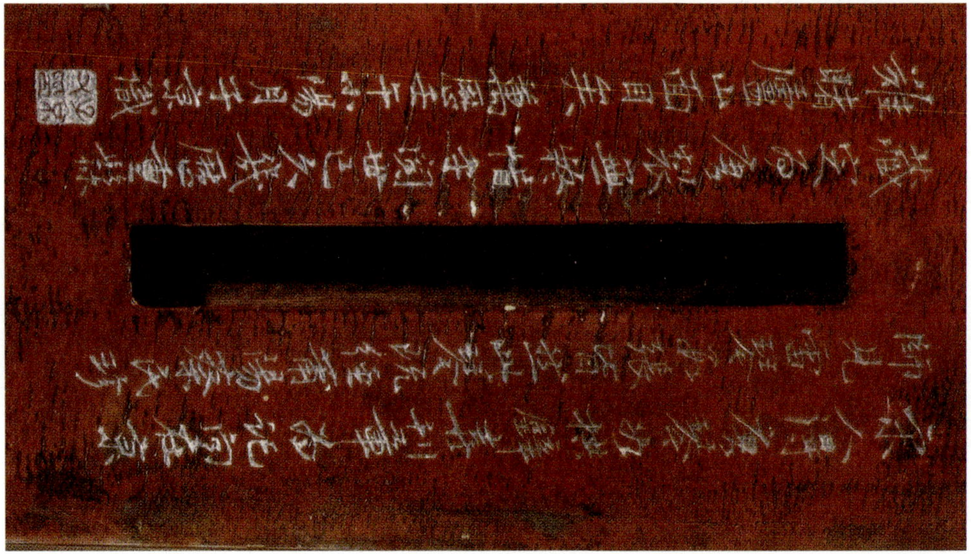

背面

正面

〇八七

湘林水月琴 蘇木藏

湘林水月琴，仲尼式。桐木製。該琴選材精良，做工考究。髹以八寶灰胎，雖歷經滄桑，漆面之光仍黝黝可鑒。大蛇腹斷間以流水斷。長方形龍池與鳳沼。琴背項間刻琴名『湘林水月』。下署獲琴經歷：『癸卯夏正，獲自定府。筠隣先生，誘人學古。贈我弌琴，傳我數譜。技由斯始，能勿寶諸。』前有一圓章，後有『甲辰』兩字。池下刻『遠齋珍藏』與『遠齋』、『玉明』圓章兩方。此琴音質甚佳，亮麗而圓潤。通長118厘米，隱間110厘米，肩寬20厘米，尾寬13厘米，厚4.5厘米。

琴名題款

背面

正面

〇八八

枯木唫琴

裴金寶藏

枯木唫琴，仲尼式。面桐底梓。琴體規整，琴尾方紋冠角與琴背一字眉式齦托頗有特色。鹿角灰胎，内雜孔雀石屑。黑漆，牛毛斷兼小流水斷，局部有梅花斷。長方形龍池與鳳沼。琴背項間刻篆書琴名『枯木唫』，池下刻篆書『枯木禪』大方印，兩足間刻『裴柏聞琴』四字小方印。琴音清勁潤澤。按『枯木禪』，即清嘉道間廣陵琴人《枯木禪琴譜》的作者枯木禪師。該琴應爲其常彈之器。通長120.5厘米，隱間112.2厘米，肩寬17.9厘米，尾寬13.1厘米，厚4.8厘米。

額

尾

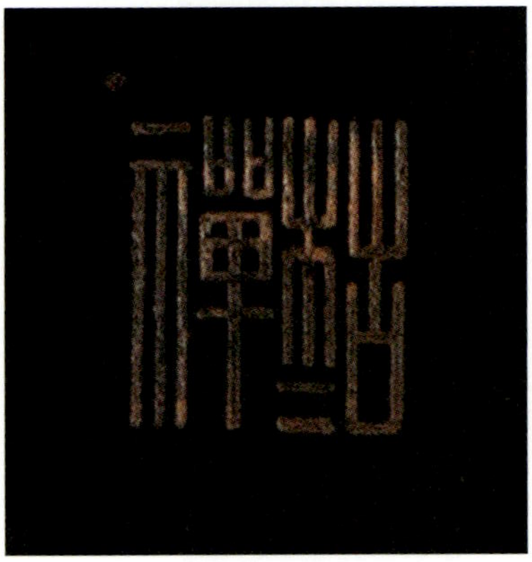

印章

侧面

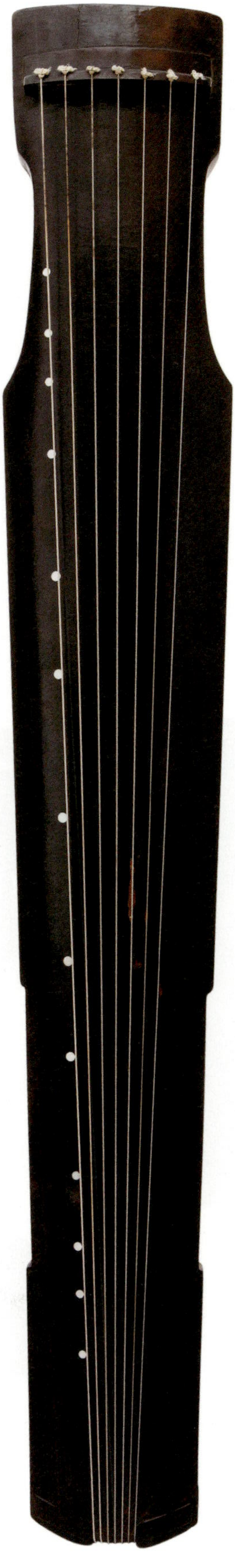

正面

背面

〇八九

高山琴

中國藝術研究院藏

高山琴，仲尼式。琴體規整，通體髹栗殼色漆，後用朱漆修補。琴面呈梅花斷，琴背多細密蛇腹斷。長方形龍池與鳳沼。琴背項間刻楷書琴名『高山』兩字。通長118厘米，隱間111厘米，肩寬19厘米，尾寬13.5厘米，厚5.2厘米。

琴名

額

尾

背面

正面

側面

背面

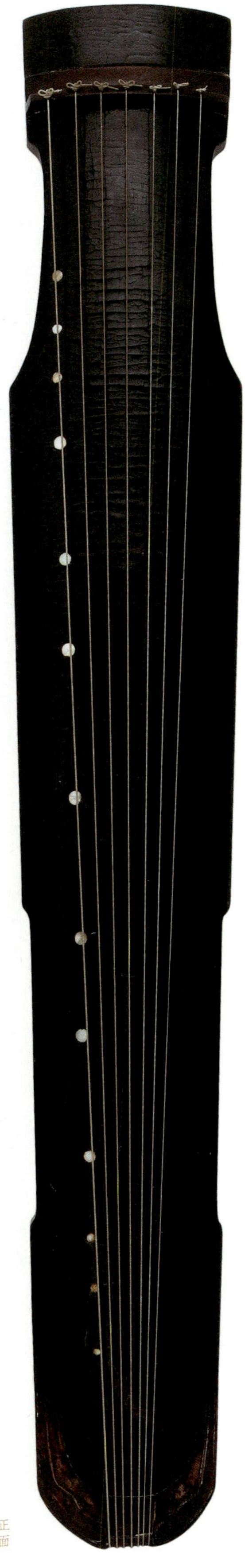

正面

○九○

韻磬琴

中國藝術研究院藏

韻磬琴，仲尼式。琴體規整，通體髹栗殼色漆，琴面呈蛇腹兼冰裂斷，琴背多細密流水斷兼龜背斷。長方形龍池與鳳沼。琴背項間刻琴名『韻磬』，龍池兩側刻七言古詩：『巫山夜雨絃記湘，秋水波指無□尋。白璧黃金有定侯，高山流水少知音。』池下刻『春齋琴室圖書』篆書大方印。通長121厘米，隱間113厘米，肩寬19厘米，尾寬14厘米，厚4厘米。

〇九一

寒香琴　四川省博物館藏

寒香琴，仲尼式。深栗殼色漆，其上罩黑漆，曾用棕紅色漆修補多處。流水斷紋。金徽已被挖掉。岳山、龍齦、齦托及冠角爲紅木，承露用紫檀木雕飾鑲嵌。龍池、鳳沼爲長方形。背面頸部軫池下方陰刻楷書『寒香』二字，其左下方陰刻篆書『喻』方形小印一方。曾由成都琴家喻紹澤先生收藏，一九五一年由四川省博物館購藏。

通長123.5厘米，隱間115厘米，肩寬19厘米，尾寬13.5厘米，厚5.3厘米。

琴名

正面

背面

○九二

雪江濤琴

中國藝術研究院藏

雪江濤琴，仲尼式。肩在二徽餘處，桐木製。鹿角灰胎，胎較薄，表面髹黑漆，呈小蛇腹間流水斷。龍池、鳳沼均爲長方形，池内納音呈脊狀。龍池上方刻隸書『雪江濤』三字，内填金漆。曾由琴家楊新倫（一八九八—一九九○）先生珍藏。一九六○年楊氏捐獻給國家。通長128.6厘米，隱間118厘米，肩寬19厘米，尾寬14.5厘米，厚5厘米。

側面

琴名

背面　　正面

○九三

霜鐘琴　中國藝術研究院藏

霜鐘琴，仲尼式，明代。杉木製。琴面微弧。通體髹黑色漆，呈小蛇腹斷紋。池，沼均爲長方形，納音較高。琴體圓渾寬宏，木質鬆透，琴音清潤。龍池上方刻草書『霜鐘』二字。池側刻楷書『崇禎四年六月八日，石齋黄之鳳整』，均填以螺鈿末銀漆。龍池下刻楷書題識：『卓哉斯器，樂惟至正。音清韻古，月澄風勁。三餘神爽，泛絕機静。寒夜霜鐘，牖玩激儆。陰阳潛感，否臧前鏡。先賢遺物，豈獨知政。同治六年歲次丁卯仲吕月，漁梁後學祝慶年重修於古無諸城并銘。』其下有篆書印二方，上爲『祝慶年印』，下爲『久要不忘』。鳳沼上方刻篆書『心田灑掃净無塵』一長方印。沼下琴尾右刻篆書『十二琴樓第二才』七字；琴尾左刻篆書『浦城祝氏家藏』六字長方印。一八六七年，福建浦城清代琴家祝桐君重修并題刻銘文，將其作爲家藏第二良琴。曾由福建琴家王介眉珍藏。通長124厘米，隱間115厘米，肩寬20厘米，尾寬14厘米，厚5厘米。

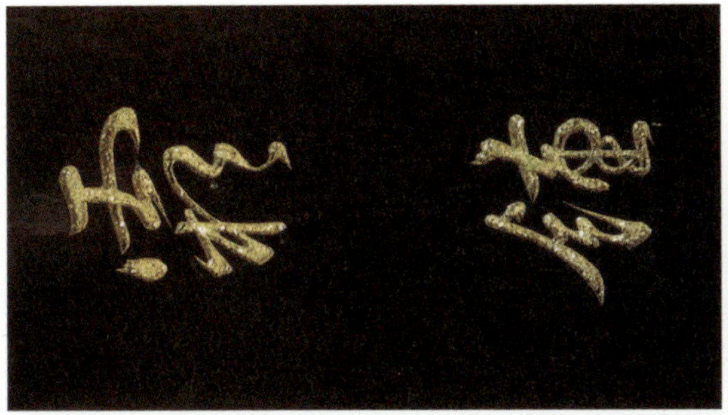

琴名

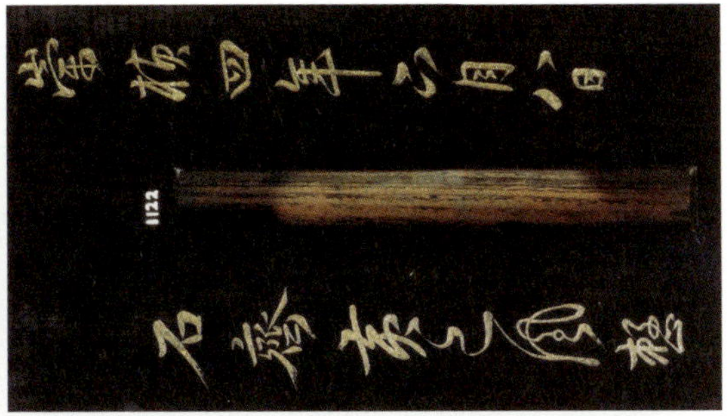

龍池題款

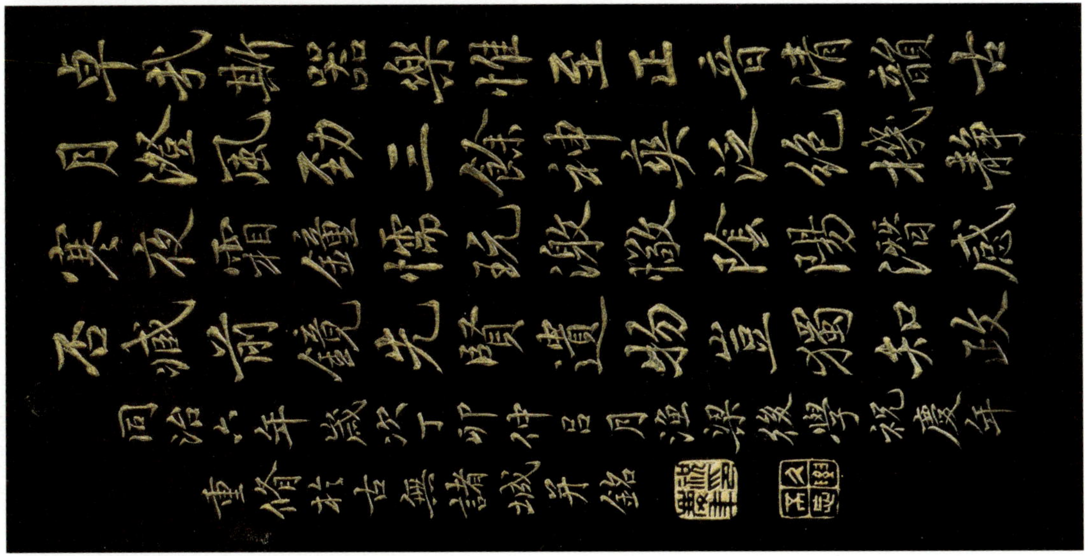
題款

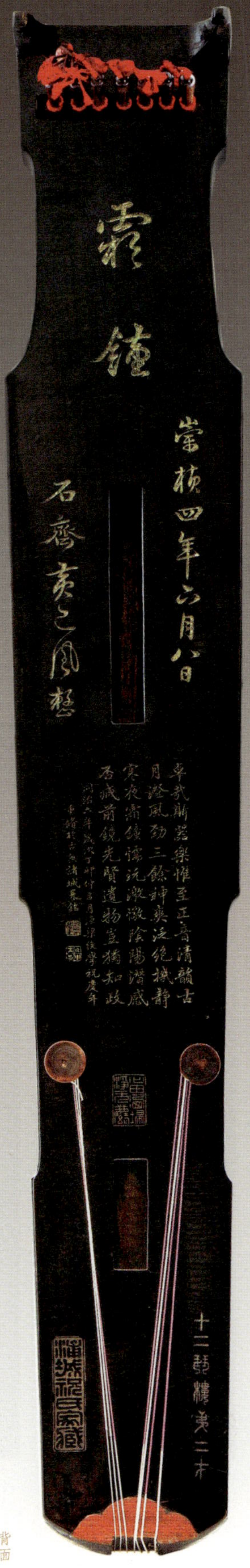
霜鐘
崇禎四年六月八日
卓哉斯器樂惟至正音清韻古
月澄風勁三餘神爽泛絕機靜
寒夜霜鐘儒玩激徵陰陽潛感
否臧前鏡先賢遺物豈獨知政

背面

正面

○九四

張慎修琴 中國藝術研究院藏

張慎修琴，仲尼式，明崇禎。杉木製。通體髹黑漆，蛇腹斷。龍池、鳳沼均爲長方形。琴腹内龍池右側刻有隸書『崇禎庚辰金門張玉德慎修父爲』十三字，左側刻隸書『訊文道兄製於白燕堂』九字。原爲蘇州琴家張欣珍藏。通長121.8厘米，隱間113.4厘米，肩寬18厘米，尾寬12.6厘米，厚4.2厘米。

斷紋

龍池腹款

背面

正面

○九五

張敬修琴 上海博物館藏

張敬修琴，仲尼式，明崇禎。黑漆，通體布滿均勻而不顯明的小蛇腹兼冰裂斷，龍池與軫池間琴名處刻有一行小篆『明計元儒先生遺琴，雨生得于白下』。龍池下方刻一方印『琴隱園』。兩雁足間刻小楷一行『延陵湯氏寶藏』。腹內右側書『崇禎癸未張敬修製』，左側刻『古虞計元儒甫藏』。通長124厘米，隱間115厘米，肩寬18.5厘米，尾寬13厘米，厚6厘米。

題款

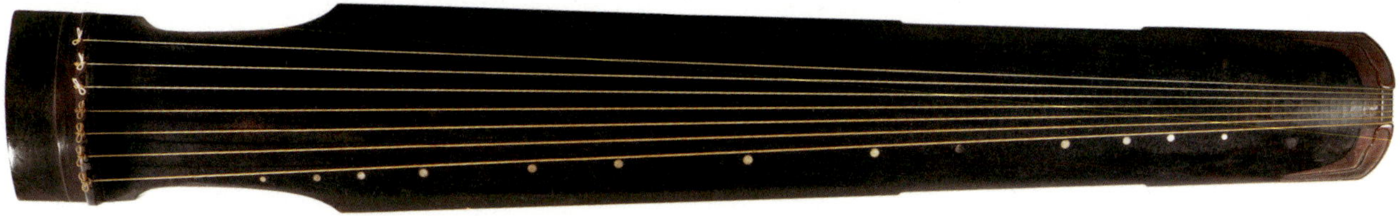

正面

背面

〇九六

忘憂琴 成公亮藏

忘憂琴，仲尼式，明代。黑漆，蛇腹間流水斷。琴腹内刻『吴門張季修製，寰虚李道人藏』。琴音洪大清亮，爲明代蘇州製琴家張季修製作，一九七六年成公亮於北京得此琴，取名『忘憂』。通長123.5厘米，隱間115.7厘米，肩寬19.8厘米，尾寬14.5厘米，厚4.3厘米。

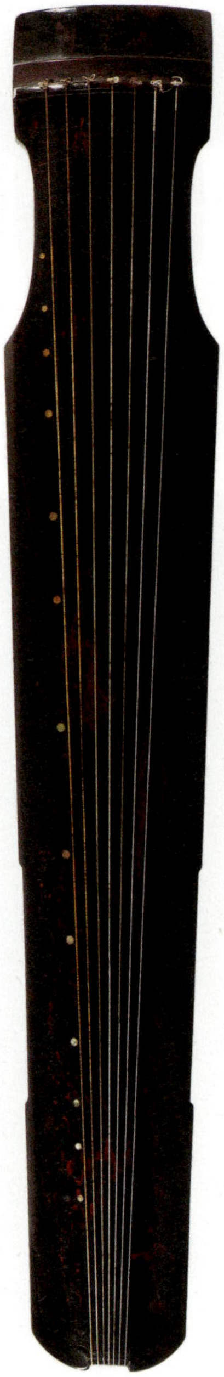

正面

背面

〇九七

張睿修琴 李鳳雲藏

張睿修琴，仲尼式，明代。面桐底梓，鹿角灰胎，黑漆，通體蛇腹斷纹。岳山、龙齦、冠角、齦托、軫、足，均紫檀木製，螺鈿徽。琴身尺寸略小，但做工精緻。音色古樸鬆透。長方形龍池與鳳沼。池内納音兩側刻有楷書題記，右爲：『萬曆乙巳年張睿修製』；左爲：『海虞君醇徐舜竹家藏』。字迹俊秀雋永，功力不俗。通长119.5厘米，隱间111.5厘米，肩寬18.5厘米，尾寬13厘米，厚5厘米。

額

龍池腹款

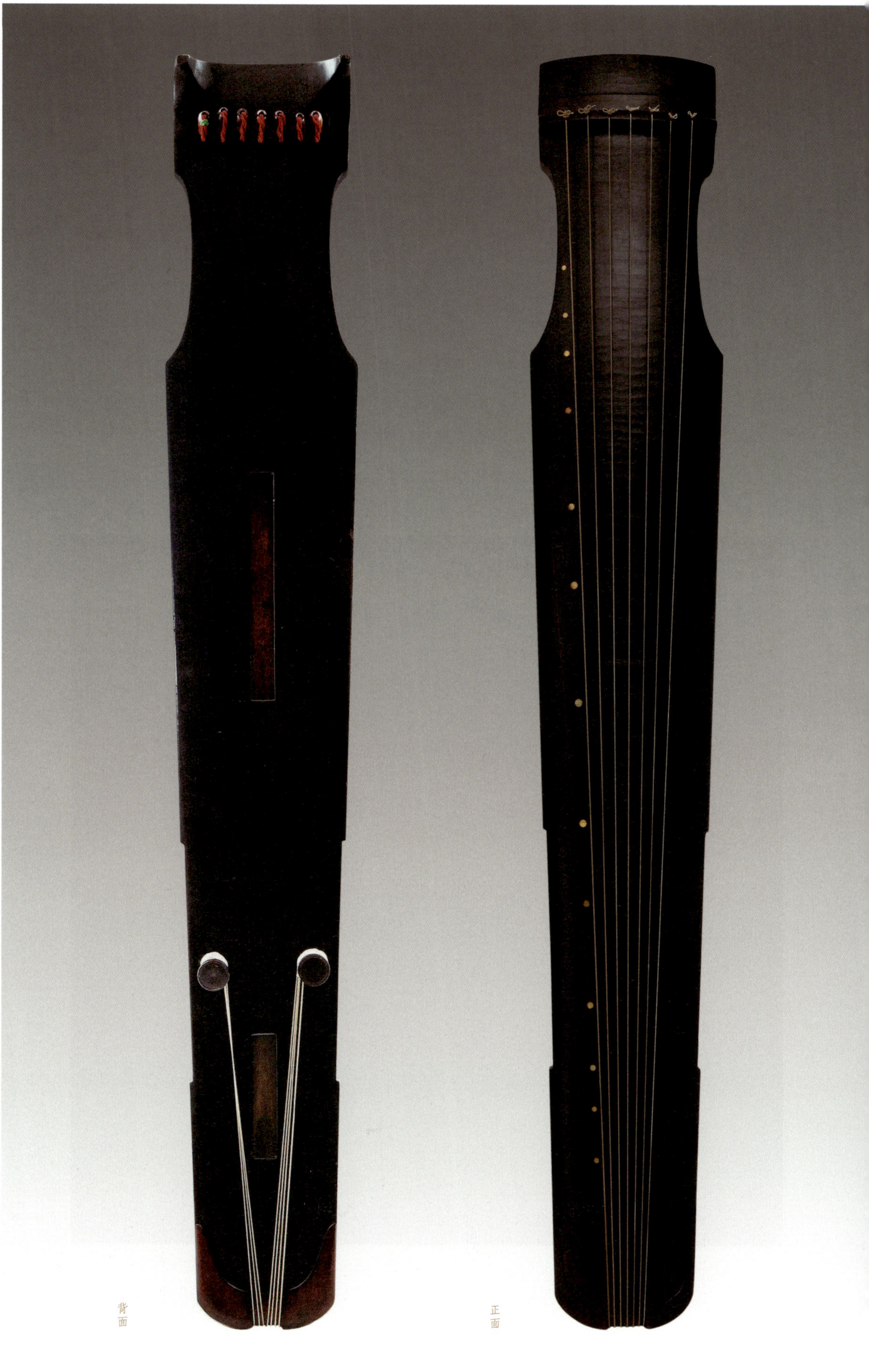

正面

背面

〇九八

倪元璐琴

中國國家博物館藏

倪元璐琴，仲尼式，明天啟。琴體修美，肩在二徽。鹿角灰胎，通體髹朱漆，蛇腹斷，長方形龍池與鳳沼。琴背項間刻篆书铭文『有冢敧斜，有杪卧雪。質得焦桐，其音清越。實惟忠臣孝子之精靈之所结。□□氏』。池下刻篆书『倪元璐印』與『大司徒之章』兩方印。按倪元璐，明天啟進士。通長122厘米，隱間112厘米，肩寬20.5厘米，尾寬14厘米，厚5.6厘米。

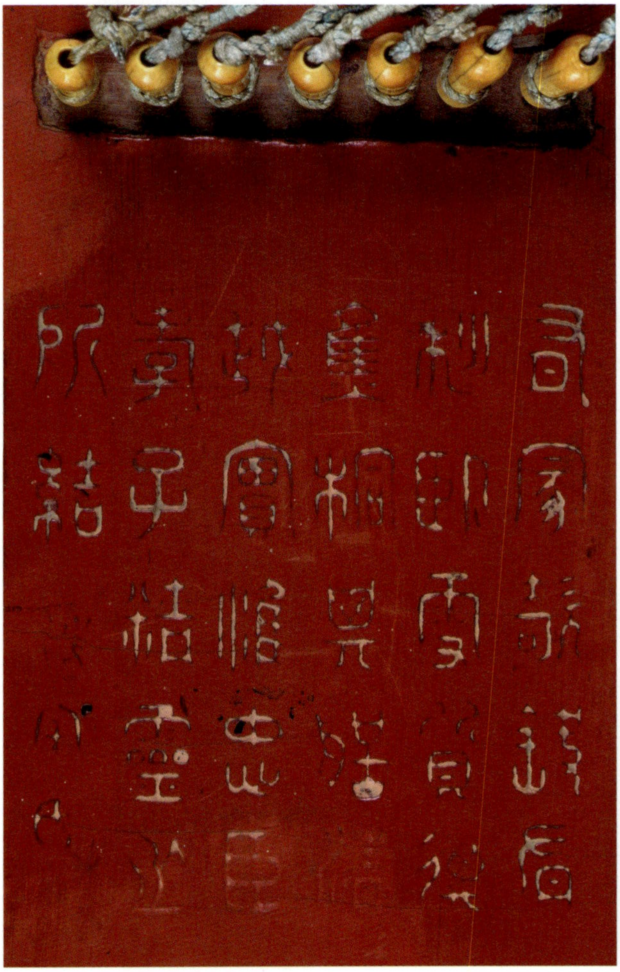

題款

印章

正面

背面

○九九 金風吹玉珮琴 中國藝術研究院藏

金風吹玉珮琴，仲尼式。杉木製，琴面寬闊，通體髹黑漆，琴面呈大蛇腹斷紋。龍池、鳳沼均爲長方形。龍池上方刻有草書『金風吹玉珮』五字，填以金漆。翠玉琴足，牛角琴軫，琴徽較大。此琴原爲楊新倫（一八九八—一九九〇）先生藏品，音色静透，音量較大。一九六〇年，楊先生捐獻給國家。通長123.6厘米，隱間116厘米，肩寬20厘米，尾寬13.6厘米，厚4.8厘米。

額

尾

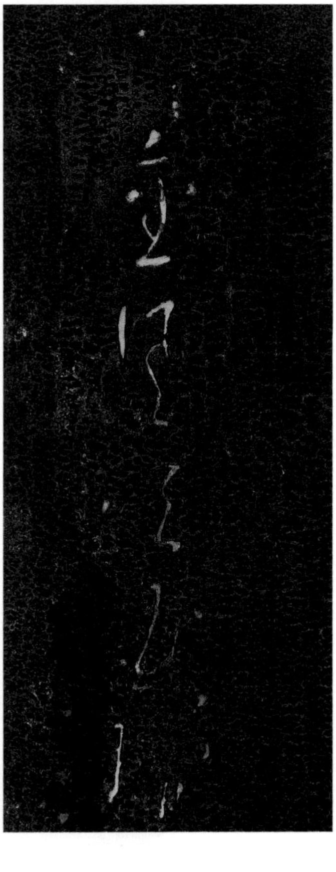
琴名

正面

背面

一〇〇 淇竹流風琴

中國藝術研究院藏

淇竹流風琴，仲尼式。杉木製。琴體渾厚，琴面弧度較大，上嵌金徽。通體鬃紅色底漆，表漆黑色，呈大蛇腹斷紋。龍池、鳳沼均爲長方形，納音較平坦。龍池上方刻有隸書『淇竹流風』四字，填以金漆。池沼間有一方印，文曰：『江上數峰清』。此琴原爲天津琴人宋景涵之藏品，一九五八年宋氏捐獻給國家。通長120.5厘米，隱間112.8厘米，肩寬19厘米，尾寬13.6厘米，厚5厘米。

額

尾

琴名

印章

背面

正面

一〇一

金烏琴

戴樹紅藏

金烏琴，仲尼式。原漆黑色無光，鹿角灰胎中多有金屬微粒隱耀，屬八寶灰。牛毛斷紋，白石徽。背面龍池上篆書『飛音傳月殿，寄語到蓬萊』及『金烏』二字。下刻一寬邊方印，鐫隸書『知音者芳心是同』七字。池内還隱有墨書痕迹，已不可辨。音質凈潤而兼具金石聲，泛音清亮，散音鬆沉。此琴原爲泰州陳氏家族舊物，由其後代陳寬先生珍藏，今歸上海戴樹紅先生收藏。有關專家定爲明琴，或『後人仿唐之作』。通長120.3厘米，隱間111.6厘米，肩寬19.5厘米，尾寬13.8厘米，厚5.4厘米。

額

尾

琴名

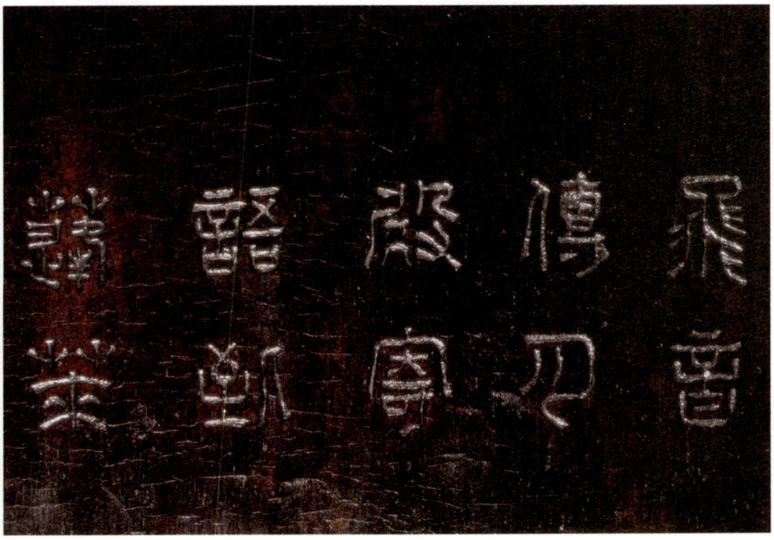

題款

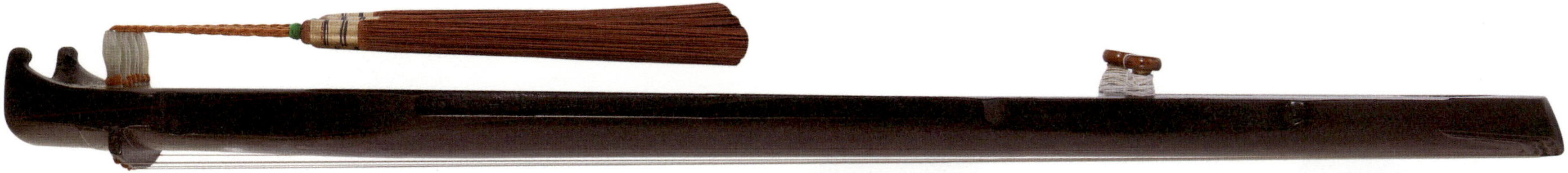

侧面

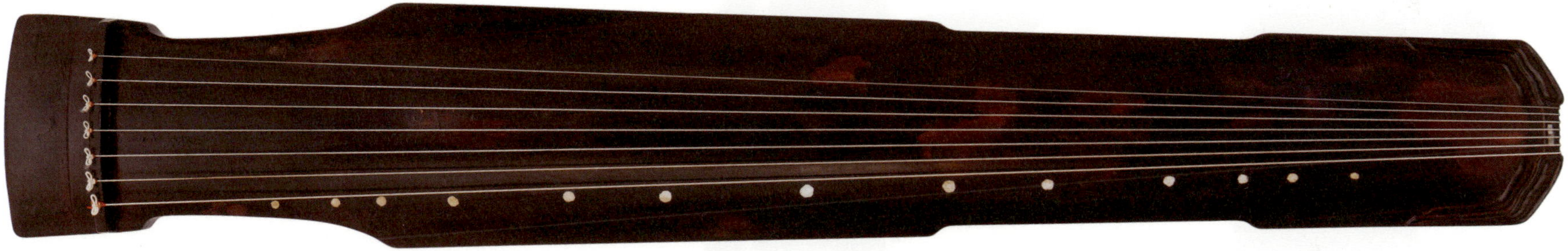

正面

背面

一〇二

琅然琴 中國藝術研究院藏

琅然琴，仲尼式。桐木製，琴體秀美。通體髹棕紅色漆，琴面呈小蛇腹間流水斷，琴底爲蛇腹斷。龍池、鳳沼均爲長方形，池内納音微隆。龍池上方刻草書『琅然』二字，填以朱漆。其下刻篆書印章兩方，刻工極佳，分别爲：『行有恒堂珍藏』和『定府圖書』。表漆多處剥落，木質現出金黄色，琴徽一側有裂痕。發音敏鋭，音色鬆脆。通長118厘米，隱間110.2厘米，肩寬17.6厘米，尾寬13.2厘米，厚4.2厘米。

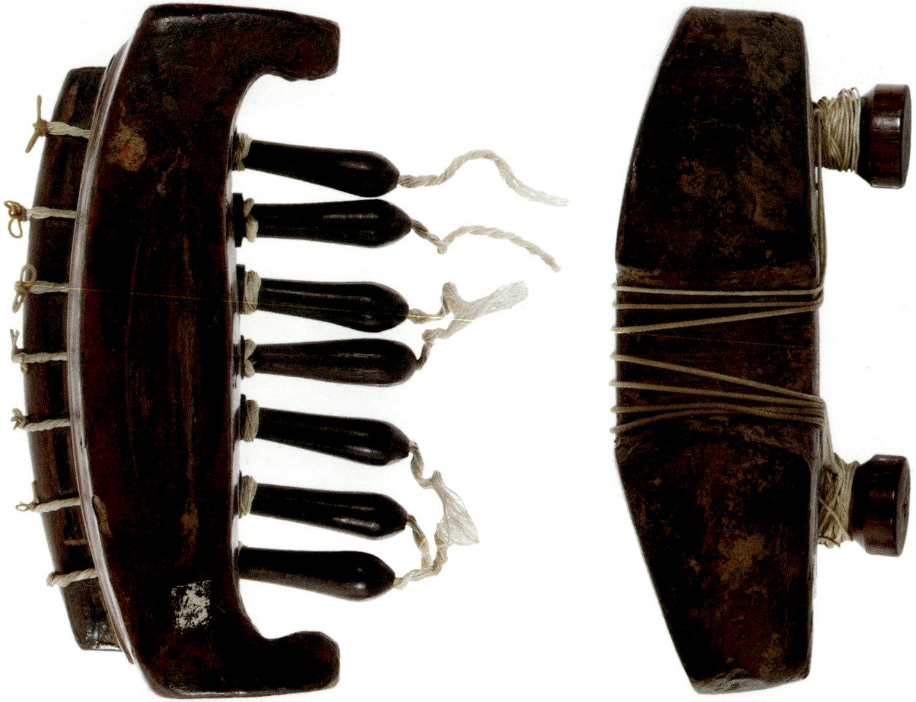

侧面

正面

背面

一〇三

秋聲琴 中國藝術研究院藏

秋聲琴，仲尼式。桐木製。琴體渾厚，琴面弧度大，琴底平坦。黑漆，小蛇腹斷紋。龍池、鳳沼均爲長方形。龍池上方刻草書『秋聲』二字，龍池下方刻篆書『柱下史』印一方，近足處又刻一方印，篆書『東越李日晉印』六字。此琴做工細緻，發音洪亮，音色圓潤清透。通長123.5厘米，隱間114厘米，肩寬21.5厘米，尾寬14.8厘米，厚5.3厘米。

額

尾

琴名

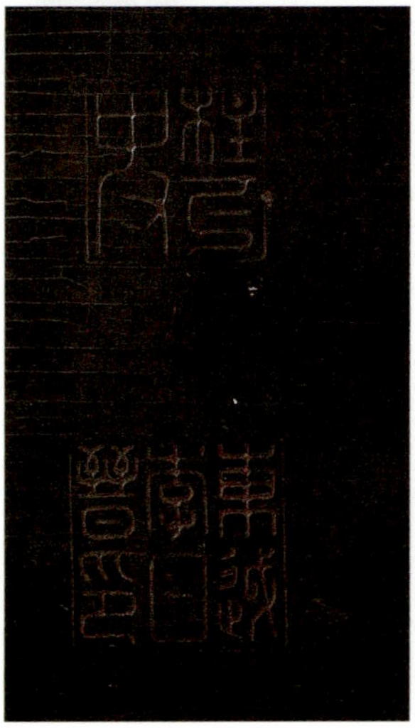
印章

斷紋

侧面

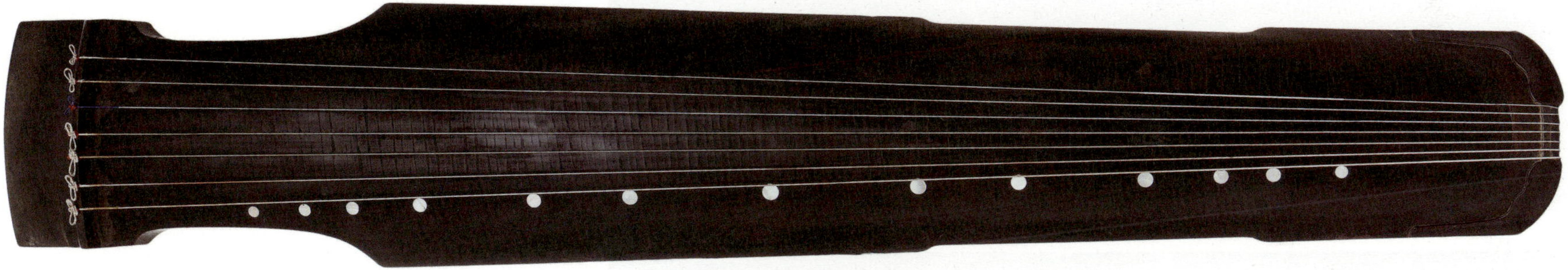

正面

背面

一〇四

雪濤琴 沈興順藏

雪濤琴，仲尼式。肩在二徽處，琴面係雙層結構。鹿角灰胎，大蛇腹斷，漆質較堅硬。琴背龍池之上刻隸書二十二字：『淵然者，水之流耶；巍然者，山之高耶。豈牙期之神契，遇冰絃之足操耶。空山無人，古木蕭颼，吾將長友吾之雪濤耶。』兩足間至鳳沼間刻琴名『雪濤』與『長宜子孫』陰文大方印。腹內無年款。通長123厘米，隱間113.9厘米，肩寬18.8厘米，尾寬13厘米，厚4.8厘米。

題款

琴名 印章

背面

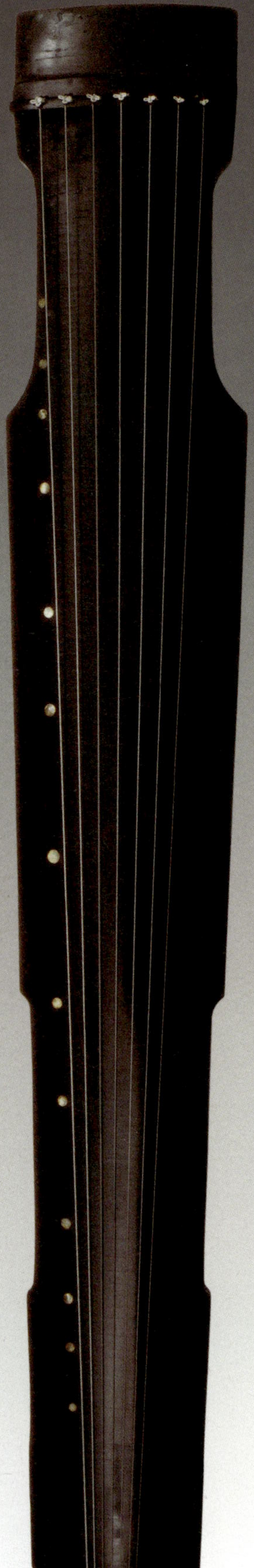

正面

一〇五

霜鴻琴 中國國家博物館藏

霜鴻琴，仲尼式。黑漆。背面龍池，鳳沼皆爲長方形，内有凹下長溝作納音。焦尾冠角較尖，尾托冠角明顯。龍池上方刻篆書『霜鴻』兩字，下有一方印，篆書『定府行有恒堂珍賞』八字。龍池邊際有墨書文字，注明作者及年代。琴音清澈圓潤。道光年間藏於定親王載銓府中，後爲北京琴家夏蓮居珍藏，一九五八年獻給國家，現藏中國國家博物館。通長115.3厘米，隱間106.5厘米，肩寬19.1厘米，尾寬14.1厘米，厚6.5厘米。

琴名印章

背面

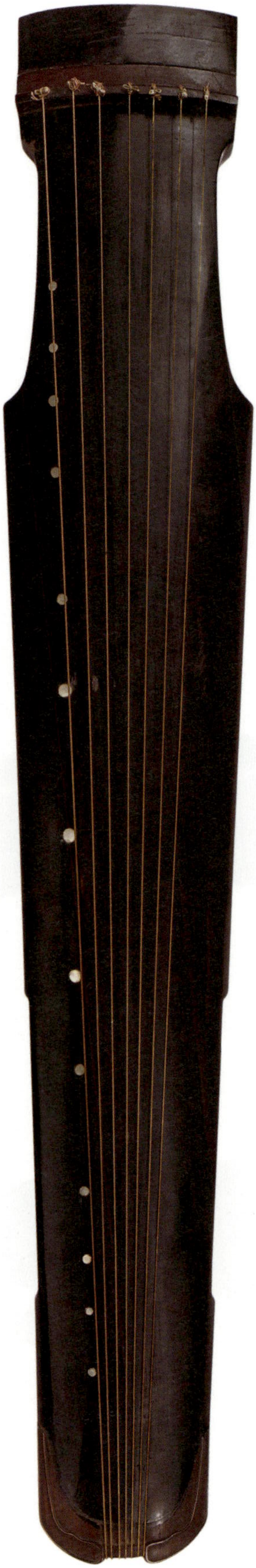
正面

一〇六

閑吹洞庭琴 蘇木藏

閑吹洞庭琴，仲尼式。桐木製。漆色古黝。面板鹿角灰胎，呈蛇腹斷；底板瓦灰胎，呈冰裂斷。長方形龍池與鳳沼。琴背項間刻『閑吹洞庭』四字，下有清乾隆間大書法家劉墉（一七一九—一八〇四）題詩：『風雲秋落落，山水夜沉沉。法曲飄零久，□□妙焉心。』款署『劉墉』。通長117.8厘米，隱間108.5厘米，肩寬19.7厘米，尾寬13.5厘米，厚5厘米。

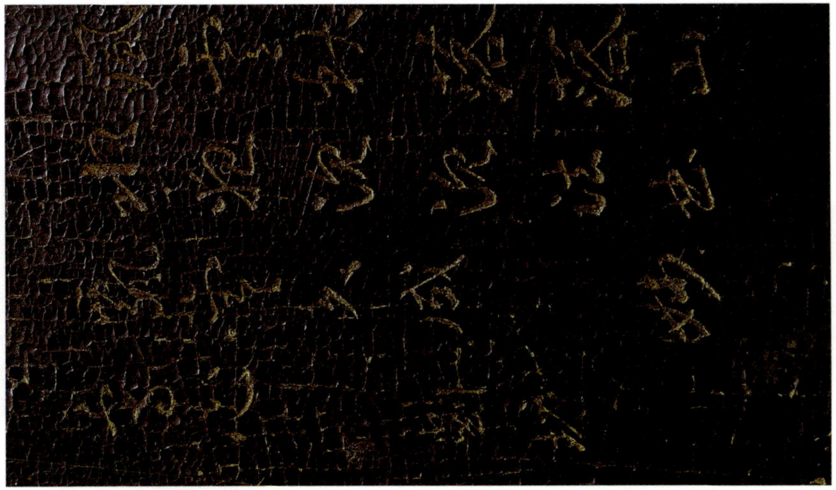

題款

額

尾

背面

正面

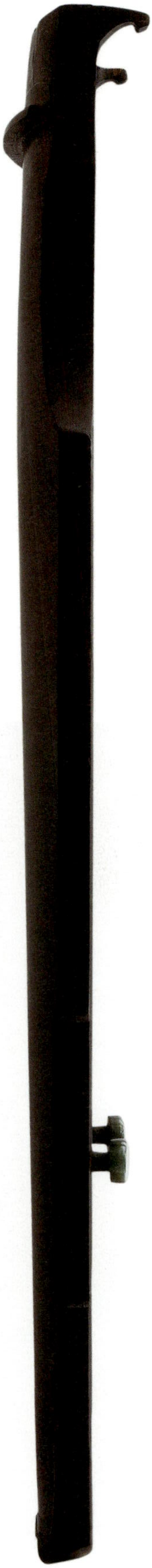

側面

一〇七

小一天秋琴

上海博物館藏

小一天秋琴，仲尼式。黑漆，鹿角灰胎，長方形龍池與鳳沼。背面項間刻隸書琴名『小一天秋』四字，池下刻行書『松風閣藏』，故知其爲清乾隆間《松風閣琴譜》編者程雄的藏琴。通長96.4厘米，肩寬16厘米，尾寬10.9厘米，厚4.2厘米。

琴名

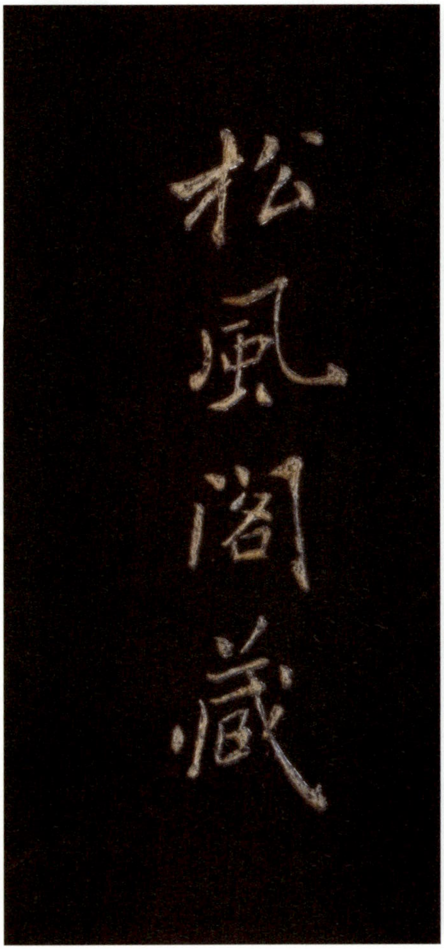

題款

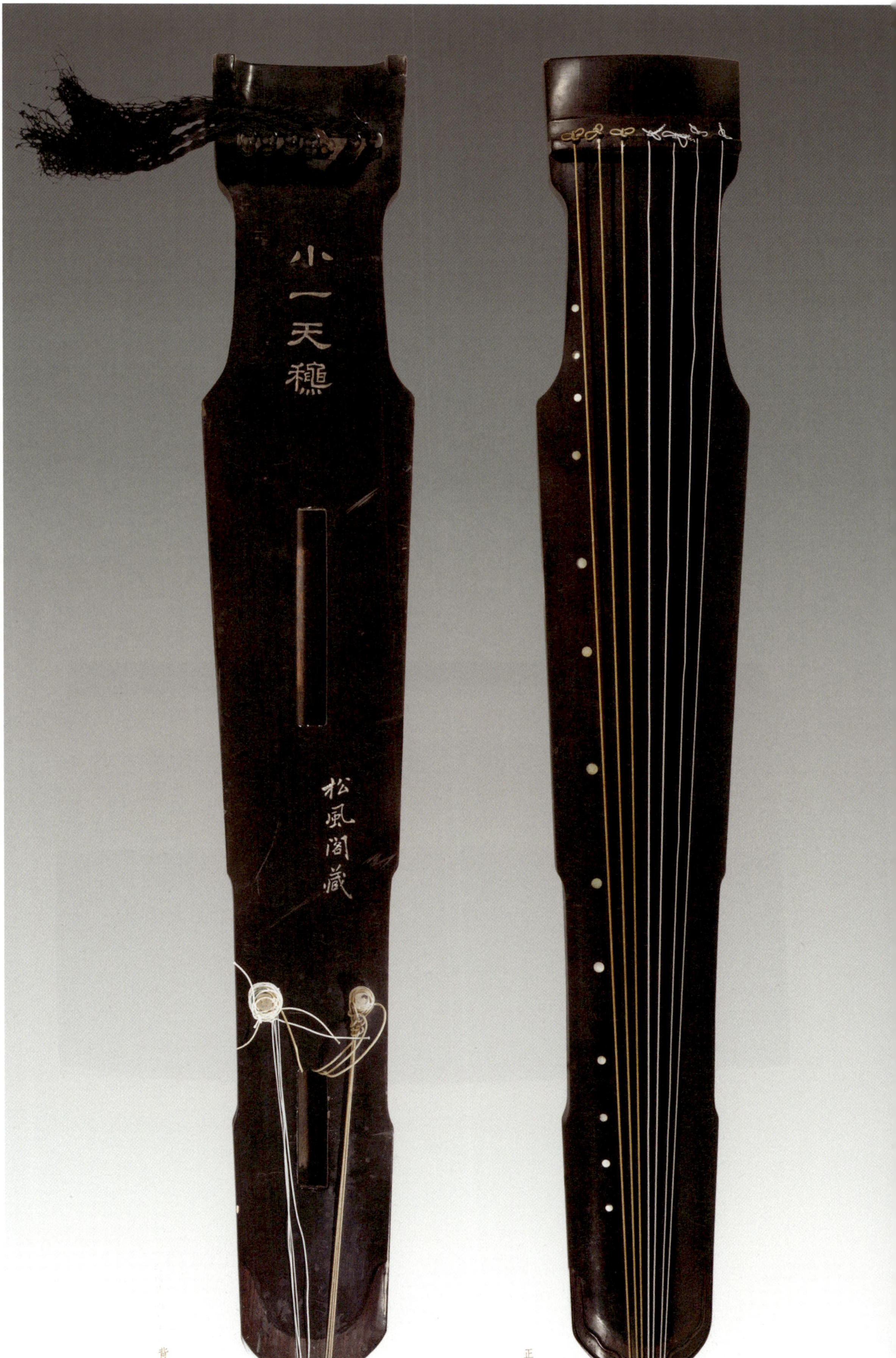

背面
正面

一〇八 明潞王中和琴

李自芳舊藏

中和琴，仲尼式，明代。木質鬆黄，八寶灰胎，黑漆，蛇腹斷帶細密流水斷。該琴按潞王琴通例，琴背項間正中刻楷書琴名『中和』，下刻敬一主人（潞王）題詩：『月印長江水，風微滴露清。會到無聲處，方知太古情。』池下刻篆書『潞國世傳』大方印。池内刻『大明崇禎八年潞國製』九字，未見編號。裝飾之美，極爲出衆：玉製岳山、龍齦、冠角、尾托、琴軫與雁足。琴額刻『人心盡如此，天下自和平』，後署『右貫休句，乾隆御書』，後有『天府珍藏』長方印。琴背自額部起，首刻民國北京修琴大師『八五琴叟張笏臣修』篆書圓章。額下至尾，則刻有黎元洪、徐世昌、夏同龢、陳寶琛、鄭孝胥、樊增祥、王人文、黄嵩齡、饒芙棠、黄錫詮、徐傅霖、林韻宫等人的題款多則。通長120.5厘米，隱間111.5厘米，肩寬18.3厘米，尾寬13.2厘米，厚4厘米。

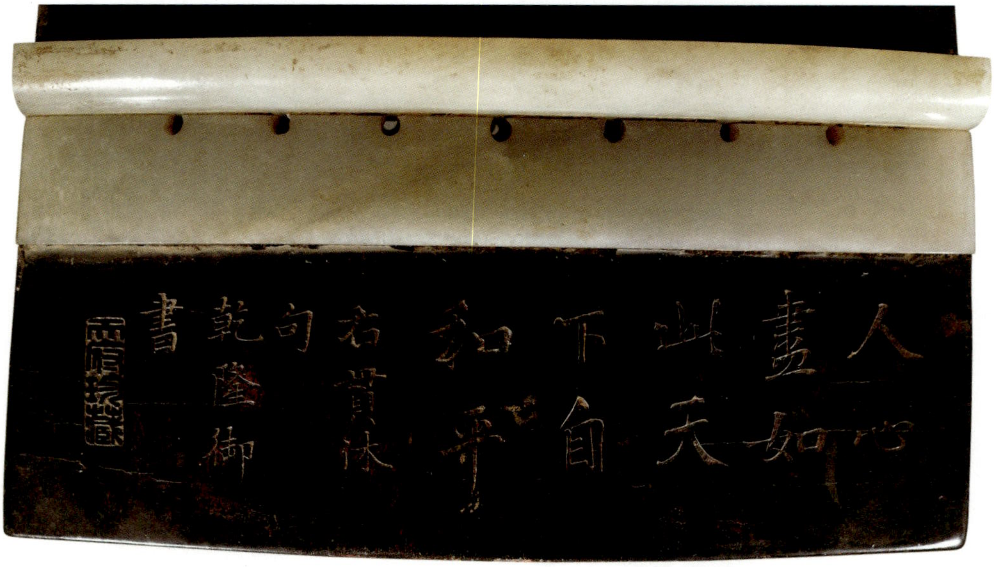

琴首題款

正面

背面

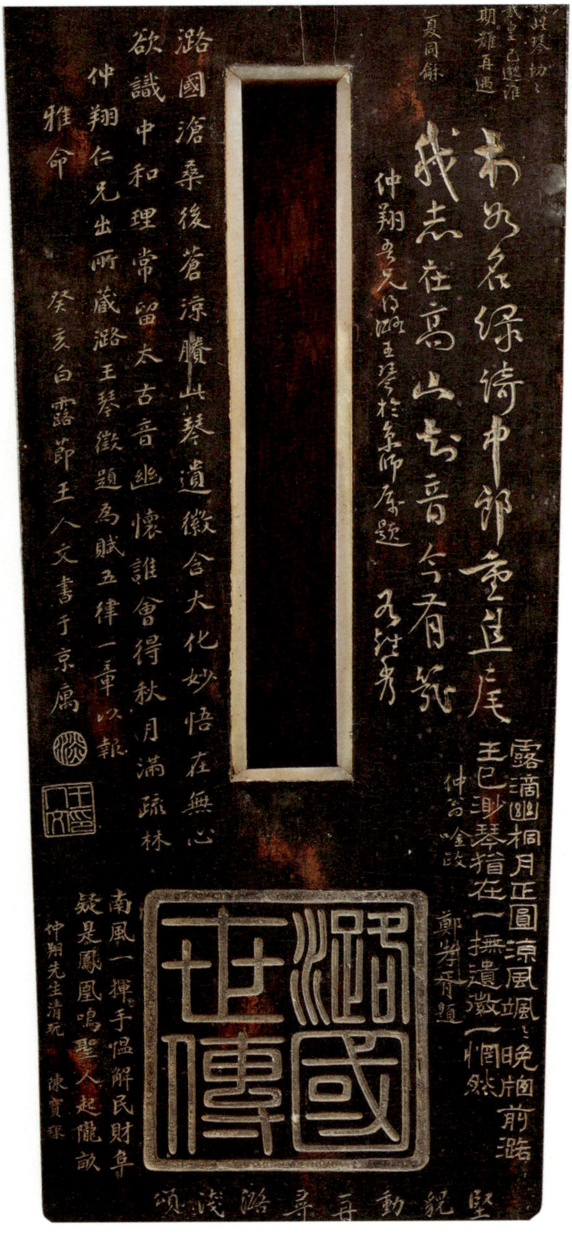

題款

琴盒

題款

一〇九

輕雷琴 中國藝術研究院藏

輕雷琴，仲尼式。桐木製，琴頭較長，項略外撇，肩在三徽處。鹿角灰胎，麻布爲底，通體髹黑漆，呈梅花兼流水斷。長方形龍池鳳沼。池内納音微凸，納音左側刻楷書題款『大唐開元三年雷氏造』。琴背項間刻隸書琴名『輕雷』兩字，下刻草書銘文：『振萬物乎虺虺，觸纖塵乎霏霏。無妄飛而無折摧，是之謂天隨。』唐雷氏款疑爲僞刻。通長129厘米，隱間121厘米，肩寬21厘米，尾寬14厘米，厚5厘米。

額

尾

龍池腹款

琴名

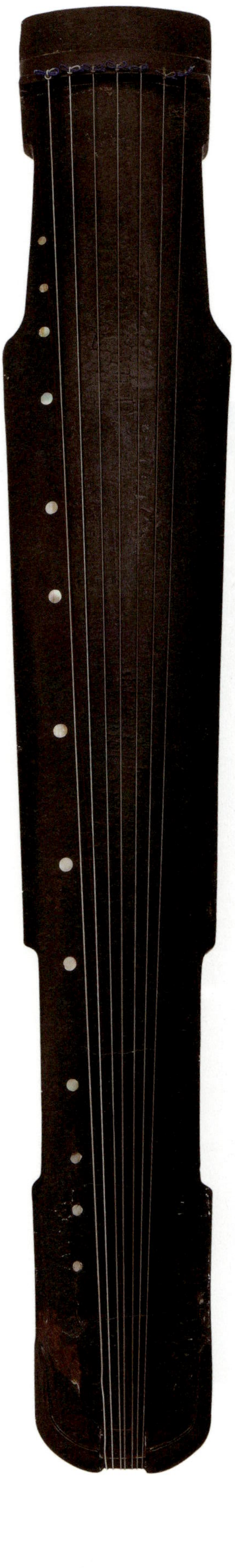

正面

背面

一一〇

玉壺冰琴 中國藝術研究院藏

玉壺冰琴，仲尼式。琴體規整，木質深黃。通體髹黑漆，蛇腹間冰紋斷。長方形龍池與鳳沼。琴背項間刻篆書琴名『玉壺冰』，下刻『石氏所藏』四字方印。池下刻篆書『可行清玩』，下署『雲生刻于大吉祥之室』，後有『雲生』篆書小印。通長122厘米，隱間114厘米，肩寬19厘米，尾寬13厘米，厚5.6厘米。

額

尾

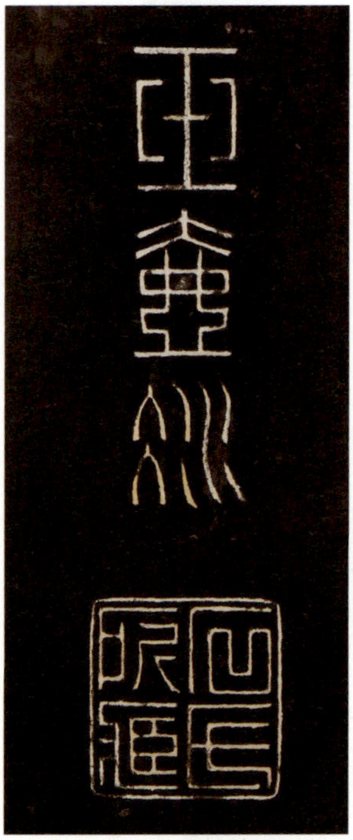

琴名 印章

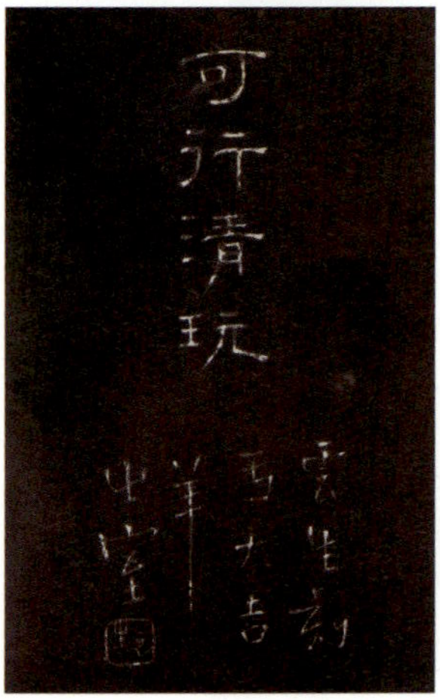

題識

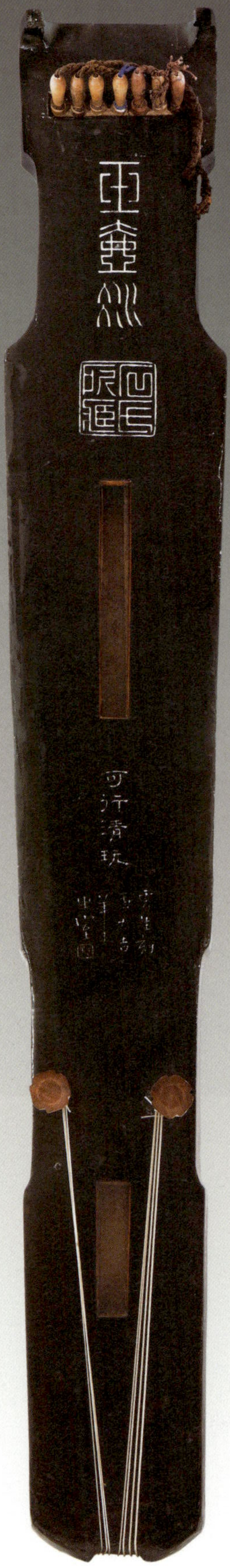

背面

正面

一一一

響泉琴

中國藝術研究院藏

響泉琴，仲尼式。琴體規整，桐木製。琴面顯露三角波形紋，龍池内又有膠合的菱形紋，因而該琴似爲百衲琴。通體髹栗殼色漆，細密蛇腹間流水斷。長方形龍池與鳳沼。琴背項間刻琴名『響泉』。龍池兩側刻草書四言古詩：『百衲斯成，五音斯備。清濁醇和，合乎天地。』池下刻『唐沂公李勉瀆』，後有『治世之音』篆書方印。池内納音有銘文兩行：右爲『康熙辛未年秋日吉旦』；左爲『古吴王昂一重修』。唐李勉款疑爲僞刻。通長122厘米，隱間116厘米，肩寬20厘米，尾寬13厘米，最厚5.2厘米。

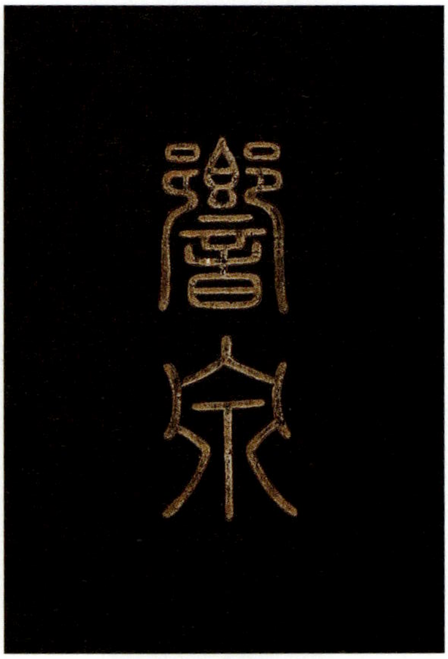

琴名

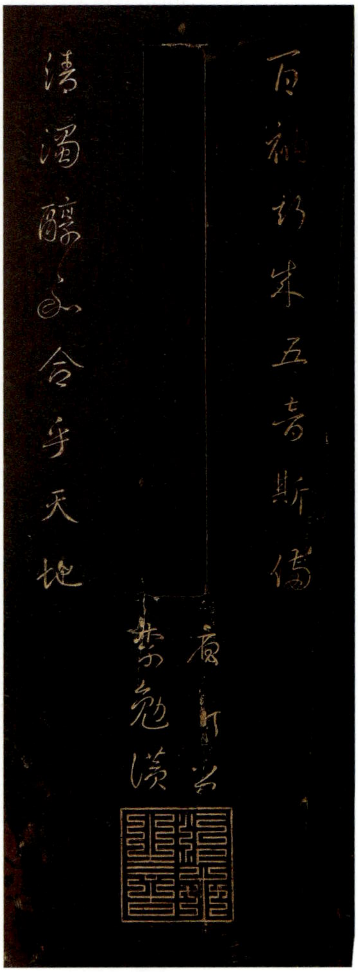

龍池題款

正面

背面

一一二

珊然琴 中國藝術研究院藏

珊然琴，仲尼式。琴體規整。通體髹黑漆，小蛇腹斷。長方形龍池與鳳沼。琴背鳳沼與龍池間倒刻篆書琴名『珊然』兩字，池下倒刻『乾道八年象山氏識』豎長方印，其下項間倒刻四字大方印，『涌流激湍』。通長124厘米，隱間117厘米，肩寬19厘米，尾寬14厘米，最厚5厘米。

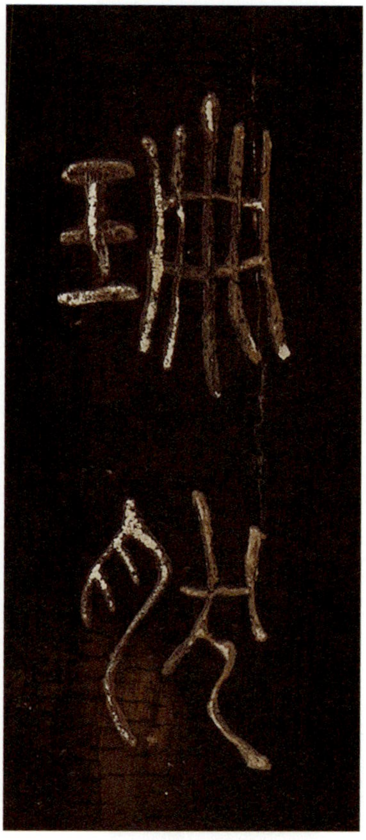

琴名

印章

背面

正面

一一三

浣塵琴 中國藝術研究院藏

浣塵琴，仲尼式。琴體規整。木色深黃，鹿角灰胎，黑漆，蛇腹斷。長方形龍池鳳沼。琴背項間朱漆書琴名『浣塵』。該琴原由京劇大師程硯秋先生珍藏，後贈與中國戲曲研究院（現中國藝術研究院）。通長122厘米，隱間114厘米，肩寬19.5厘米，尾寬14厘米，最厚5.1厘米。

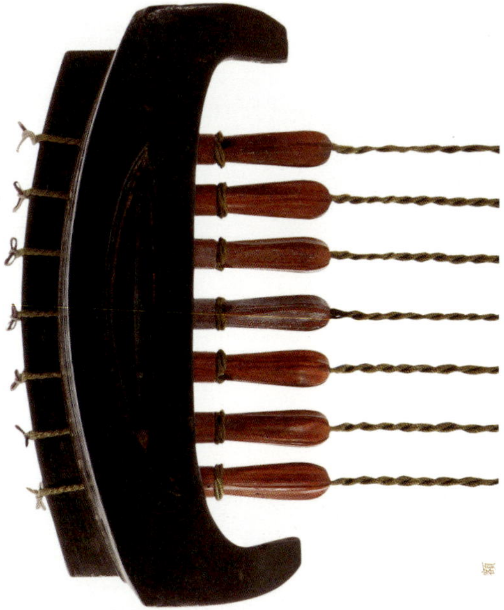

額

尾

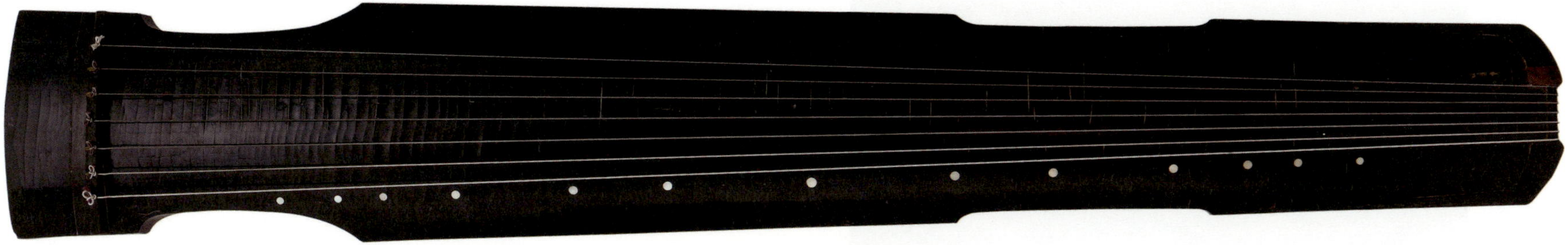

正面

背面

一一四

乾坤橐籥琴

姜沣峰藏

乾坤橐籥琴，仲尼式。琴體規整。杉木製，木色黄舊，鹿角灰胎，黑漆，细密小蛇腹斷。長方形龍池與鳳沼，金徽玉軫（已佚）。琴背項間刻琴名『乾坤橐籥』四字，池下刻藏者題銘：『予自道光壬午年，隨侍金閶，即學勾挑之法。己丑夏，購是琴於都市。愛其紋密音清而渾樸無一字，若有所待者□。玩賞三十餘年，相攜二萬餘里，凡手著《庚癸原音》四種，多得其力。人琴相遇，殆非偶然。爰贈以名曰「乾坤橐籥」。且喜曾恩能爲鐵筆，因命鐫之。同治甲子秋，蕪湖律翁繆闐識。』琴音清越鬆透，蒼古韻遠。藏者相传『家藏宋琴』。通長122.5厘米，隱間112.8厘米，肩寬19.5厘米，尾寬13.2厘米，最厚4厘米。

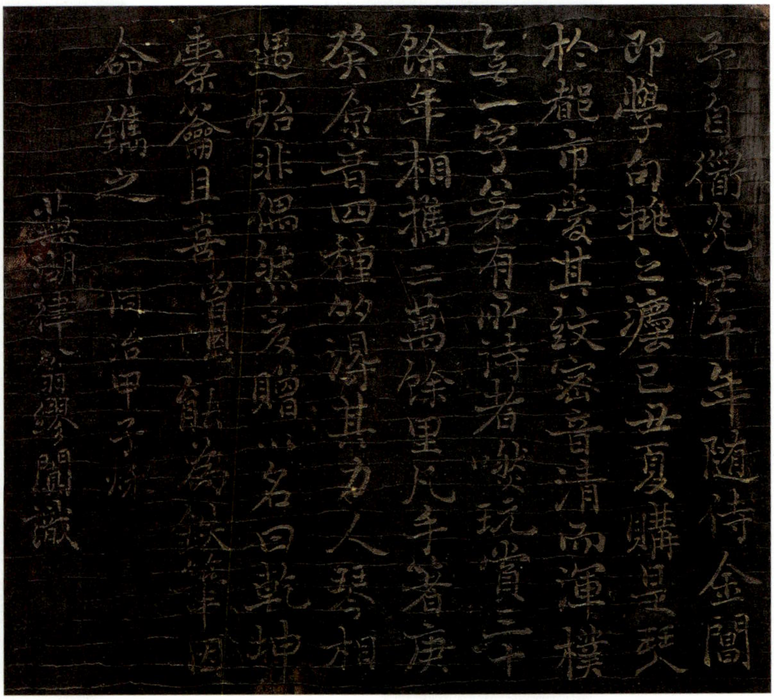

題款

琴名

正面

背面

一一五

無名琴 劉善教藏

無名琴，仲尼式。琴體規整，面桐底梓。金徽玉軫，鹿角灰胎，內雜硃砂，栗殼色漆，黑漆朱漆修補。蛇腹兼流水斷。長方形龍池與鳳沼。琴腹納音微凸，內有『祥符元年李勉製』刻款。按李勉係盛中唐人，而有唐一代未見『祥符』之紀年，只有北宋紀年有『大中祥符』，當係僞款。琴音圓潤鬆透。通長121.8厘米，隱間112.4厘米，肩寬18厘米，尾寬13.2厘米，最厚5.3厘米。

側面

額

尾

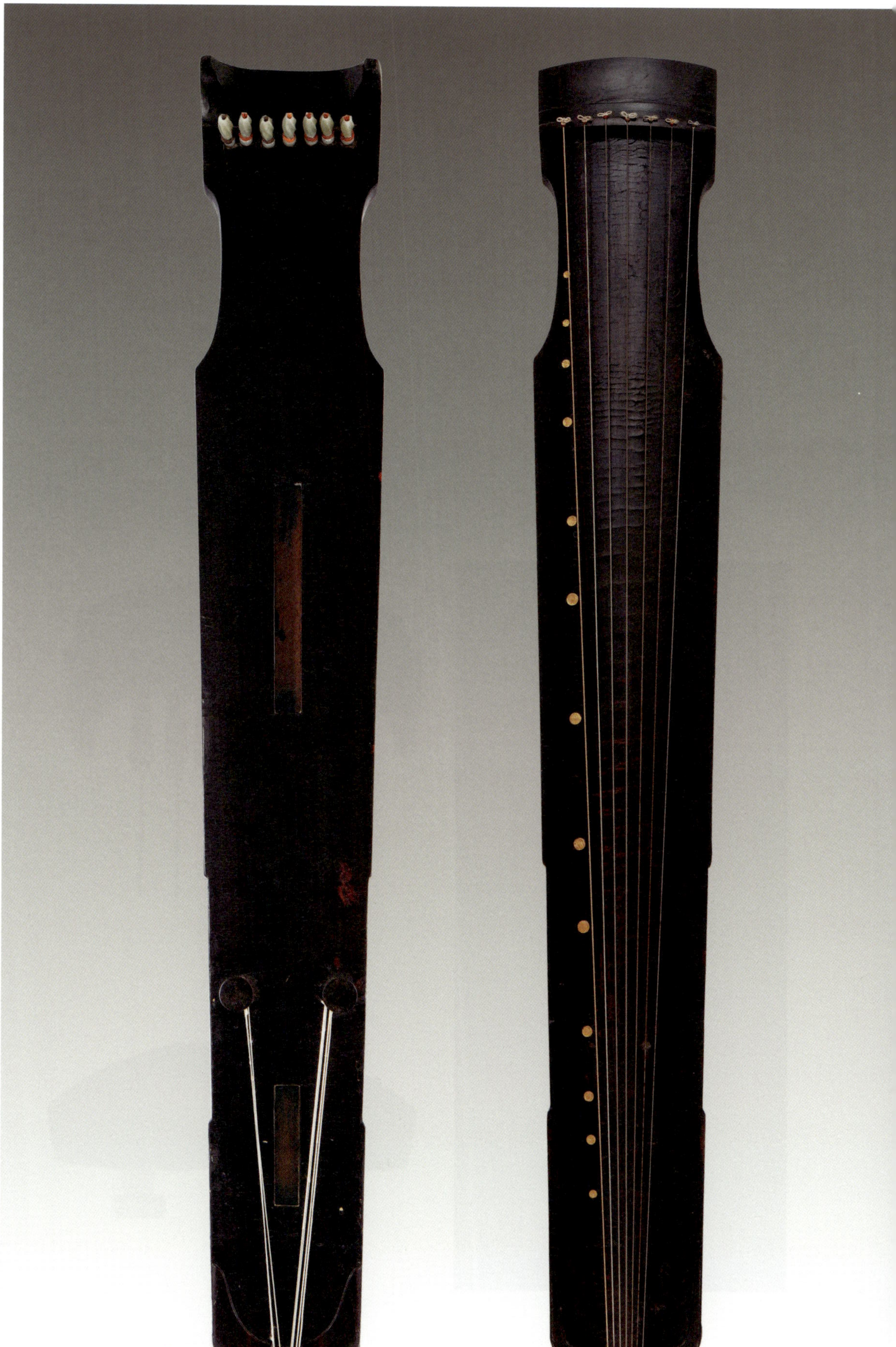

背面

正面

一一六

無名琴 中國藝術研究院藏

無名琴，仲尼式。琴體規整，面桐底梓，木質鬆黃。鹿角灰胎，通體栗殼色漆，外髹黑漆。小蛇腹兼細密流水斷。長方形龍池與鳳沼。池內納音微凸，納音一側寫有朱筆題款：『嘉靖甲子仲春，堪廷用製於鳳州，三老太史府中藏。』通長120厘米，隱間113厘米，肩寬20厘米，尾寬13厘米，厚3.5厘米。

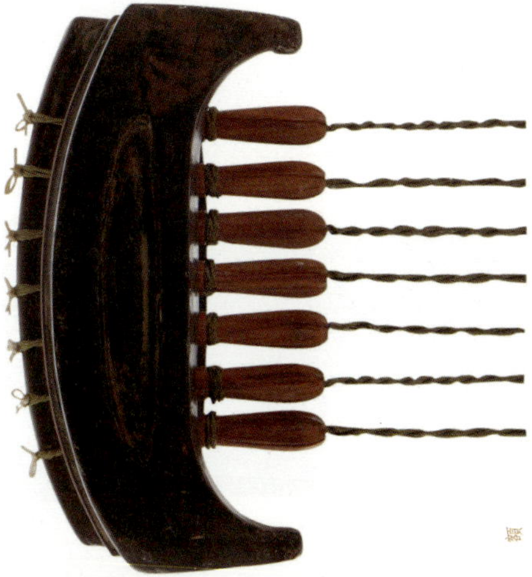

額

尾

龍池腹款

側面

正面

背面

一一七

乾隆款無名琴

孫國偉藏

乾隆款無名琴，仲尼式。面鹿角灰胎，黑漆，蛇腹斷。長方形龍池與鳳沼。額首刻乾隆御題：『質清以敦，節安而舒。誰其鼓者，列仙之儒。』其製作工藝同清宮舊藏乾隆御賞『峨嵋松』琴。整個琴背與池沼凡目力可及處，均以六邊形沉香木方塊拼接粘貼於琴面内腹與琴底表面，上髹黑色光漆。明高濂《遵生八箋》：『又如百衲琴者，亦近制也』，『今仿製者以龜紋錦片，錯以玳瑁象牙香料雜木，嵌骨爲文，鋪滿琴體，名曰「寶琴」。』該琴應即寶琴中假百衲之一例。通長116.5厘米，隱間106厘米，肩寬17.5厘米，尾寬13厘米，最厚5厘米。

琴首題款

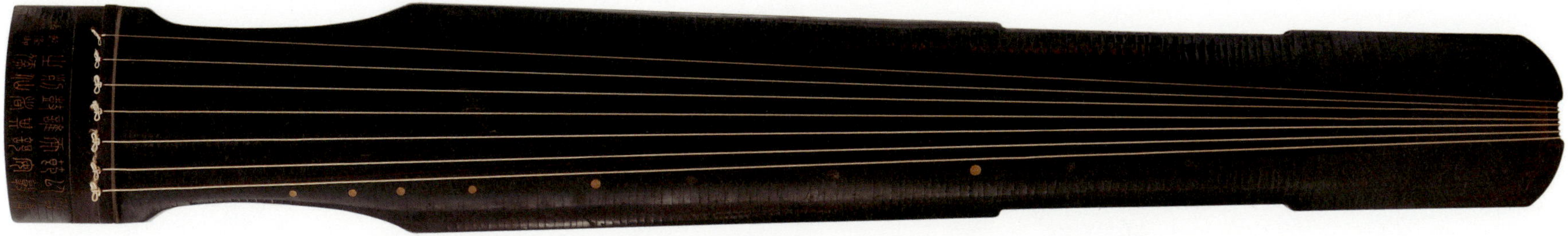

正面

背面

琴背局部

一一八

蜀王霜鐘琴 重慶中國三峽博物館藏

霜鐘琴，仲尼式。面桐底梓，木質鬆黄。瓦灰胎。面栗殼色漆，外髹黑漆，斷紋不顯。琴背栗殼色原漆，現細密流水斷。長方形龍池與鳳沼。琴背項間刻篆書琴名『霜鐘』。池下刻『蜀藩之寶』四字大方印，當爲明代蜀王之印。兩足間刻『隨公珍玩』，下有一小印。通長119.5厘米，隱間110.4厘米，肩寬18.8厘米，尾寬14.7厘米，厚5.3厘米。

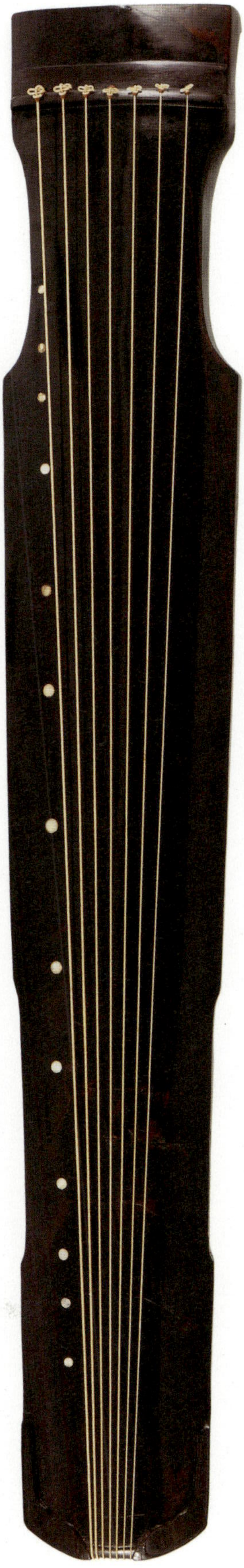

正面

背面

中國古琴珍萃

響泉式

一一九

老龍吟琴 高仲鈞舊藏

老龍吟琴，原爲響泉式，後改爲仲尼式。琴體秀美，項、腰邊棱略帶圓勢。鹿角灰胎，黑漆。蛇腹斷兼細密流水斷。長方形龍池，橢圓形鳳沼。琴背項間刻『老龍吟』三字。龍池内納音較平。原爲蘇州琴家汪星伯所藏，後歸天津琴家高仲鈞。據鄭珉中先生鑒定，該琴係中唐所製，琴名爲原刻。通長121.3厘米，隱間110.2厘米，肩寬21厘米，尾寬14.5厘米，最厚4.1厘米。

琴名

斷紋

背面

正面

一二〇

天蠁琴 廣州市博物館藏

天蠁琴，響泉式。原朱漆，修復後改黑漆。小蛇腹斷。金徽，玉軫，玉製雁足。桐木面板，背面龍池上方刻篆書琴名『天蠁』二字，下有『萬年永寶』印章。池兩側刻題記：『式如玉，式如金，怡我情，鑒我心。是謂天蠁之琴。东樵銘。』下有『东樵』圓印一方。再下有篆文兩行：『嶺南潘氏海山僊館寶藏。』此琴相傳爲唐代詩人韋應物所有，係廣東四大名琴之一。現藏於廣州市博物館。通長126.7厘米，隱間116.5厘米，肩寬19厘米，尾寬13.4厘米，厚5.2厘米。

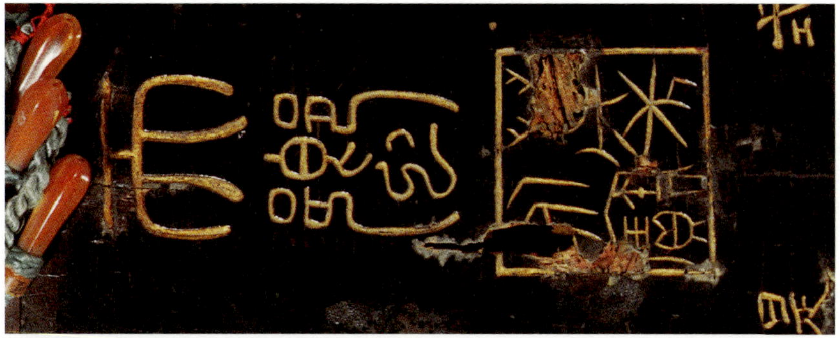

琴名印章

納音題款

琴盒

背面

正面

中國古琴珍萃

鳳勢式

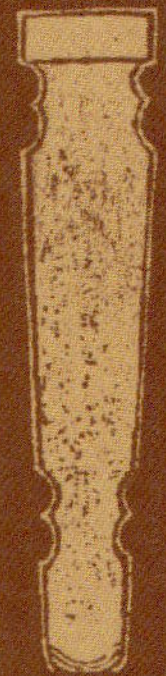

飄揚英作兩肩腰間爲飛

尖勢廣二寸有霹靂聲

一二一

鐵客琴 俞伯蓀舊藏

鐵客琴，鳳勢式。黑漆。鹿角霜胎，蛇腹斷紋，金徽，木質古而鬆。面底微弧，肩尾闊大，邊棱轉折處略見圓勢。圓形龍池與鳳沼，池内納音凸起，納音中央開有細長的凹槽，帶有雷氏琴的明顯特徵。底板表面原無題款。現有『甲辰試鐙日嘯北爲二十四琴書屋主人志』與隸書琴名『鐵客』兩字，係民國間新刻。琴音剛勁圓潤。通長120厘米，隱間110厘米，肩寬21厘米，尾寬14.5厘米，厚4.2厘米。

玉飾

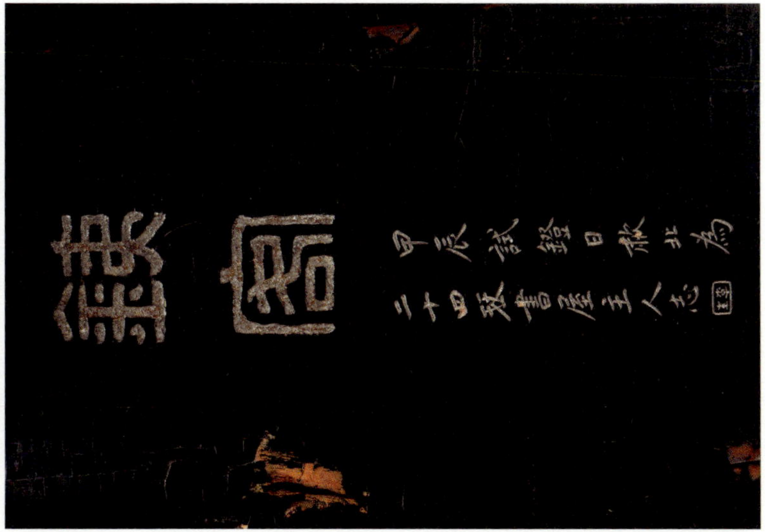

琴名 題款

正面

背面

一二三

玉玲瓏琴 故宫博物院藏

玉玲瓏琴，鳳勢式。黑漆，純鹿角灰胎，胎較薄，下有黄色葛布底。細密小蛇腹斷。桐木面，底杉木質。背面龍池圓形，鳳沼橢圓形。腹内龍池處納音微微隆起，龍池上方刻行楷琴名『玉玲瓏』三字，下方刻大印，後經多次修補，印痕尚在，字不可辨。腹内未見題款。此琴曾長期在民間流傳。鄭珉中先生定爲中唐琴。通長122厘米，隱間111.8厘米，肩寬19.6厘米，尾寬13.6厘米，厚4.8厘米。

額

尾

側面

正面

背面

中國古琴珍萃

霹靂式

一二三

松石間意琴

樊伯炎舊藏

松石間意琴，霹靂式。琴體闊大厚重。鹿角灰胎，間雜大量寶石細粒。栗殼色漆，面大蛇腹兼冰裂斷，底細紋流水斷。琴背項間刻清乾隆題詩：『古錦囊韜龍門琴，朱絃久歇霹靂音。安得伯牙移情手，爲余一寫山水心。乾隆壬戌御賞并題。』下有印章『見天心』一方。龍池之下隸書題琴名『松石間意』。通長126厘米，隱間115厘米，肩寬21厘米，尾寬13厘米，厚4.7厘米。

另附清乾隆御製琴盒一件。盒形與琴同。盒蓋刻隸書『宋製松石間意，大清乾隆辛酉年裝』，下有『永寶用之』四字小方印。琴盒頭部側面刻『頭等二十二號』。盒蓋内壁刻乾隆御書。詩左有『乾隆御題』小紅方印一枚。據鄭珉中先生鑒定，此盒係乾隆原物，故彌足珍貴。

琴名

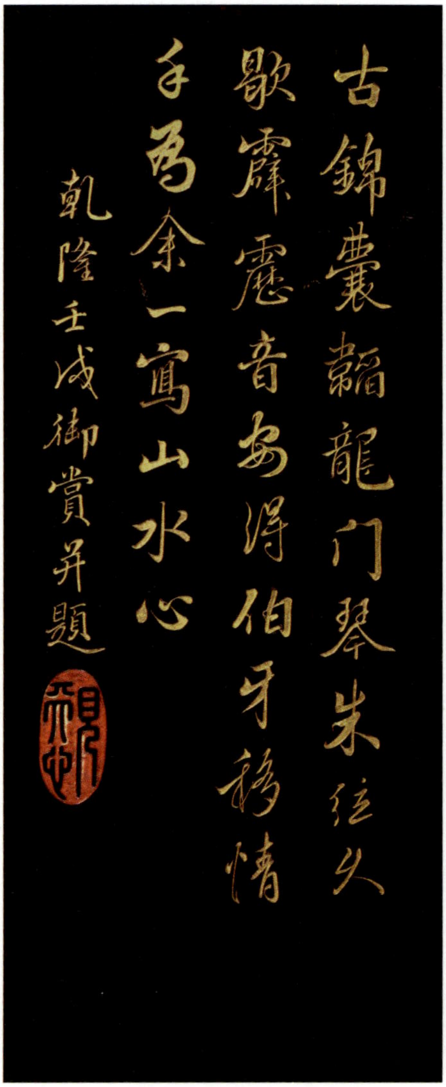

題款

背面

正面

衆爰尺璧昔猗
弦徽寸心人歟
之其中靜有休
音美度撫云哉
含龍下鴻調南
琴門濱織紡風
孰高上合而出
爲枝池皇治時

琴盒

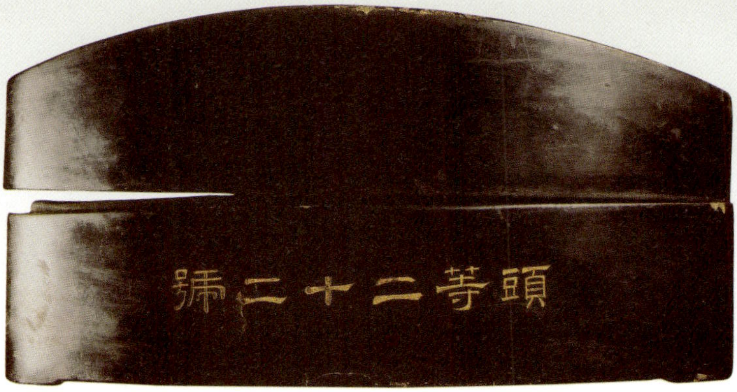
頭等二十二號

琴盒題字

一二四

黄勉之梅梢月琴 高傑藏

梅梢月琴，霹靂式（又名宣和式）。木質鬆黃，鹿角灰胎。通體大蛇腹斷。橢圓形龍池與鳳沼。琴背項間刻琴名『梅梢月』三字。池下刻陰文『青天碧海』與陽文『月珮風環』兩大金漆方印。琴音醇厚古樸。原係民國初年旅居北京的廣陵派琴家黄勉之最愛之琴，後歸著名藏家王世襄收藏。通長128厘米，隱間119厘米，肩寬2厘米，尾寬15厘米，最厚4.8厘米。

龈

尾

側面

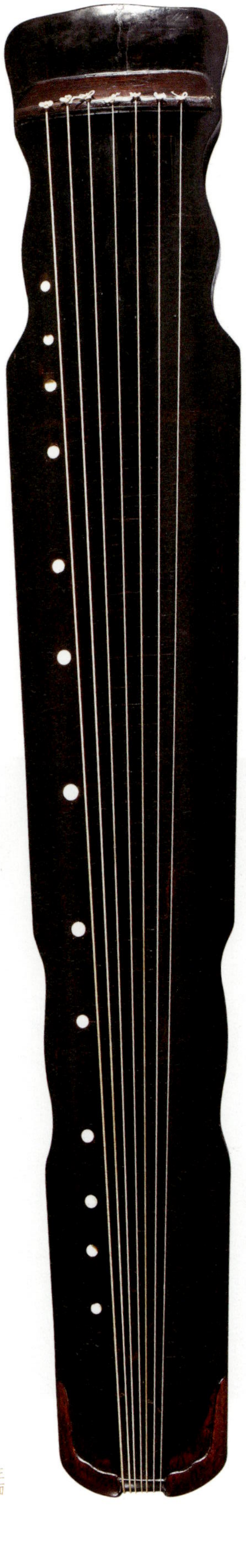

正面

背面

一二五

春雷琴 上海博物館藏

春雷琴，霹靂式。體寬而扁，邊沿圓潤。杉木製琴面，鹿角灰胎，表漆栗殼色中含暗紅。面底漆面表層有非自然的橫裂紋。音質圓實明亮。軫、徽及雁足係象牙製成。琴背項間刻篆書『春雷』兩字，池下有方圓兩印，方印內有『風雷月高』四字。通長122厘米，隱間112厘米，肩寬21.5厘米，尾寬16厘米，厚5.5厘米。

琴名

印章

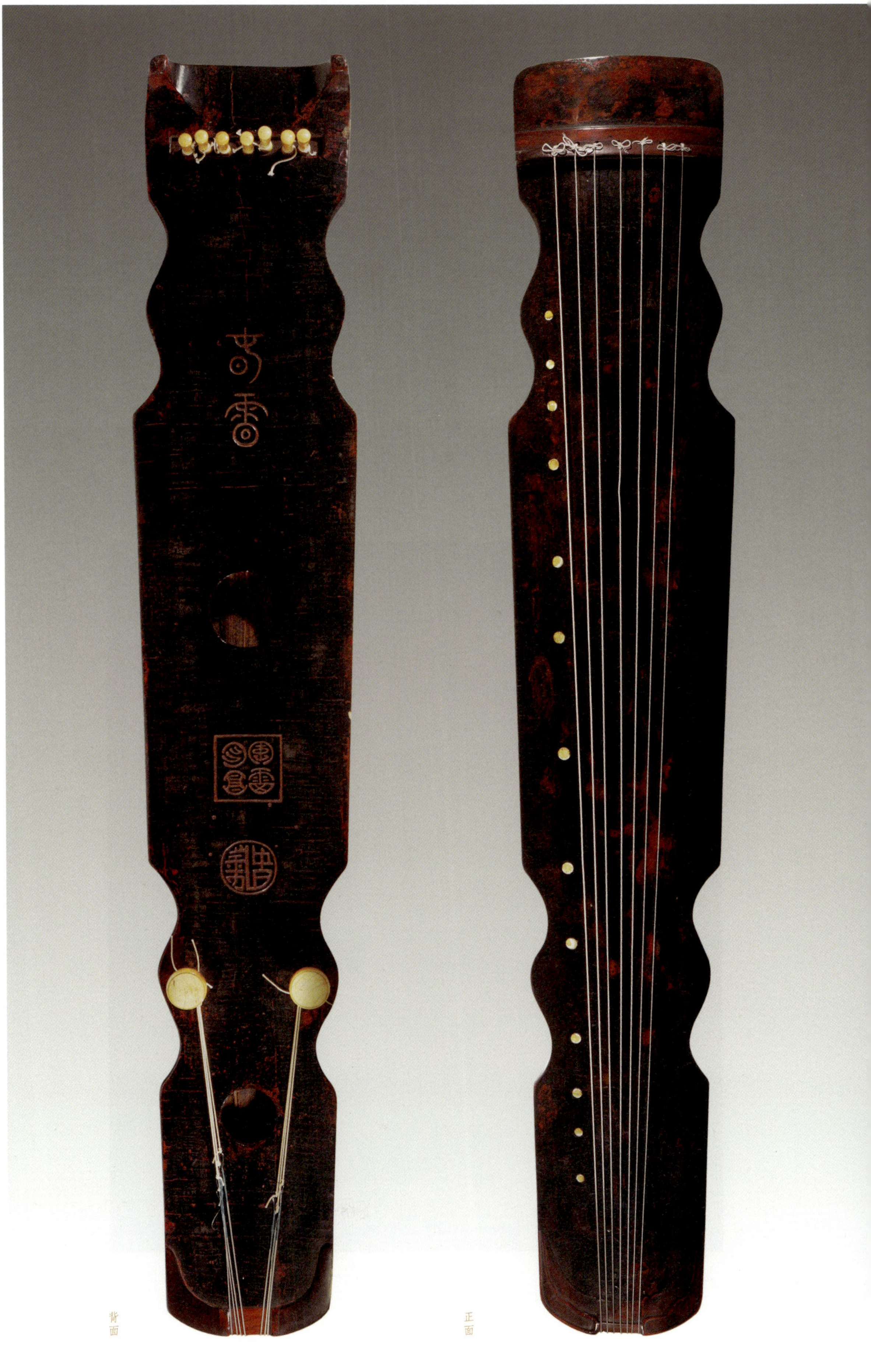

背面

正面

一二六

無名琴 山東省博物館藏

無名琴，霹靂式。麻布胎。朱漆底，外髹黑漆，金徽，細蛇腹斷，琴背未見題刻。龍池内納音處以方形木嵌入，納音右側題『和平元年』，左側題『魏元英造』。通長116.4厘米，隱間109.3厘米，肩寬19.6厘米，尾寬14厘米，厚2.9厘米。

斷紋

正面

背面

一二七

九霄環珮琴

沈興順藏

九霄環珮琴，霹靂式。面桐木製。鹿角灰胎，褐漆，面蛇腹兼牛毛斷。金徽，圓形龍池與鳳沼。琴背池上刻『九霄環珮』四字，下有『世寶』方印，均填以金漆。腹内納音右題『仁和惠達斲』。通長122厘米，隱間110.9厘米，肩寬22.3厘米，尾寬15.2厘米，厚6.3厘米。

琴名

正面

背面

中國古琴珍萃

連珠式

一二八

飛泉琴 故宮博物院藏

飛泉琴，連珠式，唐代。杉木斲。琴項邊棱轉折處略見圓勢。原紫漆地，外罩黑漆，鹿角灰胎內雜大量硃砂，蛇腹間冰裂斷。背面龍池、鳳沼均爲長方形，有漆製貼格。琴背龍池上方刻草書『飛泉』二字及篆文『貞觀二年』雙邊印一方，池下方刻篆文『玉振』方印及『金言學士盧贊』雙邊長方印各一。『飛泉』二字及『玉振』印填以金漆。龍池兩側刻篆書銘文：『高山玉溜，空谷金聲。至人珍玩，哲士親清。遂舒蘊志，窮通幽情。天地中和，萬物咸亨。』民國初年爲琴家李静（伯仁）收藏，《琴學叢書》、《今虞琴刊》均有記述。《今虞琴刊·古琴徵訪錄》稱，其腹內有『古吳汪昆一重修』墨書題款。現已不存。一九四七年爲管平湖弟子程寬所得，後經管先生修整，以朱漆修補多處。現由故宮博物院珍藏。鄭珉中先生定爲晚唐製作，並認爲該琴池沼原爲方形，後人改爲現在的長方形。通長121.6厘米，隱間111.8厘米，額寬18.5厘米，肩寬20.1厘米，尾寬14.4厘米，厚5.5厘米。

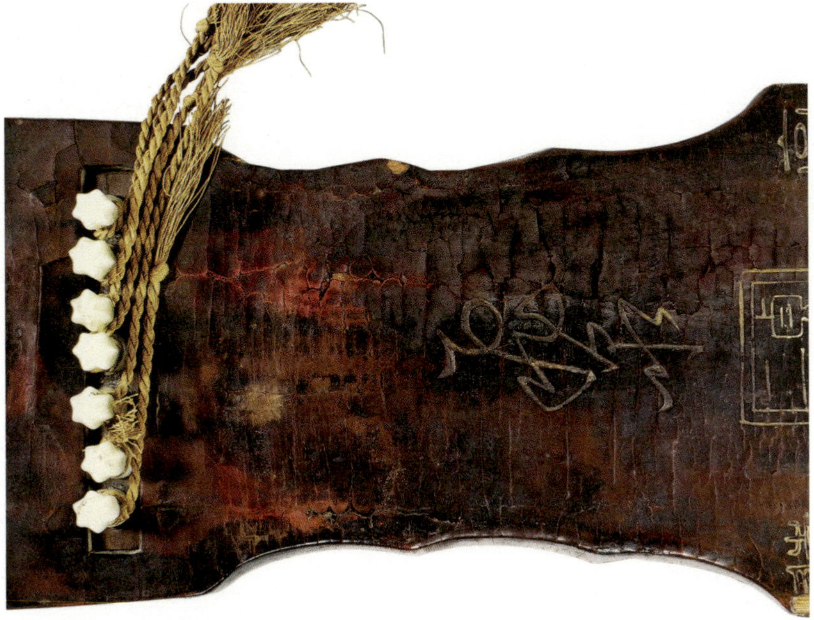

琴名

題款 印章

背面

正面

一二九

枯木龍吟琴

中國藝術研究院藏

枯木龍吟琴，連珠式。杉木製。琴體圓中帶扁。通體原髹黑漆，漆胎不厚，漆色黯黑有光，現琴面朱漆係後人所加，底板大體保持原樣。蛇腹斷，局部兼牛毛斷。龍池圓形，鳳沼扁圓形，納音較平，係另粘桐木而成。龍池上方刻行書琴名『枯木龍吟』四字，龍池下方刻篆書『玉振』雙邊大印一方。此琴玉足、玉振，做工細緻，音色蒼古鬆潤。曾由著名琴家汪孟舒珍藏，並補髹朱漆，磨工未竟而止。琴面之象牙末、孔雀石漆灰等處亦係汪氏所補。鄭珉中先生定爲唐琴。通長121.6厘米，隱間111.2厘米，肩寬19厘米，尾寬13.7厘米，厚5.9厘米。

額

尾

琴名

印章

側面

正面

背面

一三〇

鳴鳳琴 中國藝術研究院藏

鳴鳳琴，連珠式變體，南宋。桐木製，造型端莊渾厚，面寬而扁，項、腰作連續凹弧。通體原髹栗殼色漆，朱漆修補，琴面呈大小蛇腹間牛毛與小冰裂斷紋，琴底斷紋不甚規則。龍池與鳳沼作連弧形。池內納音微隆。龍池上方刻楷書『鳴鳳』二字，龍池兩旁刻行書銘文四句：『朝陽既升，巢鳳有聲。朱絲一奏，天下文明。』池下近足處刻外圓內方印，雙鉤篆文『中和之氣』四字。銘刻均填以金漆。琴首正面鑲嵌橢圓形玉雕『翔鳳』爲飾。木質輕鬆，色黃微深。玉製琴足，紅木岳山與琴軫。據傳係『二十四琴齋』舊物，爲近代琴家楊宗稷先生珍藏，並加重修。後歸楊之弟子管平湖。音質純正古樸，略微顯空。琴面之鈞瓷徽，琴背之八寶灰則係管氏所爲。現藏中國藝術研究院。通長126.5厘米，隱間115厘米，肩寬23厘米，尾寬17厘米，厚6.5厘米。另香港盧家炳先生也藏有同名琴一張，兩者款式、琴名及龍池兩側題詩完全相同。盧氏『鳴鳳』龍池納音右側寫有朱書題款『大宋紹興□□□製』，故鄭珉中先生定其爲南宋初年之琴。

琴名題款

背面

正面

側面

額

尾

玉飾

一三一

南風琴 山東省博物館藏

南風琴，連珠式變體。琴體寬而厚，肩尾寬度相差不大，邊沿棱角分明。鹿角灰胎，胎較薄，上髹栗殼色漆，外罩黑漆，局部漆皮剥落。蛇腹斷間流水斷，龍池、鳳沼作蕉葉形。琴背龍池上方刻行書『南風』二字，兩側刻：『天圓地方，龍鳳翱翔，南薰弋曲，物阜民康。』池下刻篆書『御書之寶』朱紅寬邊大方印，文字内填石緑，筆體剛勁古拙，似爲原刻。池内納音微凸，有拼接痕多處。納音右側刻『延祐元年』，左側刻『山陰道人造』。通長126.5厘米，隱間109.4厘米，肩寬22厘米，尾寬18.6厘米，厚6.8厘米。

額

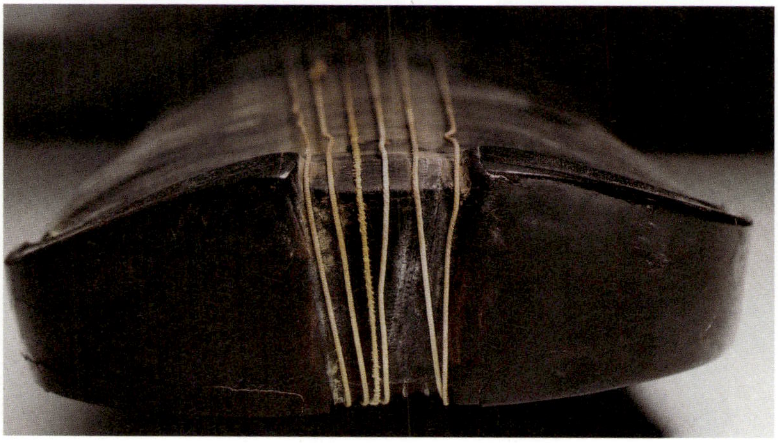

尾

側面

琴名

題款

印章

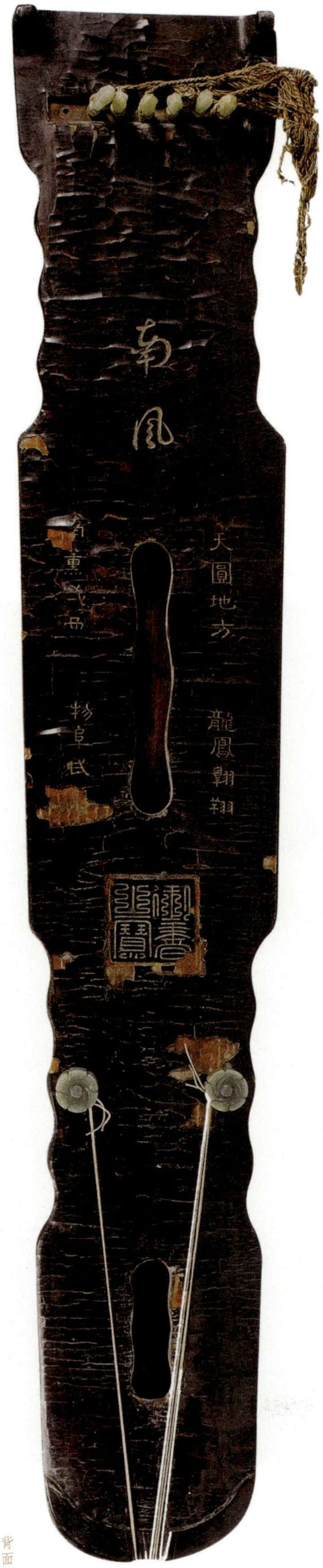

背面

正面

一三二

南風琴 李自芳舊藏

南風琴，連珠式變體。杉木製，木質鬆黃。鹿角灰胎，原髹栗殼色漆，朱漆修補。蛇腹兼流水斷，偶見龜紋。徽與雁足及岳山皆係後配。龍池與鳳沼均作連弧形。池内納音微隆，有拼接痕。琴背項間刻『南風』兩字，龍池兩側刻四言古詩：『天圓地方，龍鳳翱翔。南薰弌曲，物阜民康。』下刻九疊文『御書之寶』寬邊方印。通長126厘米，隱間117.5厘米，肩寬23厘米，尾寬17厘米，厚6厘米。

印章

龍池題款

背面

正面

側面

一三三

霜鏞琴 查阜西舊藏

霜鏞琴，連珠式。琴體渾圓秀麗，木質深黄古老。黑褐色底漆，鹿角灰胎，内雜金末，漆質較硬，大小蛇腹斷間雜冰裂等細紋斷。肩在三徽處，面圓弧，尾較寬。琴背項間寫有琴名『霜鏞』兩字，圓形龍池與鳳沼。腹内無題款。按彈之下，手感頗佳，其聲洪鬆透潤，頗帶古風。二十世紀五十年代查阜西先生從北京某古玩店得此琴，認爲其年代當在五代至北宋間。通長121厘米，隱間112.5厘米，肩寬20.5厘米，尾寬15厘米，厚4.5厘米。

正面

背面

一三四

唐款琴 山西省博物館藏

唐款琴，連珠式。琴體棱角分明，背部平整。鹿角灰胎，黑漆，後用朱漆修補多處，面底蛇腹斷兼流水斷，額上有冰裂斷。金徽，玉質雁足，象牙軫。背面龍池原爲圓形，後加改長方形；鳳沼圓形。龍池腹内陰刻『唐開元三年曲江雷式造』兩行十字，似爲僞刻。一九五六年山西省文物工作委員會收藏，一九五九年歸山西省博物館。通長119.5厘米，隱間111厘米，肩寬22厘米，尾寬13.6厘米，厚5.4厘米。此琴另有黄緞綉花琴套一件，保存完好。

正面

背面

一三五

鳳凰來鳴琴

中國藝術研究院藏

鳳凰來鳴琴，連珠式變體。桐木製。琴面渾圓、弧度較大，琴體亦作拱形，項、腰四弧。通體髹黑漆，琴面呈小蛇腹間冰裂斷，琴底爲小蛇腹斷。龍池、鳳沼均爲連弧形。龍池上方刻有行書琴名『鳳凰來鳴』四字，池右刻行書銘文『蓬萊仙境幽清，巢鳳來儀齊鳴』十二字；池左刻行書六字，已難辨識。落款爲『□耳聽』三字。龍池下有篆書大印一方，上刻『太古正音』四字。琴腹内右側寫有題款，字迹不清。此琴曾由琴家鄭穎孫珍藏。通長126厘米，隱間115厘米，肩寬21.5厘米，尾寬15.6厘米，厚5.5厘米。

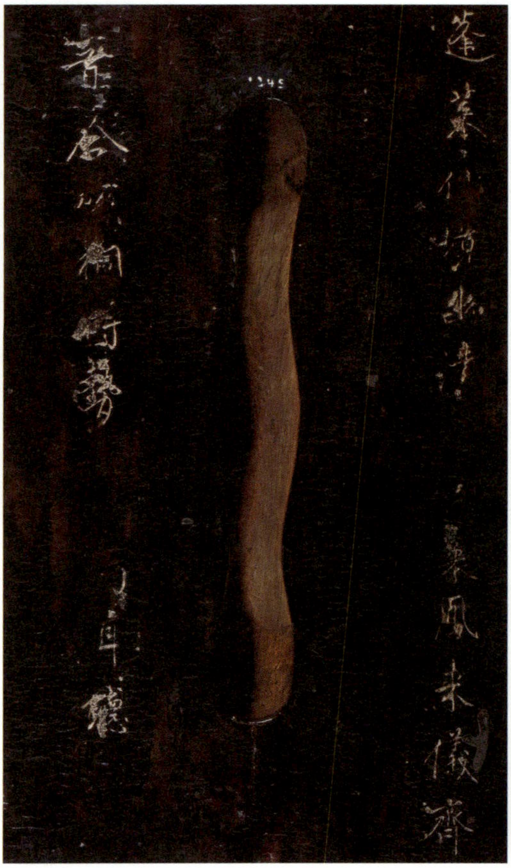
龍池題款

琴名

印章

背面

正面

一三六

秋聲琴 凌其陣舊藏

秋聲琴，連珠式。桐木製，面圓肩窄，肩在二徽處。黑漆，鹿角灰胎，細密不規則蛇腹斷，呈劍鋒狀突起。圓形龍池與鳳沼，池內納音微隆，琴背池上刻行書『秋聲』兩字，內填石青。原由現代琴家凌其陣藏，現歸其女凌瑞蘭珍藏。通長119厘米，隱間112厘米，肩寬18.2厘米，尾寬12.8厘米，厚4.5厘米。

背面

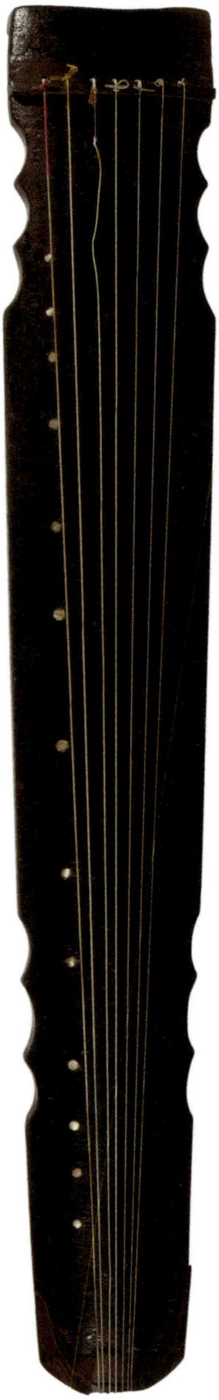

正面

琴名

斷紋

一三七

龍吟琴 李榮光藏

龍吟琴，連珠式。桐面梓底，深栗殼色漆，蛇腹斷紋。背面刻行書『龍吟』二字。龍池圓形，鳳沼矩形。音質鬆潤清越。原爲王世襄先生所藏，一九七五年後由李榮光珍藏。通長126厘米，隱間116厘米，肩寬19.2厘米，尾寬13.5厘米，厚5厘米。

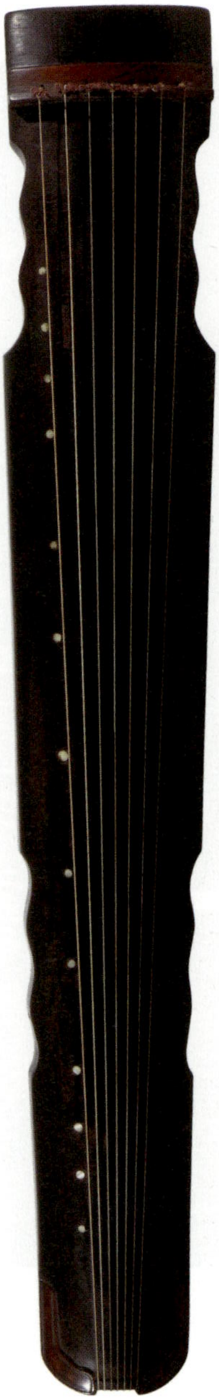

正面

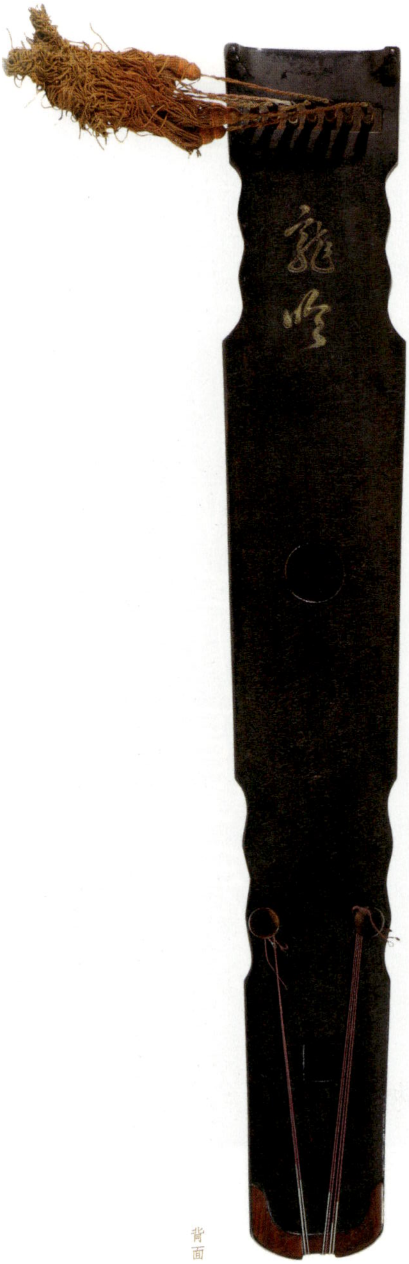

背面

一三八

朗玉琴 蘇木藏

朗玉琴，連珠式。琴體扁平，面桐木製。未施漆胎，僅髹黑漆數遍。小蛇腹斷兼流水斷。圓形龍池與鳳沼。琴背項下刻『朗玉』兩字，下刻圓印『一生知己是絲桐』。雁足下方刻方印『飼鞠通室』。龍池下刻篆書『連珠之形，戛玉之音。珠況其圓，玉方其清。君子以之養疾而平心』，及隸書『范氏師竹得此琴於越市，持以見貽，爰銘而誌之。光緒四年九月袁江嚼菘居士屬，白嶽山民書』。下刻『嚴氏永寶』。腹内納音兩側有墨書隱約可辨。左側『泰定五年』；右側『劍沙楊起昇』。按范氏師竹，見於清末《枯木禪琴譜》。譜前葉德輝序稱『學琴于和州嚴仿石先生』，並與同邑范氏師竹『花晨月夕，唱和西泠，令人有飄然遠引之想』。故此琴『嚴氏永寶』之嚴氏，或即葉氏之師嚴仿石。全部銘文或係嚴氏得琴後所刻。通長122.2厘米，隱間112厘米，肩寬21厘米，尾寬14.5厘米，厚4.9厘米。

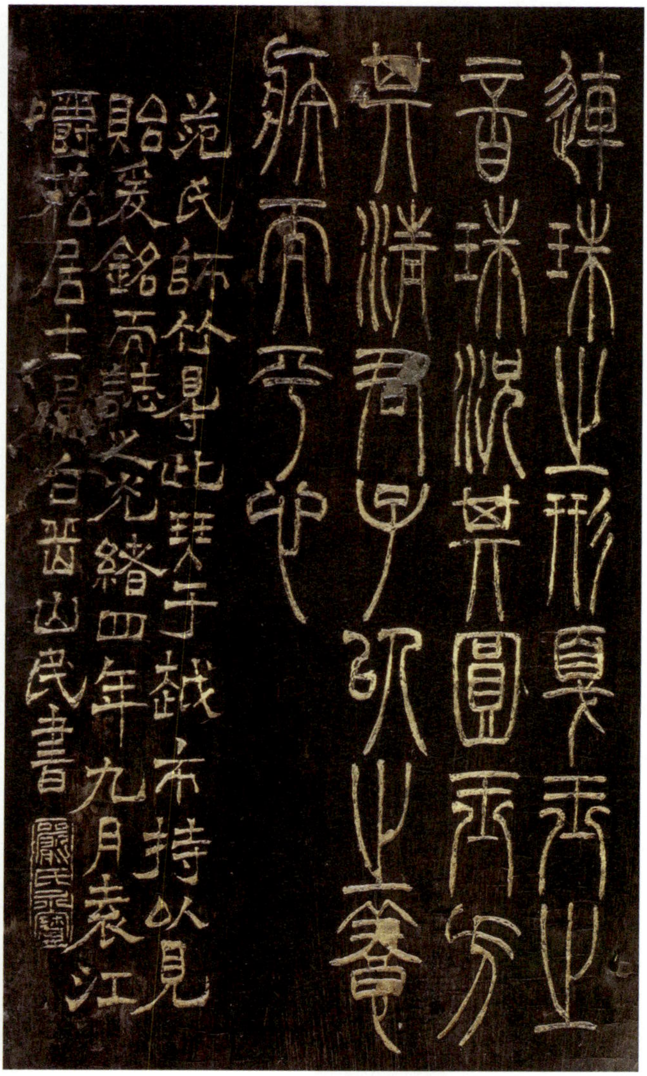

題款

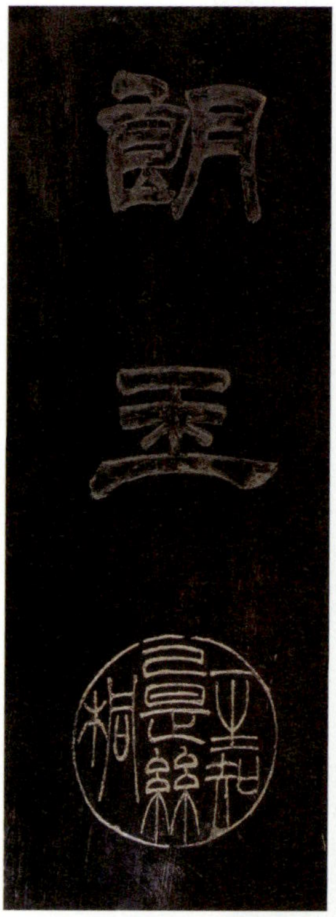

琴名

印章

背面

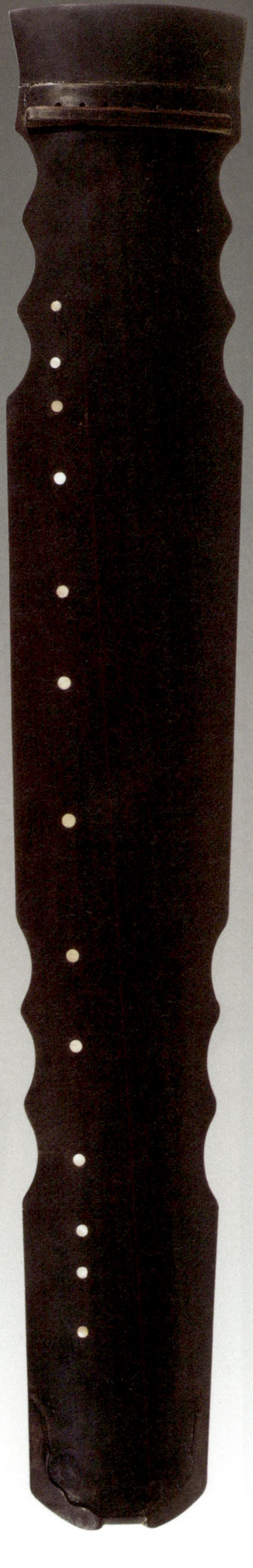

正面

側面

額

尾

一三九

連珠琴

南京博物院藏

連珠琴，連珠式。黑漆，小蛇腹斷，蚌徽。龍池、鳳沼均爲圓形。琴背項間刻行書『連珠』兩字，其下刻行書題款『大業壬申李疑作』，疑爲僞刻。通長122厘米，隱間115厘米，肩寬21.5厘米，尾寬14.2厘米，厚4.6厘米。

正面

背面

一四〇

飛瀑連珠琴 顧澤長藏

飛瀑連珠琴，連珠式，明代。桐面梓底，漆底朱紅，現已呈黑色。蛇腹兼小流水、牛毛、梅花斷紋。池內納音正中陰刻『皇明宗室雲庵道人親造中和琴』字樣。背板正中有銘文：『康熙又壬寅年，余遇此琴於塵垢中。扣之，其聲鏗然，知爲臞仙所製，乃一良材，不禁慨然。竟以輕價得歸。重爲修理。一彈再鼓之餘，恍如知己談心，亦生平一快事也。襄平李拙庵識。』另有一段銘文和四言詩。銘文：『此琴爲臞仙所製，署名中和，考譜：臞仙，有明宗室甯王也。舊爲襄平李氏所藏。斷紋犁然，扣之其聲清越，因購得之。重加斧藻，蓋如獲希世之寶云。同治第一甲子長沙壽田陸長森識。』詩云：『製琴臞仙，藏之李髯。名公巨手，斯愛斯傳。有明迄今，既五百年。而我得之，能無夙緣。一彈再鼓，其聲泠然。日中日和，永矢勿諼。壽田氏銘於蓉城。』可知此琴爲明甯獻王朱權（一三七八—一四四八）所製，曾由襄平李拙、長沙壽田陸長森收藏，後由顧氏珍藏至今。此琴音質純净優美，錚鏦悅耳，實爲佳品。通長118厘米，隱間108.7厘米，肩寬19.9厘米，尾寬14厘米，厚4.4厘米。

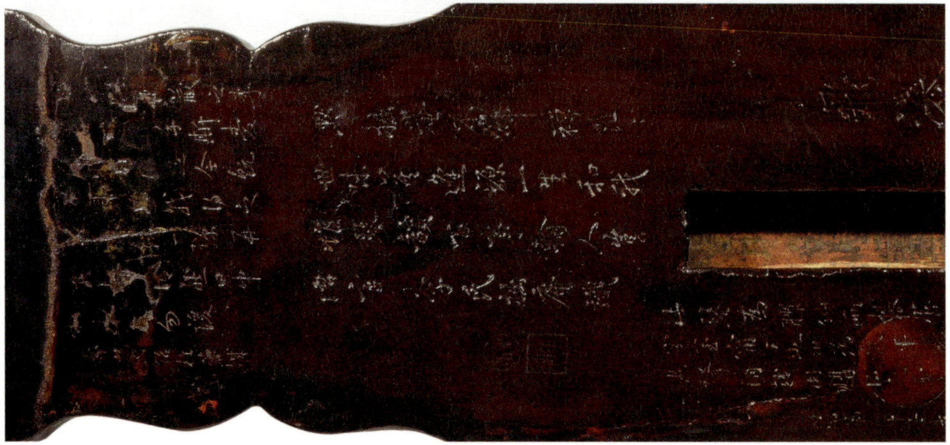

題款

背面

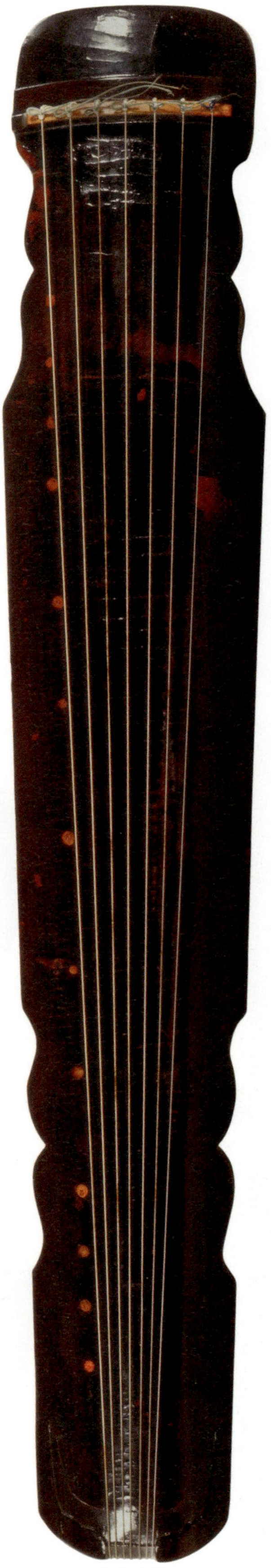

正面

一四一

宗器琴 中國藝術研究院藏

宗器琴，連珠式，明代。桐木製，黑漆，小蛇腹斷，龍池、鳳沼均爲圓形，納音呈乳狀隆起。龍池上方刻篆書『宗器』兩字，池下刻隸書銘文十六字：『聲兮非桐，響兮非絲。天籟人籟，妙合歸弌。』落款爲『守拙子銘』四字。琴腹內寫有『崇禎四年冬造』七字。此琴原爲山東琴家詹澄秋珍藏。通長127.2厘米，隱間118.5厘米，肩寬19.8厘米，尾寬15.4厘米，厚4.8厘米。

額

尾

側面

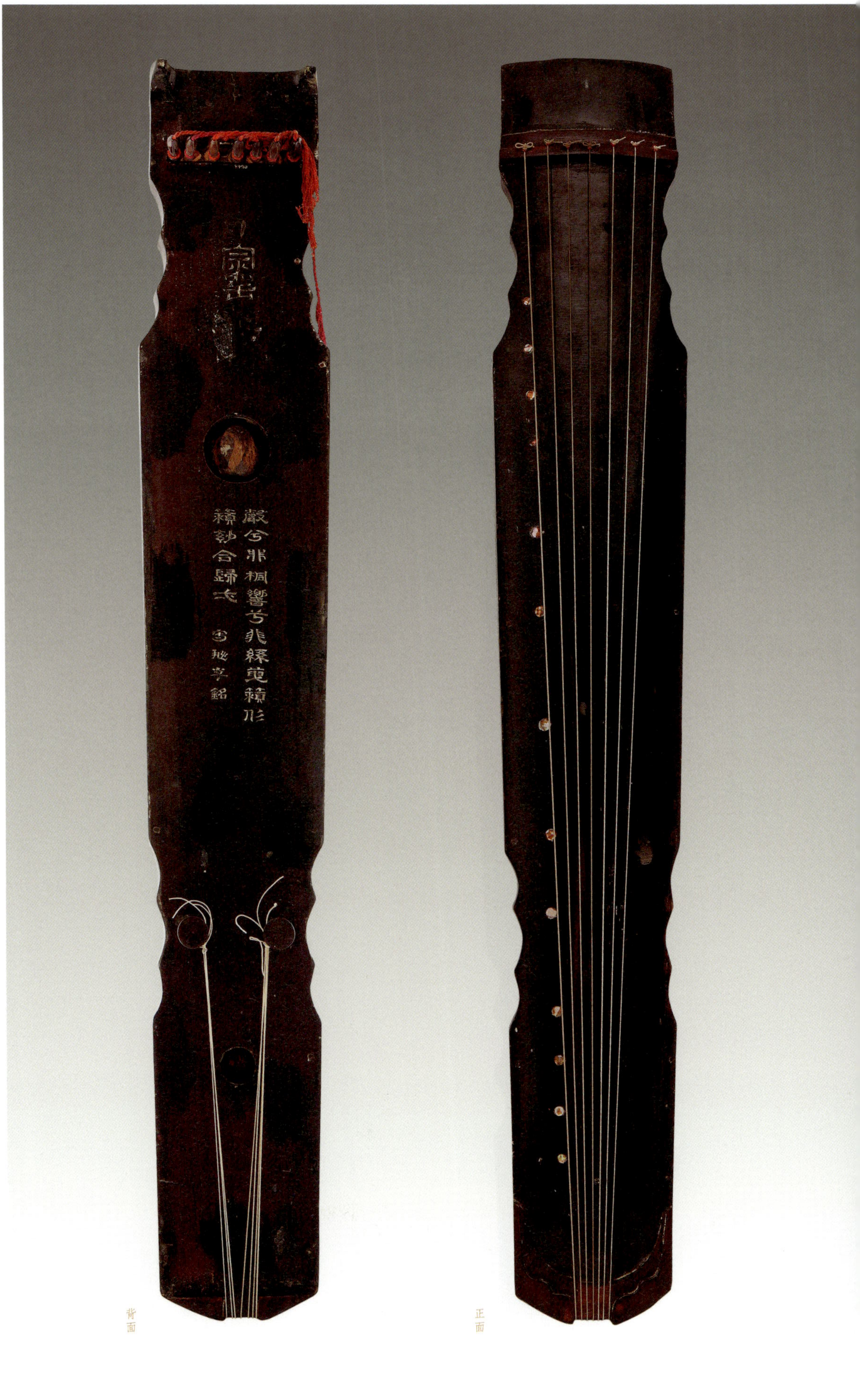

背面

正面

一四二

無名琴 夏蓮居舊藏

無名琴，連珠式。栗殼色漆。漆色古雅。通體蛇腹斷。圓形龍池與鳳沼。琴背槽腹無銘刻。琴音恬靜儒雅。通長121.5厘米，隱間113.5厘米，肩寬20.3厘米，尾寬15厘米，厚4.6厘米。

正面

背面

一四三

衡陽王琴 戴曉蓮藏

衡陽王琴，連珠式。鹿角灰胎，栗殼色漆。小牛毛斷兼流水斷紋。金徽。龍池、鳳沼皆爲圓形，漆外沿刻有花形圖案。雁足骨質。龍池上方刻一圓形陰陽太極圖。下方刻篆書『欽賜遵教堂章』六字寬邊方印。龍池、鳳沼之間有『衡陽王押』四字，其兩側分别刻『古調由宣天地德，遺音遠契聖賢心』十四字。音質古樸、蒼老。曾經多次整修，有黑色漆多次。通長123厘米，隱間112.6厘米，肩寬20.5厘米，尾寬14.8厘米，厚3.5厘米。

印章

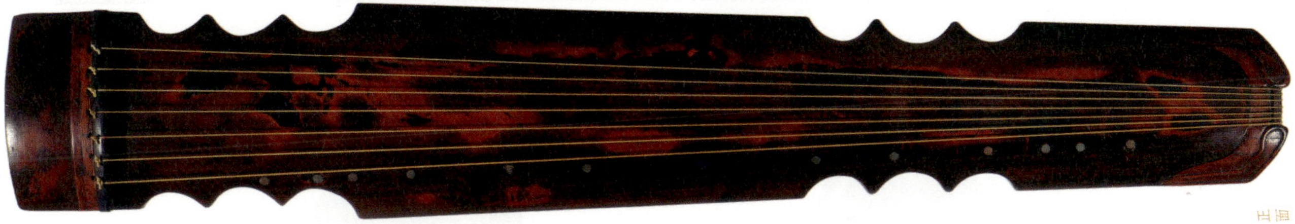

正面

背面

一四四

南薰琴 中國藝術研究院藏

南薰琴，連珠式。面桐底梓。黑漆，琴面蛇腹斷，背面無斷。圓形龍池，池内圓形納音凸出。長方形鳳沼。琴面額間刻『響泉』兩字，中間鑲嵌一龍形立體銅飾。琴尾冠角有左右對稱的龍形圖案。背面項間刻琴名『南薰』。圍繞圓形龍池四週有一圈銘文『弌聲已動物皆静，四坐无言星欲稀。永建元年四月作。』下倒刻『蒼龍嘯月』大方印。池沼間倒刻『先君觀文公遺物，敬獻中國音樂研究所保存。後人鄭玉蓀，一九五九年十月一日』銘文。通長124厘米，隱間114厘米，肩寬19厘米，尾寬14厘米，厚4厘米。

琴名 印章

額

尾

正面

背面

中國古琴珍萃

師曠式

晉師曠作於中爲

月形圖寫山水

一四五

寶襲琴 山東省博物館藏

寶襲琴，師曠式，又名月琴式。琴體修美，琴面與邊棱略帶圓勢。鹿角灰胎，栗殼色底漆。外髹黑漆，小蛇腹斷兼流水斷。圓形龍池，長圓形鳳沼。琴背池上刻『寶襲』兩字，池下有一寬邊大方印，內刻篆書『御書之寶』四字，字體清秀，與元南風琴相同。印章字體明顯有異。池內納音微凸，納音兩側未見題款。鄭珉中先生定爲唐琴。通長122.2厘米，隱間114.5厘米，肩寬25厘米，尾寬16.5厘米，厚3.2厘米。

琴名

印章

背面

正面

斷紋

側面

太古遺音琴 中央音樂學院藏

太古遺音琴，師曠式。原黑漆，大流水斷紋，桐木製。背面龍池爲圓形。鳳沼爲長圓形，龍池上方刻行書『太古遺音』四字，下方刻篆書『清和』印，其左側刻『吴景略重修甲子中秋』九字。池内腹款爲『貞觀五年伯施氏仿古製』十字。此琴原爲琴家詹澄秋收藏，現在表面朱漆係吴景略教授重修時所改。後由中央音樂學院珍藏。鄭珉中先生定爲唐琴。通長122厘米，隱間112.6厘米，肩寬22.5厘米，尾寬15.4厘米，厚3.3厘米。

正面

背面

琴名

尾

額

一四七 一泓月琴 中國藝術研究院藏

一泓月琴，師曠式。琴體較薄，木質鬆黃。鹿角灰胎，内雜大片砵砂。朱漆，蛇腹斷。圓形龍池，橢圓形鳳沼。琴背項間刻『一泓月』三字。尾托略殘。通長123厘米，隱間114厘米，肩寬19厘米，尾寬14.5厘米，厚3.5厘米。

側面

正面

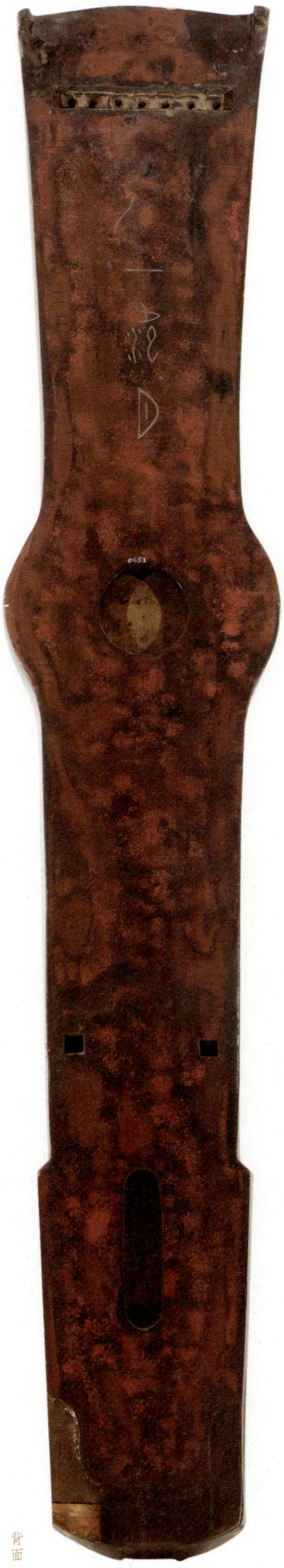

背面

中國古琴珍萃

靈機式

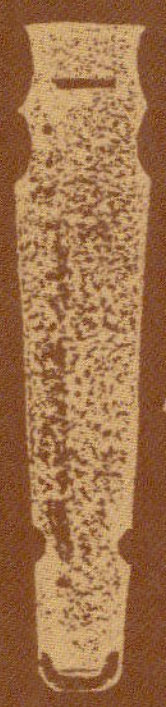

靈機

漢梁鸞作於兩頰旁各生二寸履許

作峻形有文聲等彈則群鳥皆集排

平陵箏曲。

一四八

獨幽琴 湖南省博物館藏

獨幽琴，靈機式，唐代。紫紅色漆，琴面漆層黑紅相間。琴面梅花與蛇腹紋交織，底板牛毛斷。桐木斲。背面龍池上方刻『獨幽』二字，龍池內有『太和丁未』四字（即唐文宗太和元年，八二七）。背面鳳沼之上有『玉振』印章。琴尾題刻係後人所爲：『一聲長嘯四山青，獨坐幽篁萬籟沉。法物船山留手澤，況兼玉振太和琴。右詩九癸師題，本船山琴也。太和乃唐文宗年號，《湘綺樓日記》以爲「雷霄斲」、「玉振」與武英殿長安元年琴印同，蓋鮮于伯機印。李静注。』此琴於明末清初爲王船山所用，民國時由湖南琴家李静（伯仁）珍藏，二十世紀五十年代初歸湖南省文管會，一九五四年後由湖南省博物館收藏。通長120.5厘米，隱間111.7厘米，肩寬20厘米，尾寬14厘米，厚4.4厘米。

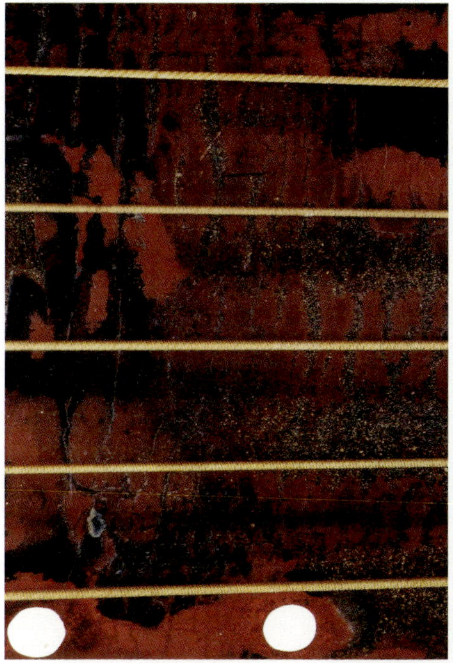

斷紋

題款

琴名

印章

背面

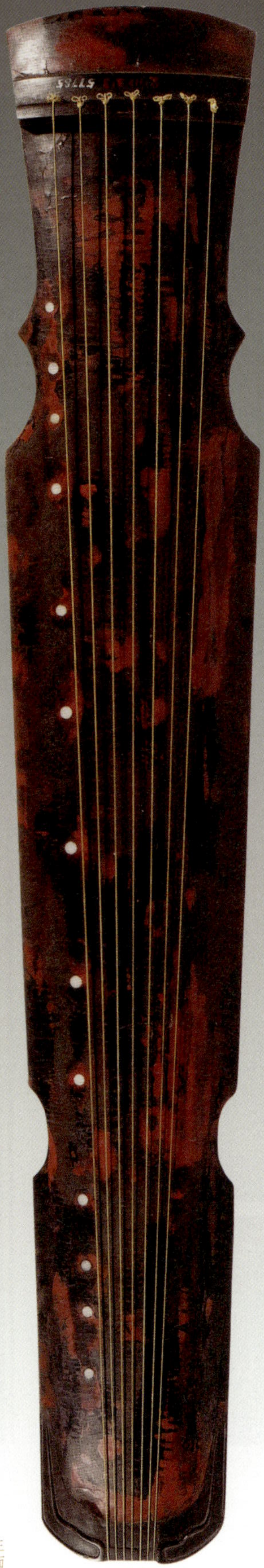

正面

一四九

石澗敲冰琴

四川省博物館藏

石澗敲冰琴，靈機式。紫褐色漆，小蛇腹斷，背面有少許梅花斷，額部有大塊冰裂紋。螺鈿徽。琴面岳山、承露、龍齦、冠角係紫檀木雕刻鑲嵌而成。龍池、鳳沼均爲長方形。雁足棗木製，呈柱礎形。軫牛角製，背面龍池上方陰刻行草『石澗敲冰』四字，喻其有金石聲。龍池下方陰刻篆書『玉泉』二字大印一方。此琴音質鬆透、純正、圓潤。疑原爲元代中書令耶律楚材收藏。耶律酷愛古琴，曾在北京西郊玉泉山別墅居住過，故銘刻『玉泉』大印一方。一九五一年，四川省博物館從藍敬禮先生處購得。此琴局部有漆皮剥落，用紫色漆修補過多處。通長122.7厘米，隱間113.5厘米，肩寬17.5厘米，尾寬15厘米，厚5.8厘米。

琴名

印章

斷紋

正面

背面

一五〇

無名琴 山西省博物館藏

無名琴，靈機式。鹿角灰胎，內雜大量銀色顆粒。外髹黑漆，蛇腹斷。桐木斲，金徽玉軫。背面龍池，鳳沼呈長方形。腹內未見題款。該館定爲明弘治間物。通長130厘米，隱間120厘米，肩寬22厘米，尾寬14.5厘米，厚6.5厘米。

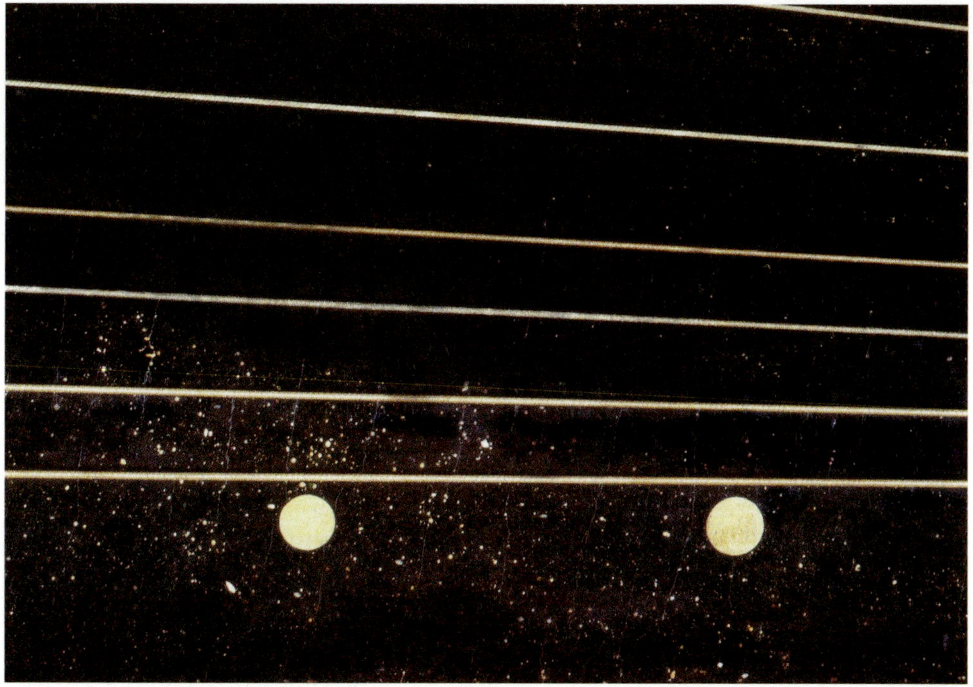

斷紋

背面

正面

中國古琴珍萃

亞額式

亞額

趙邠言作於兩額間爲亞額

出三寸有大聲三絃備律呂

亞額謂作額如亞字樣也

一五一

無名琴 旅順博物館藏

無名琴，亞額式。鹿角灰胎，黑栗殼色漆。蛇腹斷兼細密流水斷。橢圓形龍池與鳳沼。琴背無任何題刻，池內納音凸起，納音兩側刻行書兩行『閩温陵寶覺山海印寺，宋淳熙間建。此材即其懸鐘梁，鏤口於石上曰天風海濤，樂江以口。口口口口，由鳳沼音水龍皮許口帥製』。通長128.6厘米，肩寬21.3厘米，尾寬14厘米，重3360克。

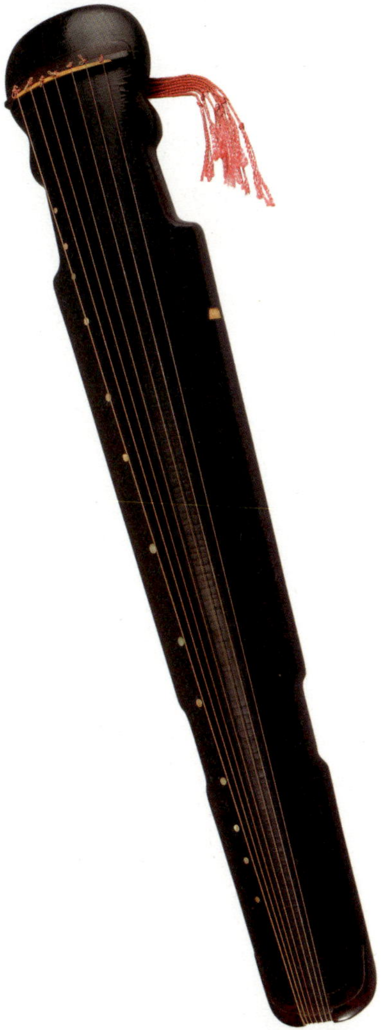

背面

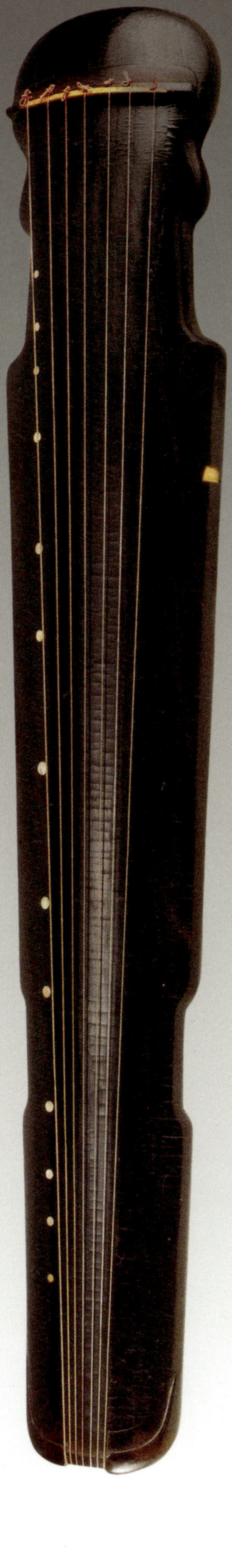

正面

中國古琴珍萃

落霞式

落霞

一五二

管平湖清英琴 王迪舊藏

清英琴，落霞式。鹿角灰胎，朱漆間黑漆。蛇腹斷兼牛毛斷。岳山、龍齦、齦托、軫足均玉製。長方形龍池與鳳沼。琴背項間刻琴名『清英』，下刻圓章『平湖珍秘』。池右刻悟澄長篇識文：『張節，字恭庵，唐咸亨時人。工詩能文，尤善製琴。別號「鴛湖外史」，琴學深邃。此琴尤完美盡善。元朱遠撰製《琴名人録》載之特詳。茲並識之。癸未嘉平月，武夷百又十六老衲悟澄觀於平湖書齋。』下有一葫蘆印，内有『悟澄』兩字。池左刻陳陽銘：『音同金石，鳴徹九霄。製在唐前，絲桐至寶。武夷陳陽拜觀並銘。』下有『陳陽』小方印。池下刻管氏自識：『余老友王君松泉，琴學淵博，與濟南秦鶴鳴羽士友善。於民國十八年，攜此琴來平，見余所藏唐琴「鳴鳳」，赞不絕口。余亦愛此琴音，相議互换此琴。王君原以五百金，得自京門湯禄名之後裔。龍池内署「大唐咸亨二年鴛湖外史製」。疑是否爲二十四齋所藏，以無署款，不敢臆定。然發音清亮，知非凡品。爱重加整飾，音更雄厚，爲余所藏諸琴冠。民國十八年仲夏，古吴平湖管平識。』下有『管平』、『吉廠』兩小方印。另在該琴琴背頭部左側，還刻有管氏給其弟子王迪所寫的贈琴題款『王迪賢契存念，一九五六年十月，管平湖贈』。下有『吉廠』小方印。王迪得琴後，在沼下刻有『王迪』陰文方印。該琴音質清亮雄厚，爲管氏藏琴之冠。管氏『流水』等曲，均爲此琴所奏。藏者自定爲唐琴。通長125厘米，隱間116.5厘米，肩寬19厘米，尾寬13厘米，厚4.5厘米。

玉飾

側面

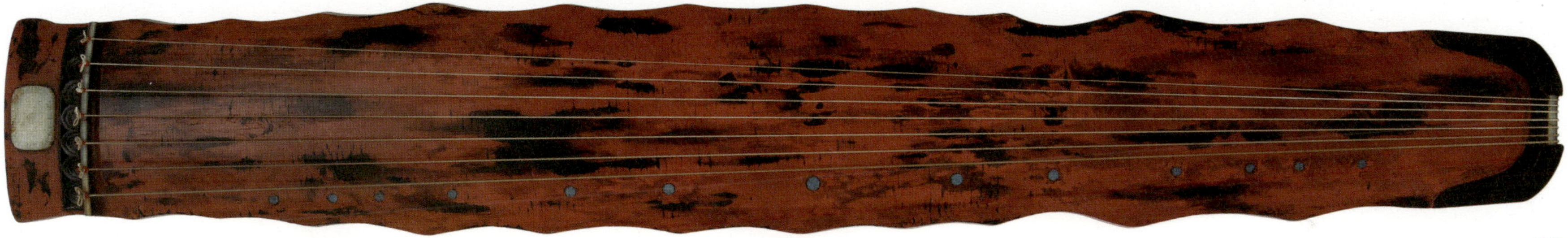

正面

背面

琴名題款

印章

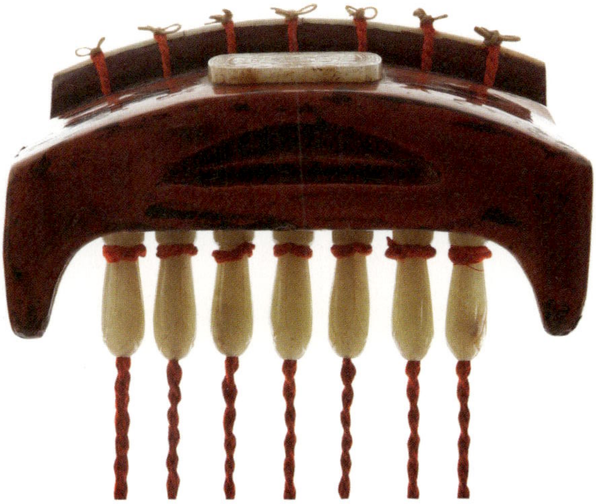
額

尾

題款

一五三

鏊雷琴

蘇木藏

鏊雷琴，落霞式。琴體寬而扁，原黑漆，修復時髹以朱漆。桐木製，蛇腹斷間以牛毛斷。橢圓形龍池與鳳沼。琴背龍池之上刻篆書琴名『鏊雷』二字，下有行書題識：『維兹良材，龍門嶧陽，粵言九德，勻遒清芳。雷鳴殷殷，鸞聲鏘鏘，君子之風，山高水長。』落款不清。其下刻商輅題款：『成化二年三月初一日，欽賜欽遵太子太保。吏部尚書臣商輅敷。』按商輅，《明史》有傳，稱『成化三年二月召至京，命以故官入閣』，與題款年代不合。原爲吳景略先生所藏，後贈蘇木。現藏者認爲細審其銘刻，字迹似在斷紋前，故其鐫刻亦舊，或係商氏及其後人所爲。從其琴體特徵觀察，似爲明早期製品。通長123.5厘米，隱間114.5厘米，肩寬21厘米，尾寬13.5厘米，厚6.3厘米。

題款

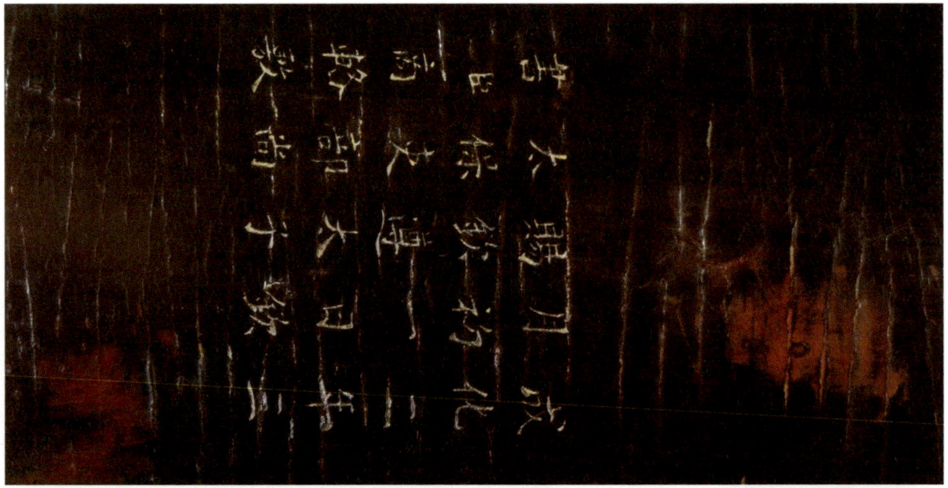

琴名 題款

題款

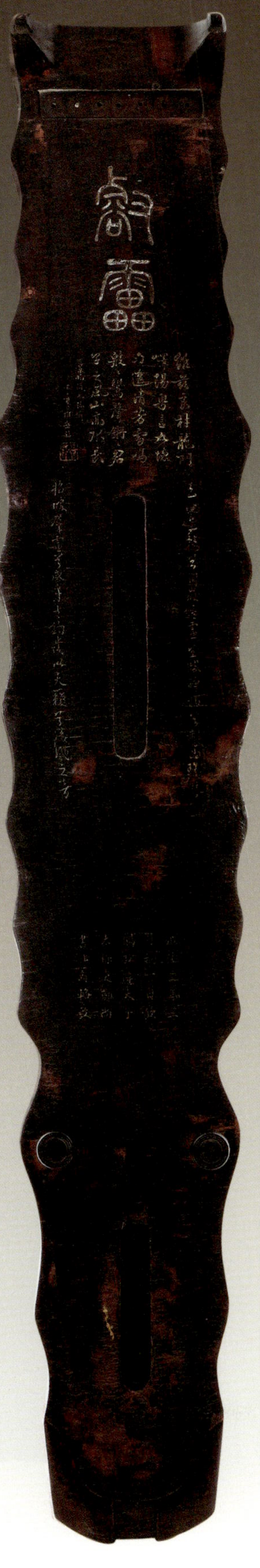
背面

正面

一五四

嘯月琴 上海博物館藏

嘯月琴，落霞式。琴面杉木製。漆色黑中帶紅。琴背龍池下有兩方印。一爲『嶺南友琴齋珍藏』；一爲『何氏仲子玉銘重修』。腹内無款。通長123厘米，隱間114厘米，肩寬19厘米，尾寬12厘米，厚4.8厘米。

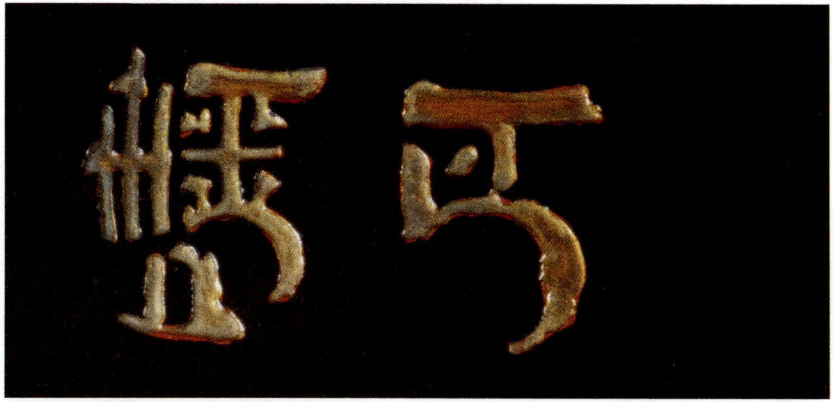

琴名

印章

背面

正面

一五五

天風海濤琴

趙濤藏

天風海濤琴，落霞式。琴體寬而扁，鹿角灰胎。栗殼色漆，外罩黑漆。通體小蛇腹兼牛毛斷。橢圓形龍池與鳳沼。琴背項間刻琴名『天風海濤』，池下有九字大方印『李□□珍藏子孫永寶』。通長121厘米，隱間113.5厘米，肩寬19厘米，尾寬13.3厘米，厚4厘米。

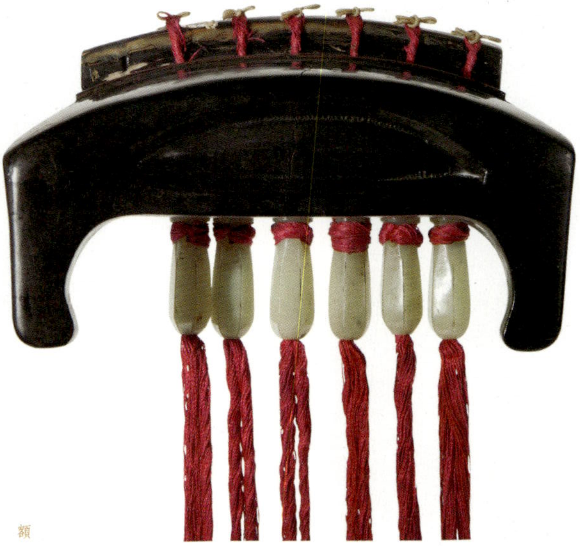

額

尾

背面

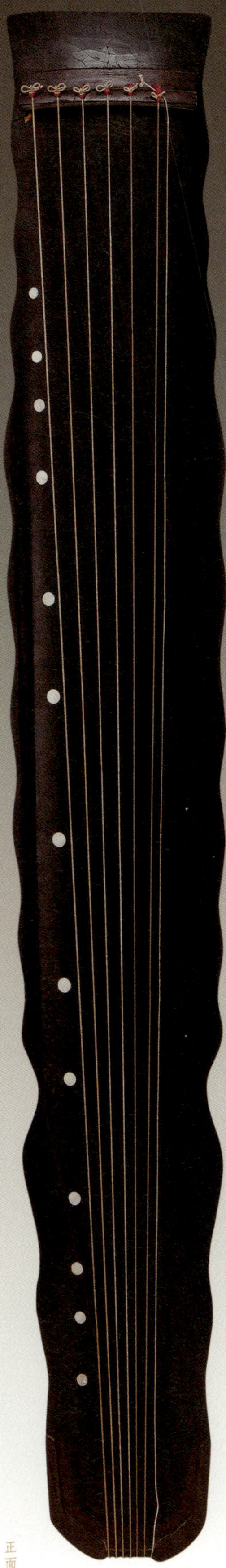

正面

中國古琴珍萃

蕉葉式

一五六

蕉葉琴

中國藝術研究院藏

蕉葉琴，蕉葉式。桐木製。琴面弧度較大。琴首無護軫，而以高3厘米的葉柄相代。琴首及琴面中央有一長條形潛溝，琴底中央有一相應的凸棱，乃仿蕉葉之莖。琴首右刻楷書『冰絲碧』，左刻『紫玉鳴』。左右各有一方印。琴身兩側邊緣略有起伏，形似蕉葉之邊。造型玲瓏精巧，別有情趣。琴體灰胎之下裏有麻布，原髹黃栗殼色漆，修補時面底改髹朱漆，唯琴頭尚留原漆。通體呈小蛇腹斷紋。琴面鑲嵌玉徽。龍池、鳳沼均爲扁圓形。此琴曾由著名琴家鄭穎孫珍藏。發音清雅，圓潤鬆透。通長123.5厘米，隱間113厘米，肩寬18.5厘米，尾寬14厘米，厚5厘米。

額

尾

琴首題款 印章

側面

正面

背面

一五七

祝公望琴 裴金寶藏

祝公望琴，蕉葉式。面桐底梓，造型精巧。鹿角灰胎，下裹青花夏布。黑漆，面小流水斷兼蛇腹斷，底大蛇腹斷。連弧形龍池，鳳沼。池內納音兩側刻款：右爲『大明嘉靖丁未秋，新安畢古石鑒』；左爲『龍游海鶴道人祝公望製』。從納音面板顯露的多個六邊形拼接桐木方塊，知該琴或係假『百衲琴』。琴音古雅透潤。通長119.5厘米，隱間109.6厘米，肩寬20.6厘米，尾寬13.4厘米，厚5.4厘米。

額

尾

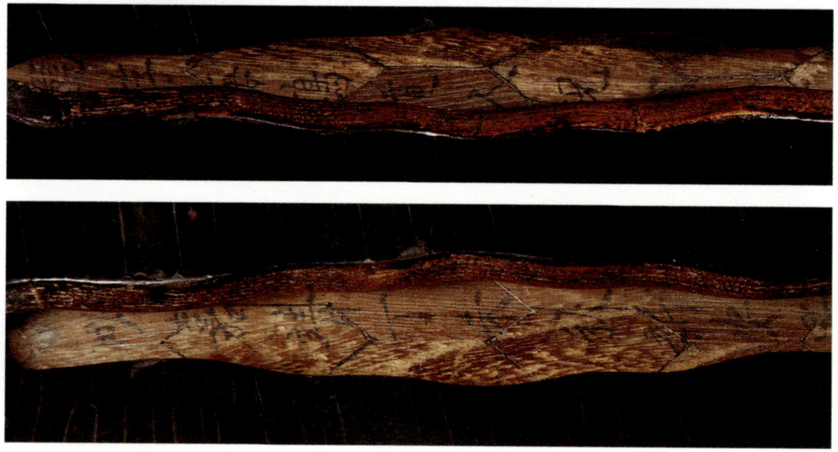

龍池腹款

側面

正面

背面

一五八

蕉林聽雨琴 故宮博物院藏

蕉林聽雨琴，蕉葉式，明萬曆斲。桐木製，木質鬆黃，造型精巧秀美。鹿角灰胎，黑漆，蛇腹斷。連弧形龍池與鳳沼。琴背龍池上方刻篆書琴名『蕉林聽雨』四字。池內刻『萬曆丙辰』。池右刻楷書：『庭松踈朗，風和月明，澄神静志，豁然成聲。成親王。』下有『成親王』篆書小印。池左楷書：『沉以神識，發於性靈，天和之感，微音動聽。丁丑春，詒晉齋又題。』下有『皇十一子』小印。池下行書：『乾坤其氣，金玉其聲；道德其人，中和其行。』款署『光緒二年新秋』，『左宗棠書』。下有『青宫太保』篆書方印。按成親王愛新覺羅·永瑆，乾隆第十一子，別號詒晉齋主人。丁丑乃嘉慶二十二年（一八一七）。左宗棠係晚清名臣，光緒二年即一八七六年。通長124.5厘米，隱間113.8厘米，肩寬19.2厘米，尾寬14.4厘米，厚5.1厘米。

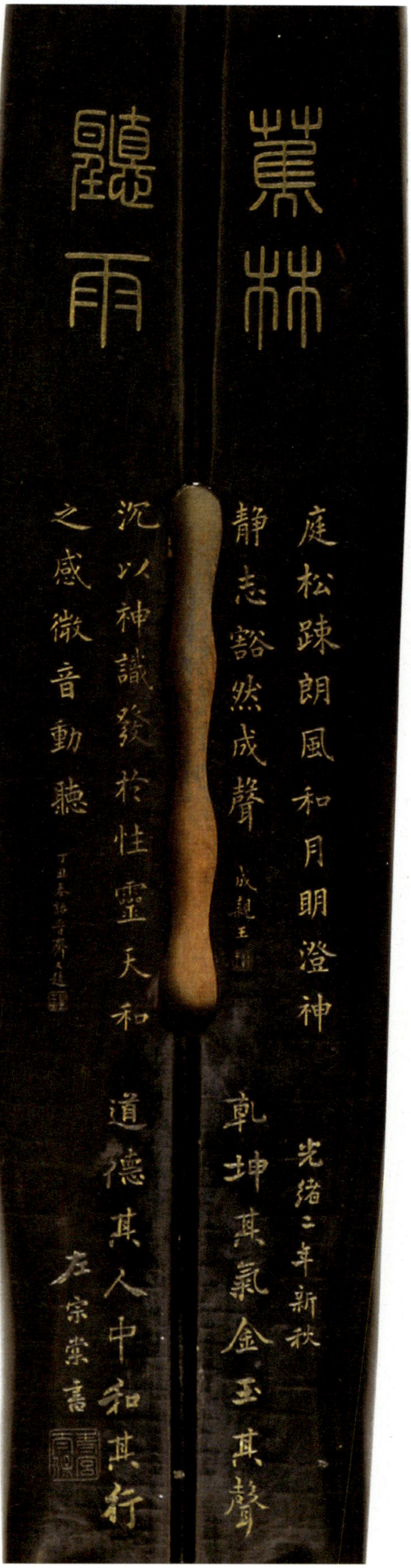

琴名題款

蕉林
聽雨
庭松疎朗風和月明澄神
静志豁然成聲
沉以神識發於性靈天和
之感徹音動聽
光緒二年新秋
乾坤其氣金玉其聲
道德其人中和其行
左宗棠書

背面

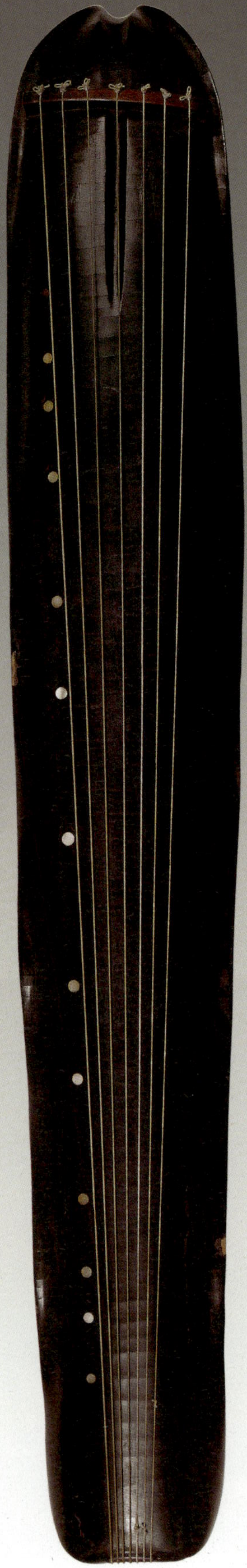

正面

一五九

硯雪琴 山東省博物館藏

硯雪琴，蕉葉式，明代。鹿角灰胎，黑漆，蛇腹斷，琴背龍池之上刻篆書『硯雪』兩字，池内納音兩側刻『大明崇禎古吴張順修作，荊□□藏』。通長119厘米，隱間101.3厘米，肩寬18.6厘米，尾寬13厘米，厚3厘米。

額

琴名

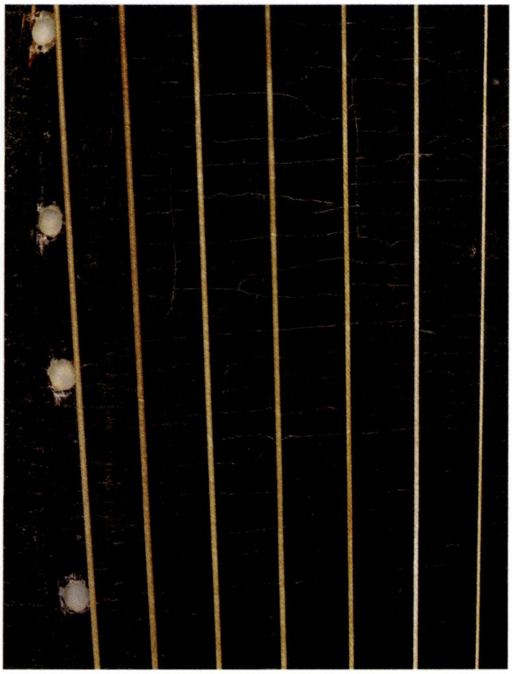

斷紋

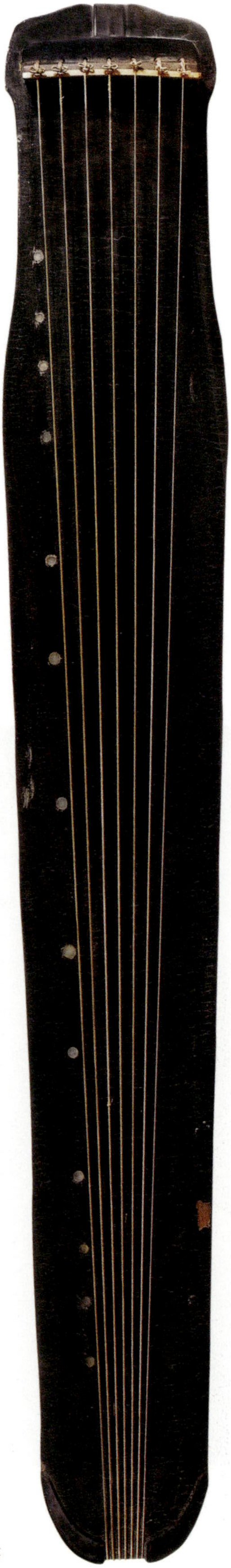

正面

背面

一六〇

滄海龍吟琴

張子謙舊藏

滄海龍吟琴，蕉葉式，明代。梧桐木面，鹿角灰胎，玉軫蚌徽，紫檀六角刻花紋雁足。通體呈極優美蕉葉形狀，起伏有緻。琴頭部位不似普通蕉葉式爲一柄狀護軫以模仿葉子的根部，而是两个護軫，呈明式官帽狀。通體現小蛇腹斷紋。橢圓形池沼，髹黑漆，偶露朱漆修補痕。声音鬆透，韻長。琴背有篆书『滄海龍吟』四字，現已漫漶不清。琴腹内左側刻楷書『龍丘祝公望斲』，填朱色。二十世紀三十年代，廣陵琴家張子謙先生（一八九九—一九九一）因藏有此琴及另外一張蕉葉琴（现不知所踪，或稱曾現身於中國台灣），遂顏其室曰『双蕉琴館』，以此蜚聲滬上。琴長123厘米，隱间112厘米，肩寬18厘米，尾寬13.5厘米，厚4.2厘米。

額

尾

龍池腹款

琴名

正面

背面

中國古琴珍萃

鶴鳴秋月式

一六一

鶴鳴秋月琴　湖南省博物館藏

鶴鳴秋月琴，鶴鳴秋月式。棗紅色漆，夾有片片黑色。琴體呈鱗紋斷。琴背龍池、鳳沼爲長方形。池上刻琴名『鶴鳴秋月』四字，其下有一印，内刻篆體『世寶』二字；鳳沼上方有一印『三唐琴榭』；鳳沼下方有一印『楚園藏琴』。音質上乘。原由湖南琴家李伯仁先生收藏，一九五四年後，由湖南省博物館收藏。該館定爲明代製品。通長122厘米，隱間115.2厘米，肩寬22厘米，尾寬15厘米，厚4.5厘米。

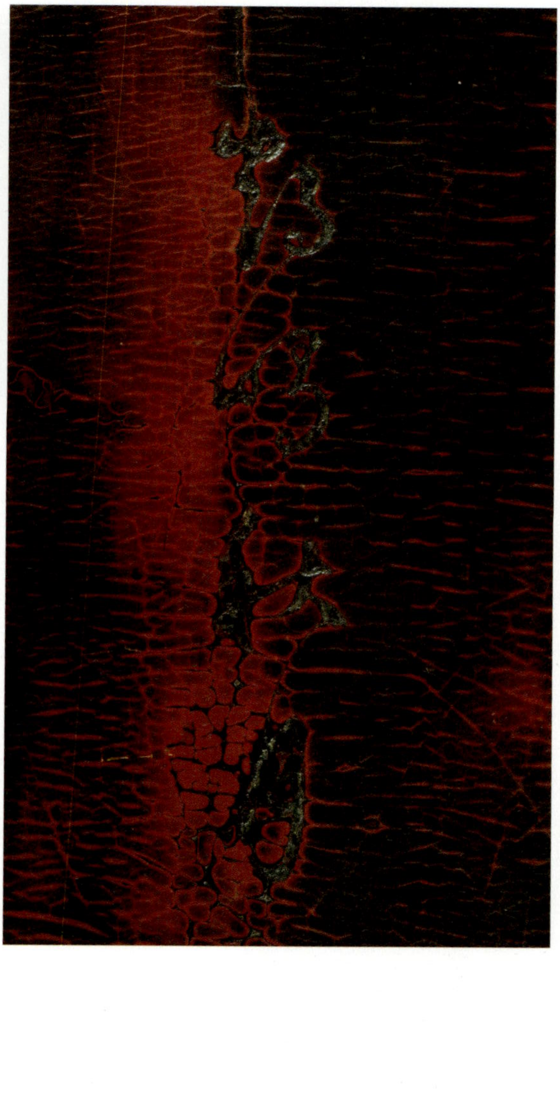

琴名

印章

正面

背面

中國古琴珍萃

中和式

一六二

中和琴 謝導秀藏

中和琴，中和式。黑色漆，小蛇腹斷紋。蚌徽，面板杉木斲，色黄質鬆，底板桐木製。背面龍池、鳳沼均爲圓形。其邊沿鑲桐木繞一周。龍池上方刻篆書『中和』二字，琴名下刻四言古詩一首：『蓄素守中，眠琴緑陰。持之匪強，遇之匪深。妙造自然，如見道心。薄言情悟，良殫美襟。』下署『秋水道人題』。龍池下方刻印章『桐齋藏』、『春草池館珍藏』。琴音鬆透。原爲招學庵先生珍藏，現歸謝導秀先生收藏。有專家定爲明早期琴。通長125厘米，隱間117厘米，肩寬22厘米，尾寬16厘米，厚4厘米。

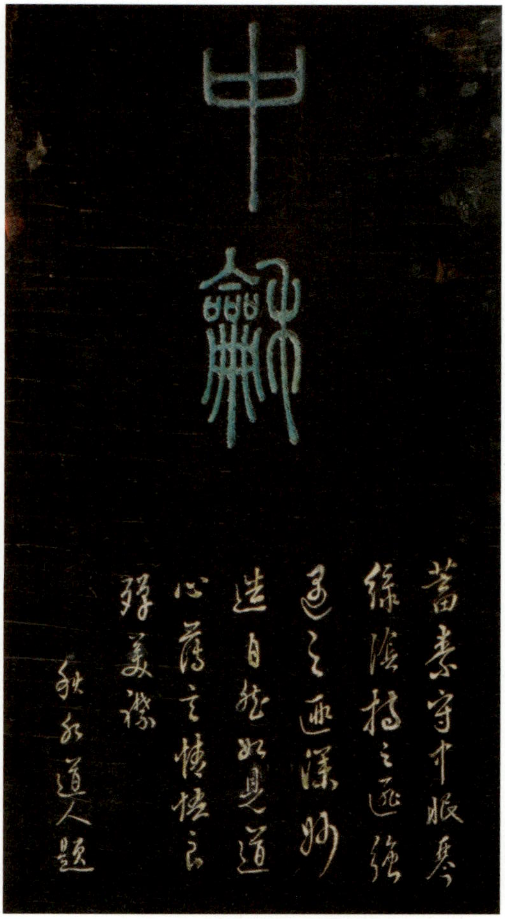

琴名題款

印章

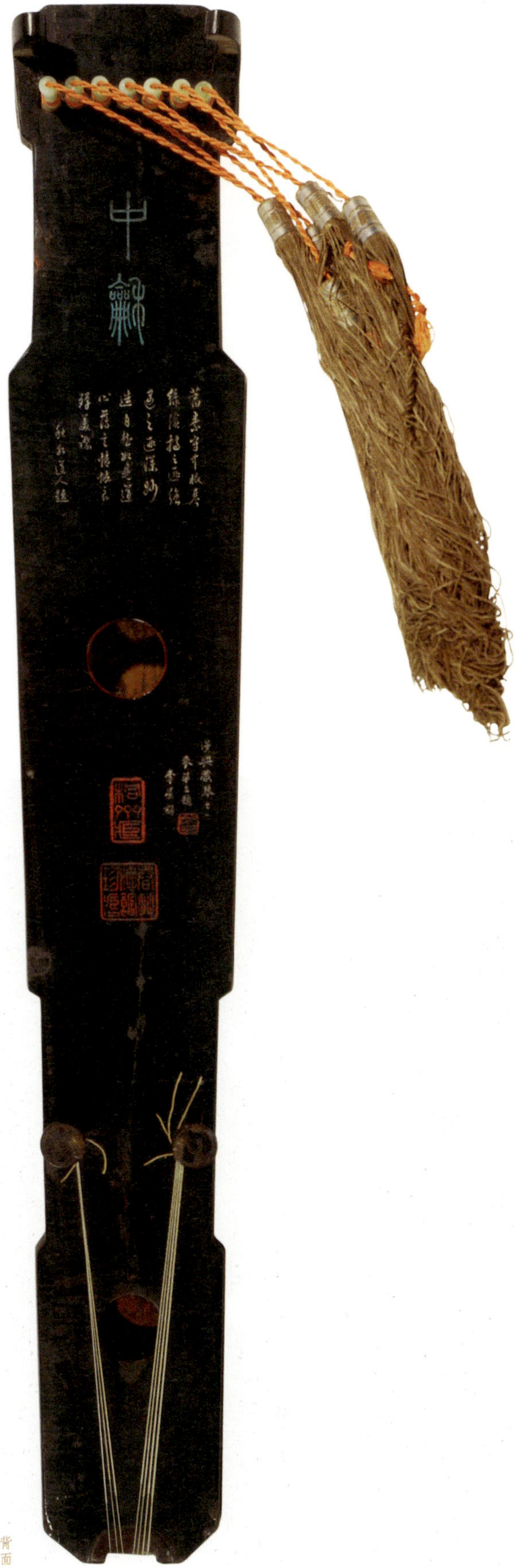

背面

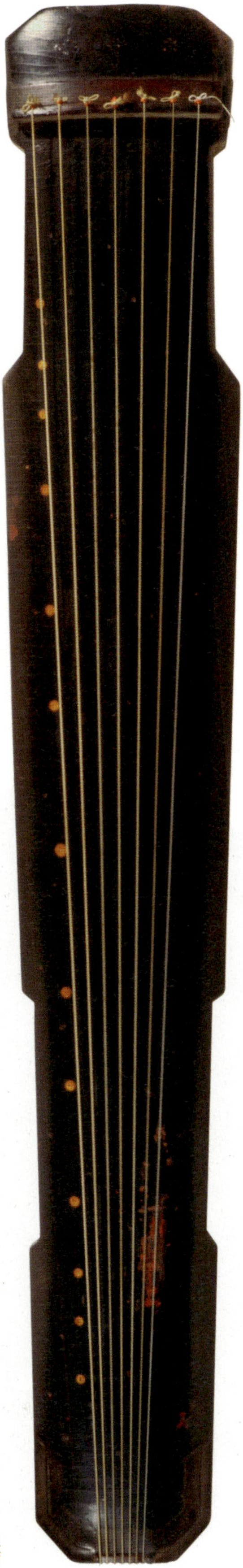
正面

一六三

中和琴

遼寧省博物館藏

中和琴，中和式。八寶灰胎，表面髹褐黑兩漆。蛇腹斷帶細密流水斷，額間與琴面鑲嵌有紅藍緑黄各色珍奇寶石，有的内帶貓眼，其珠光寶氣居存世潞王琴之冠。圓形龍池，方形鳳沼。琴背龍池上刻『中和』兩字，下刻題詩：『月印長江水，風微滴露清。會到無聲處，方知太古情。』後題『敬一主人識』與兩小方印。鳳沼之上刻『潞國世傳』寬邊大方印。琴背龍池右側刻有題詩：『玉振金聲，追風繼雅。河山今非，清音古寫。襄平李廷棟坦園識。』後有『李氏家藏』、『拙庵真賞』圓方兩印。池内圓形納音凸起，納音四週刻『大明崇禎戊寅歲季秋潞國製第八號』。通長124厘米，肩寬19.5厘米，尾寬14.5厘米。

斷紋

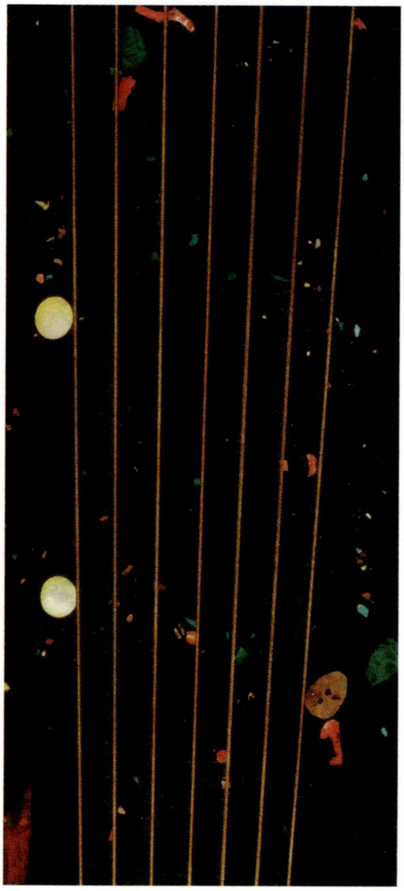

背面

正面

中國古琴珍萃

附錄

◎查阜西舊藏《乾隆御題琴譜冊》 ◎明正統彩繪本《太古遺音·歷代琴式》 ◎明正統彩繪本《太古遺音》附查阜西題識

附錄

查阜西舊藏《乾隆御題琴譜冊》

冊頁殘存共十頁，表封木製，外裱綿綢，左上角貼紙製簽，上題墨書『乾隆御題琴譜冊』，下署『甲戌春三月，臣黃彭年恭書』。冊頁紙製，四週用黃綾鑲邊，長33厘米，寬22厘米。紙心長11厘米，寬8厘米。每摺錄一琴，現僅存頭等三號宋琴『九霄鳴珮』至頭等十二號唐琴『天地同氣』，共十琴。頭等一至二號與十二號以後各琴均已散佚。每摺琴名之上，蓋各式朱印。其中唐琴『天地同氣』四字上蓋『乾隆御覽之寶』橢圓朱印，餘均爲閑章。各琴說明文字除記載其年代與形制特徵外，均錄有『乾隆辛酉年裝』，琴盒內所刻乾隆御題詩文結尾均署『臣梁詩正、唐侃同審定』。按梁詩正，《清史稿》有傳。唐侃，《清史稿》無傳。但冊頁『九霄鳴珮』琴盒蓋內有乾隆六年御題『唐侃琴操鏘鏘鳴』句；乾隆《御製詩文集》亦曾多次提到他在京郊香山聽告老鄉居的副都統唐侃彈琴的記載，可見其確是乾隆身邊的侍臣兼琴家。

關於這本冊頁的真僞，歷來未見定論。近年來，嚴曉星君發現故宮博物院藏郎世寧《弘曆觀畫圖》中小童抱琴額部刻有篆書『古太和』三字，與《乾隆御題琴譜冊》仲尼式唐琴『丹山瑞嘒』琴額所刻篆書三字完全相同，由此推斷該冊頁殘卷確是乾隆御製真品。

與乾隆藏琴冊頁有關的實物，已知現存凡六：一爲上海樊伯炎先生藏宋『松石間意』琴與乾隆御製琴盒。該琴刻有『乾隆壬戌御賞並題』的題款，所附琴盒係乾隆原盒，盒蓋刻『宋製松石間意　大清乾隆辛酉年裝』，下有『永寶用之』四字小方印。盒頭刻『頭等二十二號』六字。盒內題詞的體例與冊頁完全相合。

二是故宮博物院藏清宮舊藏明『音朗號鐘』銅琴及乾隆御製原盒。盒蓋刻『漢製音朗號鐘　大清辛酉年裝』，下有『永寶用之』小方印。盒頭刻『頭等二十三號』。

三是遼寧省博物館藏『九霄環佩』與乾隆御製琴盒。該琴刻有『乾隆御賞』題款與『幾暇臨池』閑章。所附琴盒盒蓋表面刻『宋製九霄環佩　大清乾隆辛酉年裝』，下有『永寶用之』四字小方印。盒頭刻『頭等十八號』五字。

四是私人藏明『月露知音』琴與乾隆琴盒。該琴琴名下刻有乾隆御識，下有『浴德』橢圓小印。鳳沼之上刻有『乾隆御賞』大方印。琴盒盒蓋刻『明製月露知音　大清辛酉年裝』，下有『永寶用之』小方印。盒頭刻『頭等十六號』五字。

五是李伯琴舊藏『萬壑傳松』乾隆琴盒。盒蓋表面刻『唐製萬壑傳松　大清乾隆辛酉年製』，下有『永寶用之』四字小方印。盒內刻乾隆題詞，下有『乾隆御題』方印。盒頭刻『頭等七號』四字。

六是北京某博物館藏乾隆琴盒。

上述六例中，樊伯炎舊藏『松石間意』琴與琴盒和清宮舊藏『音朗號鐘』琴與琴盒，鄭珉中先生確認是乾隆舊藏。至於遼寧省博物館『九霄環佩』琴盒，鄭氏認爲此盒非乾隆原盒。李伯琴舊藏琴盒，按冊頁頭等七號確有『萬壑傳松』琴，稱『盒外隸書識云：「宋製萬壑傳松，大清辛酉年裝」，下有「永寶用之」璽一』，與此盒稱『唐製、辛酉年製』明顯有異。其餘各例，尚待認真研究，予以確認。

吳釗重識

二〇一五年五月

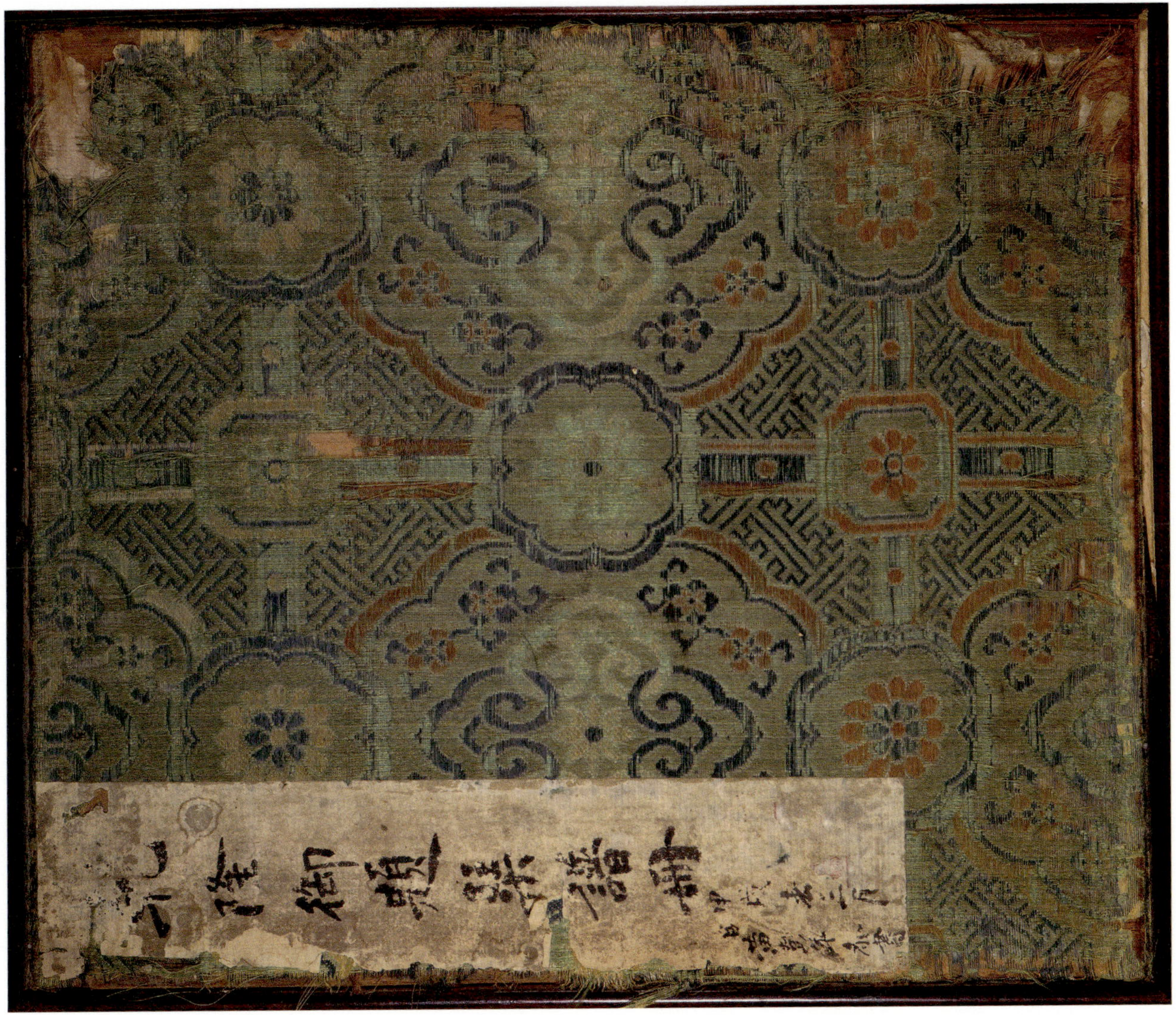

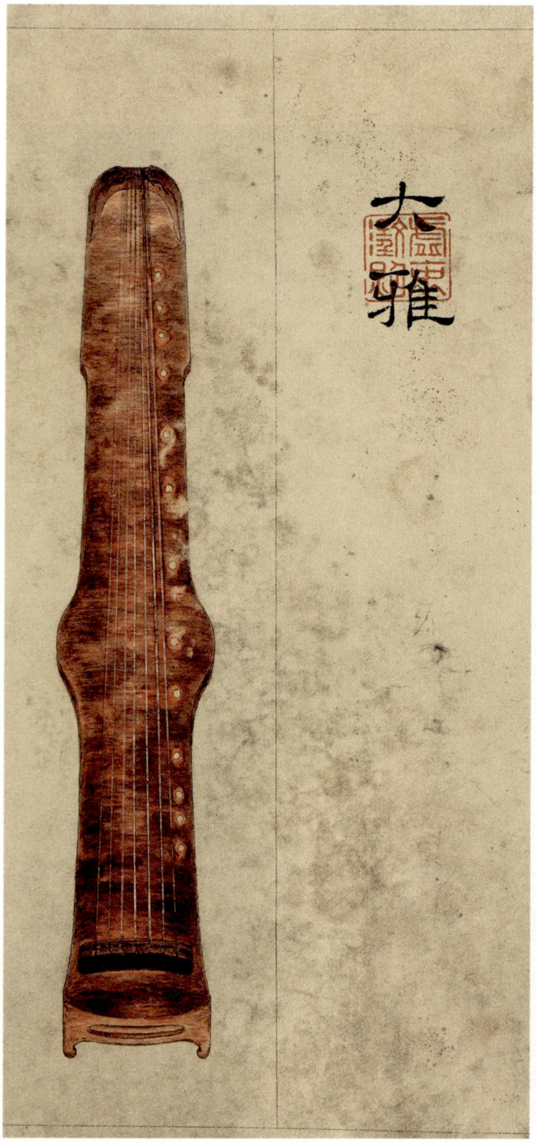
大雅

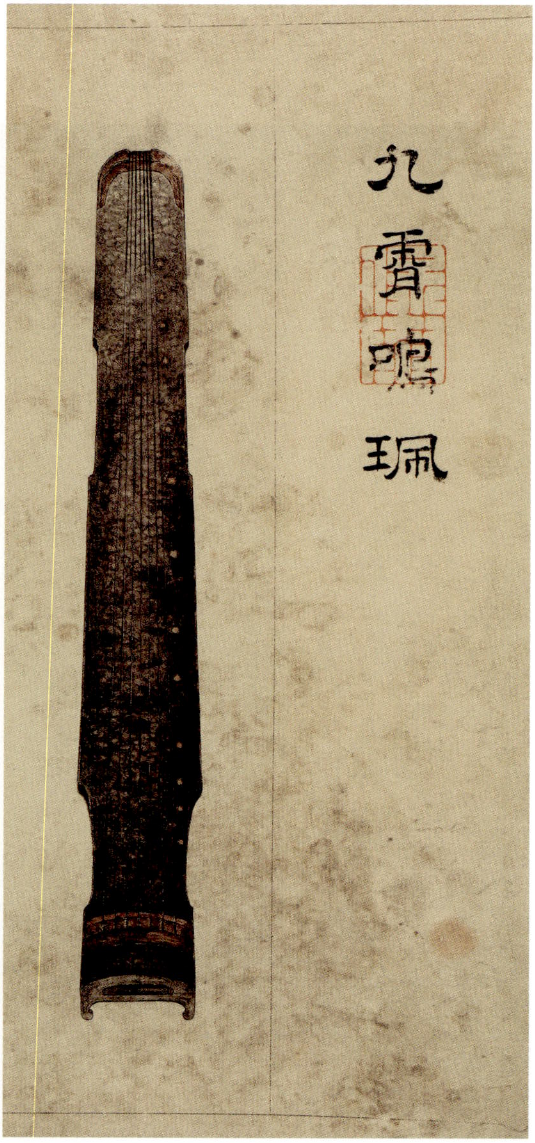
九霄鳴珮

九霄環珮

宋製漆光純黑琴面俱梅花斷紋腹俱牛毛斷紋岳山焦尾俱嵌棗心木琴腹肩上刊九霄鳴珮行書四字肩下

御製詩云蕭森梧竹含秋清銀猊吐篆縈風輕虛堂萬籟俱闃寂唐侃琴擦鏗鏗鳴一彈再撫餘音杳松風水月襟懷渺孤鶴橫空唳一聲繁絲弱竹喧羣鳥行書下有乾隆宸翰璽一龍池鳳沼皆長白玉軫足金徽琴身長三尺七寸五分寬六寸高六分肩寬五寸七分腰寬五寸尾寬四寸盛以填漆匣匣中篆書

御題云猗歟琴也謂爾音之獨古歟古猶今也回邪正直由人心也醫古聖之所共御若師保臨也不施敬而敬矇誦箴也金聲玉色靜愔愔也霜寒風勁龍湫窈以深也疏瀹而心澡雪而精神遊往哲林也孰曰古調不彈器具在可尋也誰能亨魚溉之釜鬵也下有乾隆御題璽一匣外隸書識云宋製九霄鳴珮大清乾隆辛酉年裝下有永寶用之璽一又素箋一幅楷書

御題仝前背記云風韵清遠玲瓏其聲斷紋如波上梅英更饒佳致擬頭等三號臣梁詩正唐侃仝審定

大雅

宋製漆光紅周身蛇腹斷紋岳山焦尾俱嵌檀木琴腹肩上刊大雅行書二字池下有陽明洞天之音印一沿腹中左旁有錢塘國學李大用斵楷書八字沿上

御製贊云誰醫俗我有絙絲彈空谷到耳襟塵消十斛款署乾隆御賞行書下有樂天璽一龍池圓鳳沼方白玉軫足金徽琴身長三尺八寸寬六寸五分高六分肩寬七寸腰寬四寸五分尾寬四寸五分盛以填漆匣匣中篆書

御題云其聲清越以長其中詘然玉音之美持盈者與天厚薄侈弇長甬五疾並去而律呂洽比金音之美節事者與地龍門之桐百尺無枝慶乎太虛萬籟感之斷而為琴是能合天地之和而含金玉之音犁然有當於人心九十種聲優柔平中可以養君子之聰下有乾隆御題璽一匣外隸書識云宋製大雅大清乾隆辛酉年裝下有永寶用之璽一又素箋一幅藏匣中楷書

御題仝前背記云英聲發越卓爾不羣非夫曠代名材無以宣茲雅韻擬頭等五號臣梁詩正唐侃仝審定

龍嘯天風
高山流水

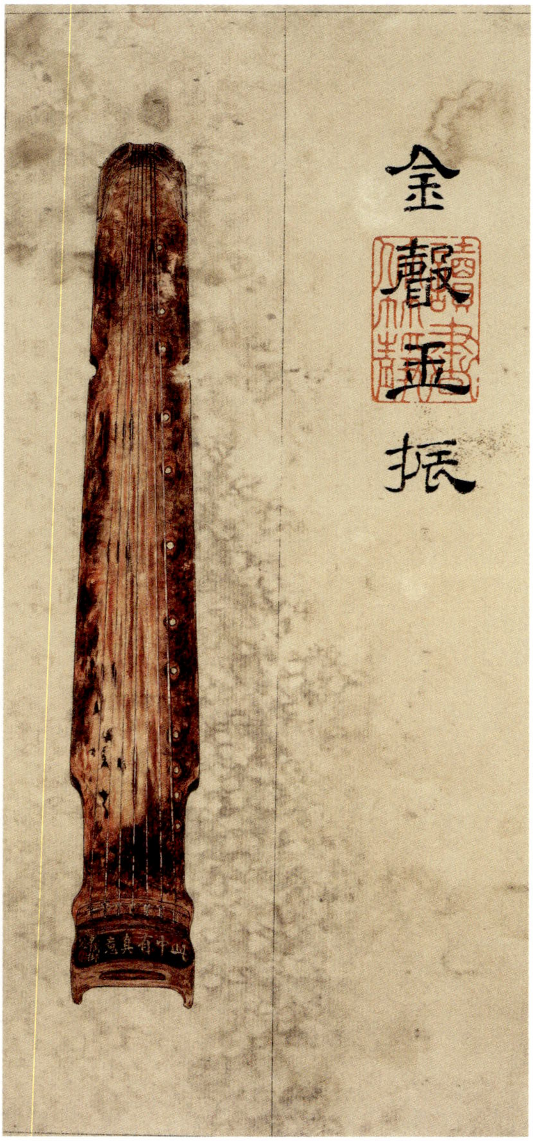
金聲玉振

金聲玉振

宋製漆光純紅周身微有蛇腹斷紋岳山焦尾俱嵌檀木琴腹肩上刊金聲玉振行書四字鳳額上

御書此中有真意五字欵署乾隆御鑒行書下有中和璽一龍池鳳沼皆圓碧玉軫足金嶶琴身長三尺六寸寬五寸三分高六分肩寬五寸八分腰寬四寸尾寬四寸盛以填漆匣匣中

御題云鏗然兮鏘鏜球聽兮春容泠然兮韻磬安軌兮靜正絲桐御兮意未厭嗟二美兮不得兼何斯器之懿茂超衆音而菌霣雅奏兮移情金玉兮鏘鳴七絃環應從其朔落指如聞大成樂故曰能盡雅琴厥惟至人下有乾隆御題璽一匣外識云宋製金聲玉振大清乾隆辛酉年裝下有永寶用之璽一皆隸書又素牋一幅藏匣中楷書

御題仝前背記云一唱三歎聽者移情庶是朱絃疏越之遺漆光油然而幽良堪撫玩擬頭等四號

臣梁詩正唐侃仝審定

龍嘯天風

唐製漆光純黑琴面微有蛇腹斷紋岳山焦尾俱嵌檀木琴腹肩上刊龍嘯天風篆書四字下有天隨子家藏印一左右無名氏隸書一聯云一聲霹靂乾坤肅萬頃波濤海島翻又篆書題云北山之梓南山之桐雷氏樸斲歷歲成工金玉之質與衆豈同音如巨鐘形如虬龍收之者誰陸氏龜蒙江湖散人興趣無窮下有太古正音傳世之寶印一池下朱子行書題云養君中和之正性禁爾忿欲之邪心乾坤無言物有則我獨與子鈎其深淳熙丁未新安朱熹書額上

御題高山流水行書四字款署乾隆御玩下有中和璽一龍池鳳沼皆方碧玉軫足蚌嶶琴身長三尺六寸六分寬六寸高六分肩寬六寸腰寬四寸尾寬四寸盛以填漆匣匣中

御題云謖謖靈籟凌雲自高幽壑傳響散為驚濤三層樓上仙人姓陶靜聽有得寫之七條載撫清絃諳此中趣凛雪塵襟招邀風御縹緲遺音洞天：後登見王姜松杪飛去下有乾隆御題璽一匣外識云唐製龍嘯天風大清乾隆辛酉年裝下有永寶用之璽一皆隸書又素牋一幅藏匣中楷書

御題仝前背記云聲清越以長想見刳于御風泠然善也之趣斷文隱隱如牛毛尤中良材古製擬頭等六號臣梁詩正唐侃仝審定

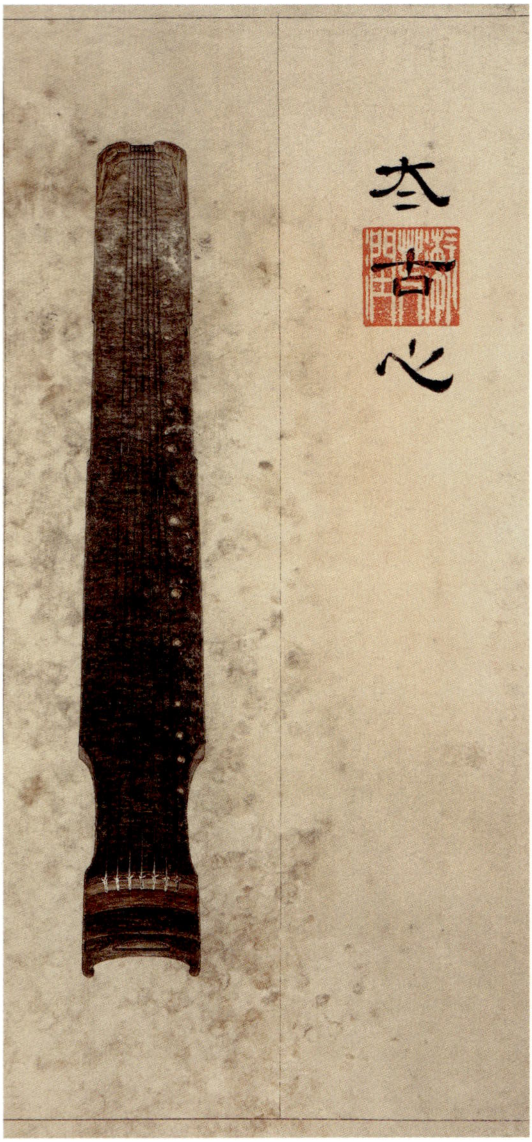
太古心

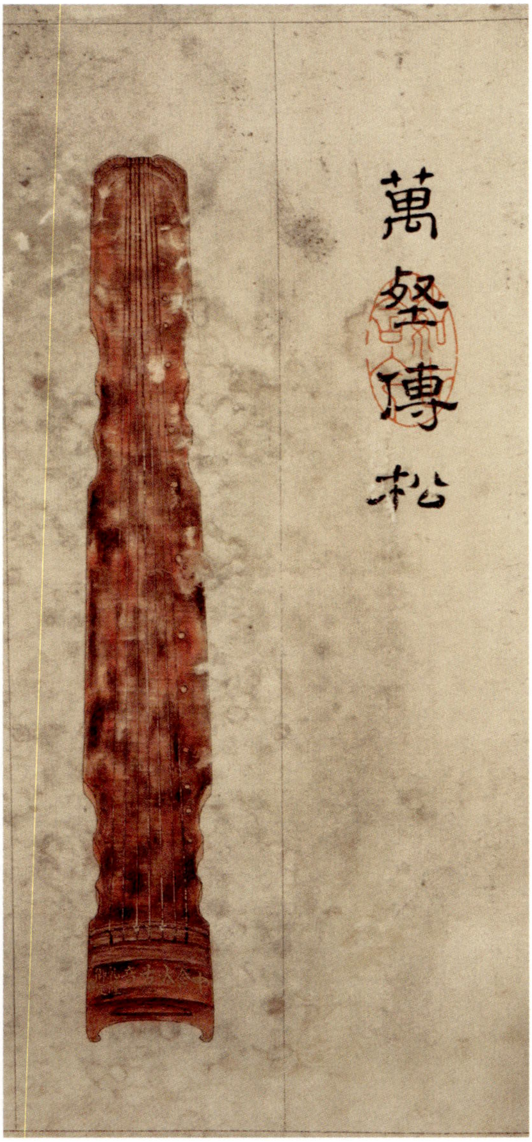
萬壑傳松

萬壑傳松

宋製漆光純紅周身蛇腹斷紋岳山嵌棗心木焦尾無飾惟龍齦嵌黃竹以受絃琴腹肩上刊萬壑傳松隸書四字池下有清和印一鳳額上
御銘行書中含太古音五字款署乾隆御定下有絜矩璽一龍池鳳沼皆長白玉軫足金徽徽脫琴身長三尺八寸寬五寸五分高六分肩寬五寸八分腰寬四寸三分尾寬四寸五分盛以填漆匣匣中篆書
御題云伐木嶧陽徽絲園客軫以玫瑰暉以和璧神物臻兮雅韵洄昔逸情雲上練響月夕泠然風善嗢然雪白松靜太古水流無極巴魚跳波曠觀敍矣七絃愔愔滿堂莫莫盪滌邪心協和台德先王之風君子攸懌下有乾隆御題璽一匣外隸書識云宋製萬壑傳松大清乾隆辛酉年裝下有永寶用之璽一又素箋一幅楷書
御題仝前背記云秋風入松衆山皆響大忽雷不是過也擬頭等七號臣梁詩正唐侃仝審定

太古心

宋製漆光純黑周身牛毛斷紋岳山焦尾俱嵌檀木琴腹肩上刊太古心篆書三字左右
御製贊云聲在指端心通太古指本無聲因心而語行書下有乾隆御玩璽一龍池鳳沼皆方白玉軫足金徽琴身長三尺六寸寬六寸高六分肩寬五寸五分腰寬四寸五分尾寬四寸盛以填漆匣匣中篆書
御題云左日右月大風青雲高山崔崔流水活活宇宙在手萬化生心清平側楚有壬有林翩若驚鴻仙人淺笑龍行虎步騰踔迴煦蟹之郭索而心不躁十指象之窮幽達眇有美桐君貌甚閒暇如彼赤子曰歸不嗄人與器合非器非人强名曰道太元同根下有乾隆御題璽一匣外隸書識云宋製太古心大清乾隆辛酉年裝下有永寶用之璽一又素箋一幅楷書
御題仝前背記云聲韵涵古而雅弄之淳妙其德最優擬頭等八號臣梁詩正唐侃仝審定

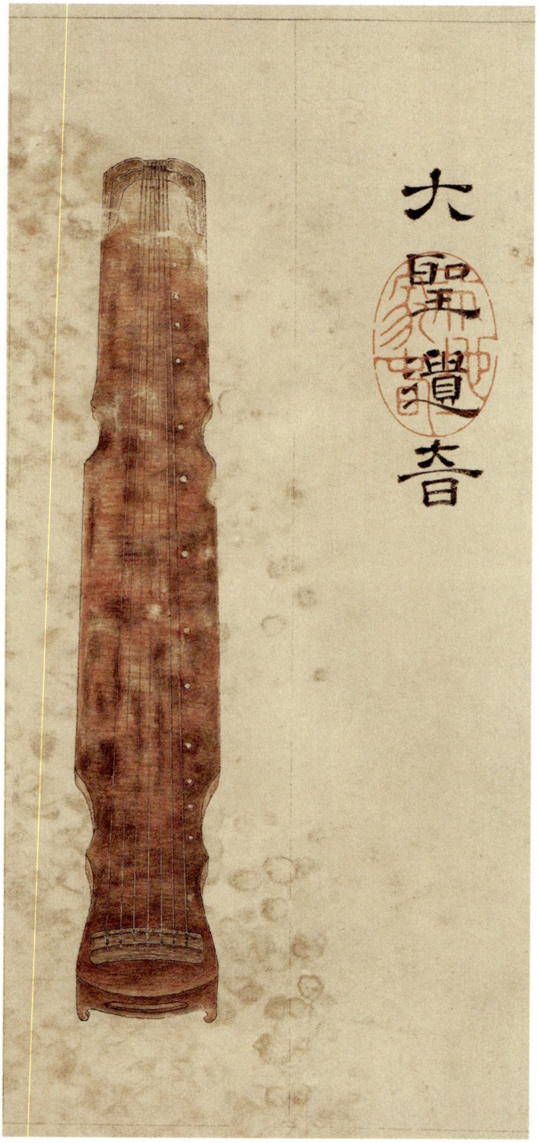
大聖遺音

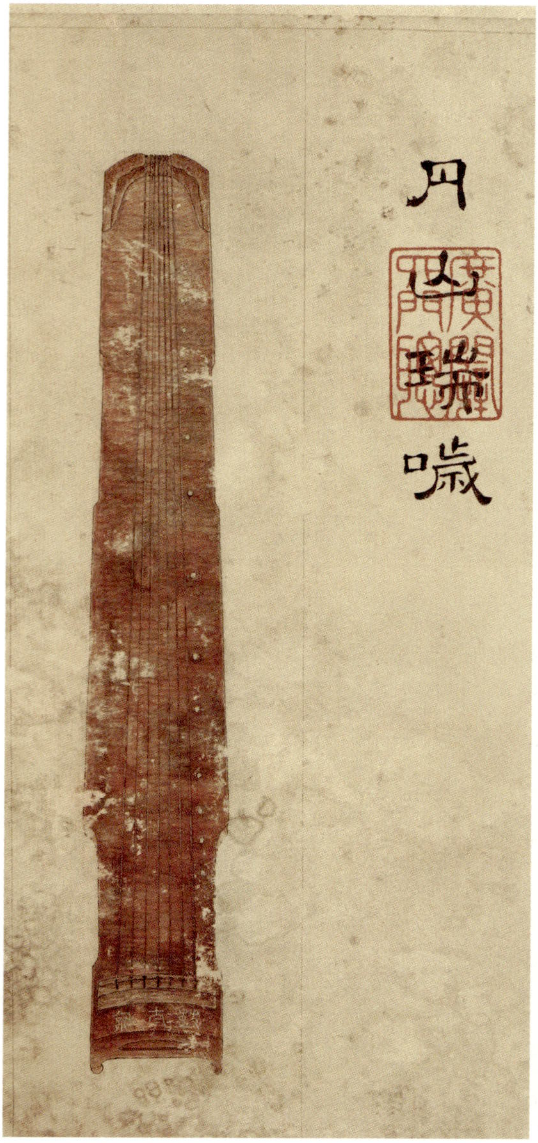
丹山瑞噦

大聖遺音

唐製漆光紫黑周身蛇腹斷紋岳山焦尾
俱嵌檀木琴腹肩上刊大聖遺音行書四
字左右無名氏行書贊云師曠之琴桐古
年深臨風一鼓大雅遺音下有清和印一
鳳額上有乾隆御賞璽一龍池圓鳳沼方
碧玉軫足金徽琴身長三尺七寸五分寬
六寸三分高六分肩寬六寸五分腰寬四
寸尾寬四寸五分盛以填漆匣匣中
御題云嶧陽孤桐雕斲是施徽以昆吾之紫金
繩以圜客之素絲足中而正軫平不欹諧
律呂以交暢調陰陽而罔眦是足以宣中
德而元音感召用致威鳳之來儀下
有乾隆御題璽一匣外識云唐製大聖遺
音太清乾隆辛酉年裝下有永寶用之璽
一皆隸書又素綫一幅藏匣中楷書
御題仝前背記云長江大河虛徐演漾包涵萬
象留三代之元音可謂超衆上而獨妙擬
頭等九號臣梁詩正唐侃仝審定

丹山瑞噦

唐製漆光純紅周身蛇腹斷紋岳嵌檀木尾嵌棗心
木鳳額上刊古太和篆書三字琴腹肩上刊丹山瑞
噦篆書四字下有雷霄製元印一左右無名氏篆書
一聯云淳風德並羲皇上古調長存宇宙間下有河
嶽斯宗印一托軫上
御題贊云雌雄鳴合十二中宮商天下治款署乾隆御藏
下有得佳趣璽一龍池鳳沼皆方白玉軫足金徽琴
身長三尺八寸寬五寸五分高六分肩寬六寸二分
腰寬五寸尾寬四寸五分盛以填漆匣匣中篆書
御題云野雉朝雊雛鷇晨吟喧啾百鳥語獨揚威鳳音丹
穴五色羽凌雲白歌舞爰止龍門桐奇律踈昌吐霧
氣通和聲應惟琴德之最優較嶰谷之調而轉勝紫
庭初啓阿閣晞陽詠薰風而奏曲占蔽日以來翔下
有乾隆御題璽一匣外隸書識云唐製丹山瑞噦大
清乾隆辛酉年裝下有永寶用之璽一又素綫一幅
楷書
御題仝前背記云鏗鏘和暢協節奏阿誠足宣太平之雅
奏擬頭等十號臣梁詩正唐侃仝審定

天地同氣

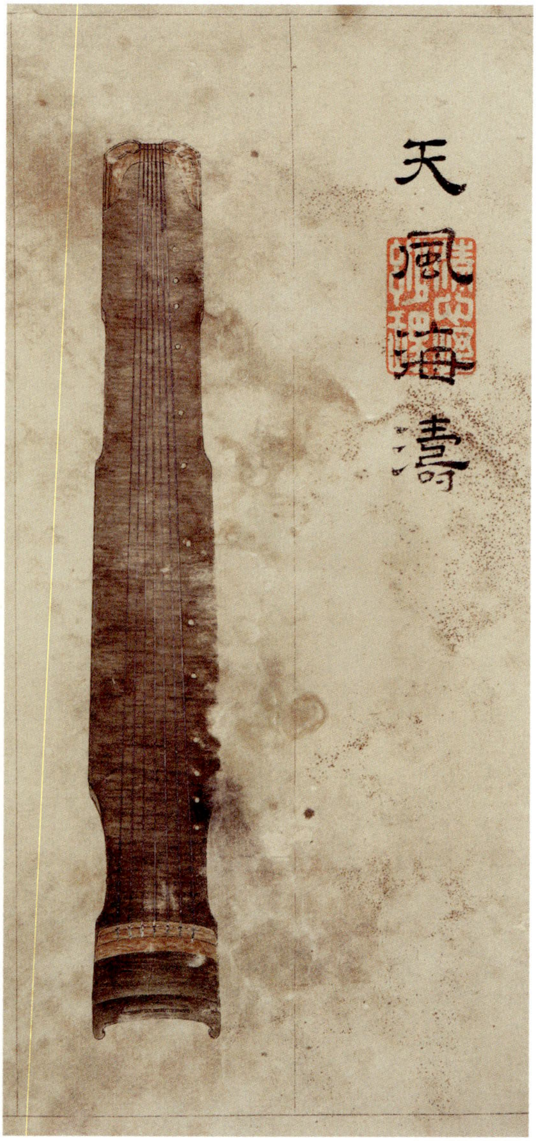
天風海濤

天風海濤

宋製漆光純黑周身蛇腹斷紋岳山焦尾俱嵌棗心木托尾嵌棗心木半月形琴腹肩上

御製賛云泠然善也吹天風海水立兮聲洶洶潛蛟起舞月在空洞庭張樂來黃農款署乾隆御賞隸書下有樂天涵虛朗鑑璽二池下刊天風海濤行書四字下有乾隆御府珍玩璽一龍池鳳沼皆方白玉軫足金嶶琴身長三尺八寸寬六寸高六分肩寬六寸腰寬五寸尾寬四寸三分盛以填漆匣匣中

御題云六律調五音倫應八風符四氣聖人製作涵妙義一鼓衆志清再鼓庶政平太和翔洽充八絃阜財解慍治化成懿哉雅樂通神明寶兹令器誠萬民虞絃先後遥相賡下有乾隆御題璽一匣外識云宋製天風海濤大清乾隆辛酉年裝下有永寶用之璽[illegible]書又素牋一幅楷書

御題全前背記云澂清響於幽沉有伯牙海上之意擬頭等十一號臣梁詩正唐侃仝審定

天地同氣

唐製漆光純黑周身蛇腹斷紋紋細如髮岳嵌棗心木焦尾嵌檀木琴腹上刊天地同氣行書四字腹中左旁刊上元二年隸書四字池下

御製賛云大聲不喧小聲不湮君子常御不離於身搏鼠捕蟬有觸乃陳穆然太空調合青旻款署乾隆御定行書下有雲霞思璽一龍池鳳沼皆圓白玉軫足金嶶琴身長三尺八寸寬六寸高六分肩寬六寸腰寬四寸尾寬四寸二分盛以填漆匣匣中篆書

御題云大絃春温和且平小絃廉折亮以清嚮明而出治忠直登進佞不行攖之深龍在谷醒之愉葉脫木至人之心卓然精明而無念夯然委順而無欲均諧以鳴小大相益五緯不忒六氣無易可以歌南風之薰紹帝舜之跡下有乾隆御題璽一匣外隸書識云唐製天地同[illegible]乾隆辛酉年[illegible]有永寶用之璽一又素牋一幅藏匣中楷書

御題全前背記云清澈以和淪入至道以元氣為根允推神品擬頭等十二號臣梁詩正唐侃仝審定

明正統彩繪本《太古遺音・歷代琴式》

明正統彩繪本《太古遺音》，共五卷，現僅存殘本，藏中國藝術研究院圖書館。該書第二卷爲《歷代琴式》，共録琴樣三十三圖。因書頁殘缺佚失數圖，原有琴樣當不止此數。

按《太古遺音》是保存了早已散佚的六朝唐宋琴學資料的重要琴書。該書在流傳中經多次重編，版本内容較爲駁雜。早在一九六四年，查阜西師已對其成書經過和版本編者等有精深考證。識文附於書内。該書卷二末列有不著姓名的《彈琴歌》與《聽琴行》詩，卷三首頁則列有《袁均哲作撫琴詩》：『八窻虚敞夜沉沉，獨坐幽窻奏玉琴。瑞氣氤氲祥鳳舞，碧天寥落水龍吟。半簾明月凄涼調，一曲陽春太古音。操罷不知星斗换，滿懷春意溢沖襟。』上述三詩均不見於他本。尤其是第三首，指明其作者是『袁均哲』。故該本似爲明正統間袁氏改編本。

除本書外，該書尚有以下幾個不同版本：

一、中國國家圖書館藏《太古遺音》上下卷，現僅存上卷殘本。據書前目録，上卷原有『歷代琴式』一目，現已殘佚。該書從其分卷體例與内容來看，其成書年代有可能早於正統本。

二、『台北中央圖書館』藏明彩繪本《太古遺音》，共五卷。其卷二《歷代琴式》，録有《伏羲》、《列子》、《掩容》、《鳳嗉》、《龍腰》、《革子》、《龍領》、《龍首》、《鳳嘴》、《鳳舌》、《覆楹》、《鳳勢》、《亞額》、《緑綺》、《焦尾》、《靈機》、《四峰》、《聚雲》、《蟬翼》、《雲泉》、《昭美》、《古瓶》、《連珠》、《靈肩》、《霹靂》、《檀閣》，共二十六圖。該本較正統彩繪本至少缺録《神農》、《師曠》等七圖，若從該書存有缺頁的情況推測，原來或許不止此數。其卷二末和卷三首，與正統本一樣也録有不著姓名的《彈琴歌》、《聽琴行》與《袁均哲作撫琴詩》，但第五卷書後未見袁氏題識，故該本應是袁本的又一傳抄本。

三、中國國家圖書館藏《太音大全集》五卷。一至四卷爲前集，第五卷爲後集。據書前《太音大全集題辭》稱：編者曾『宦游南北』，『取諸家琴譜與近代所謂《太古遺音集》，反覆紬繹』，『繁者剔之，略者詳之，難疑者音釋之，駁雜者釐而正之』，重加編訂而成。此《題辭》因缺末頁，佚去編者姓名。但第五卷書後有袁均哲的題識，提到他曾『宦游南北』。據此可知此書編者應即袁均哲。袁氏明正統間人。明楊表正《重修正傳琴譜》稱他曾『注《遺音》』。該書第二卷録有《歷代琴式》，共三十八圖，比正統彩繪本多出數圖。

四、中國國家圖書館舊藏朱權《新刊太音大全集》六卷，明嘉靖金臺書林汪氏翻刻本。一至三卷爲上卷，四至六卷爲下卷。該書首列明永樂癸巳（一四一三）臞仙（朱權）序。卷一首頁下署：『南極涵虚子臞仙編輯，河南藩府殿下校正，書林金臺汪氏重刊。』該書卷二録有《歷代琴式》，共四十圖。較《太音大全集》又多出兩圖。

吴釗識

二〇一五年五月

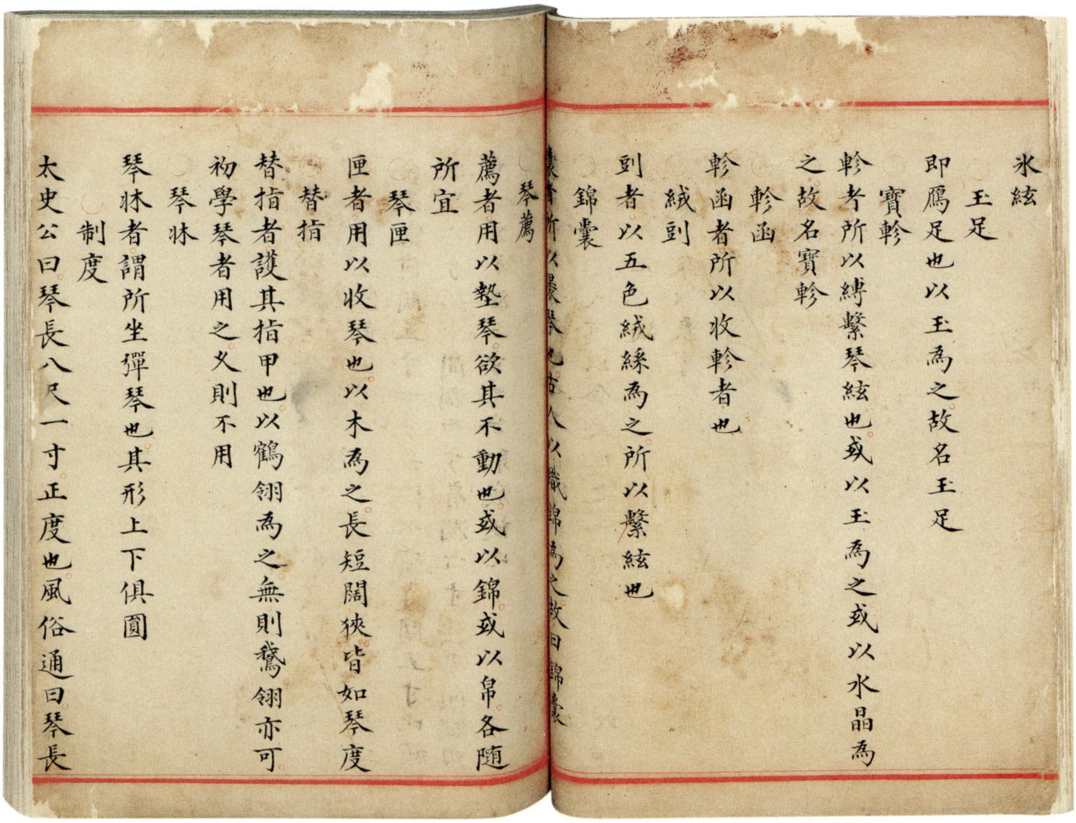

氷絃

玉足

即鴈足也以玉為之故名玉足

寳軫

軫者所以縛繫琴絃也或以玉為之或以水晶為之故名寳軫

軫函

軫函者所以收軫者也

絨紃

紃者以五色絨絲為之所以繫絃也

錦囊

囊者所以裹琴也古人以織錦為之故曰錦囊

琴薦

薦者用以墊琴欲其不動也或以錦或以帛各隨所宜

琴匣

匣者用以收琴也以木為之長短闊狹皆如琴度

替指

替指者護其指甲也以鶴翎為之無則鶖翎亦可初學琴者用之久則不用

琴林

琴林者謂所坐彈琴也其形上下俱圓

制度

太史公曰琴長八尺一寸正度也風俗通曰琴長

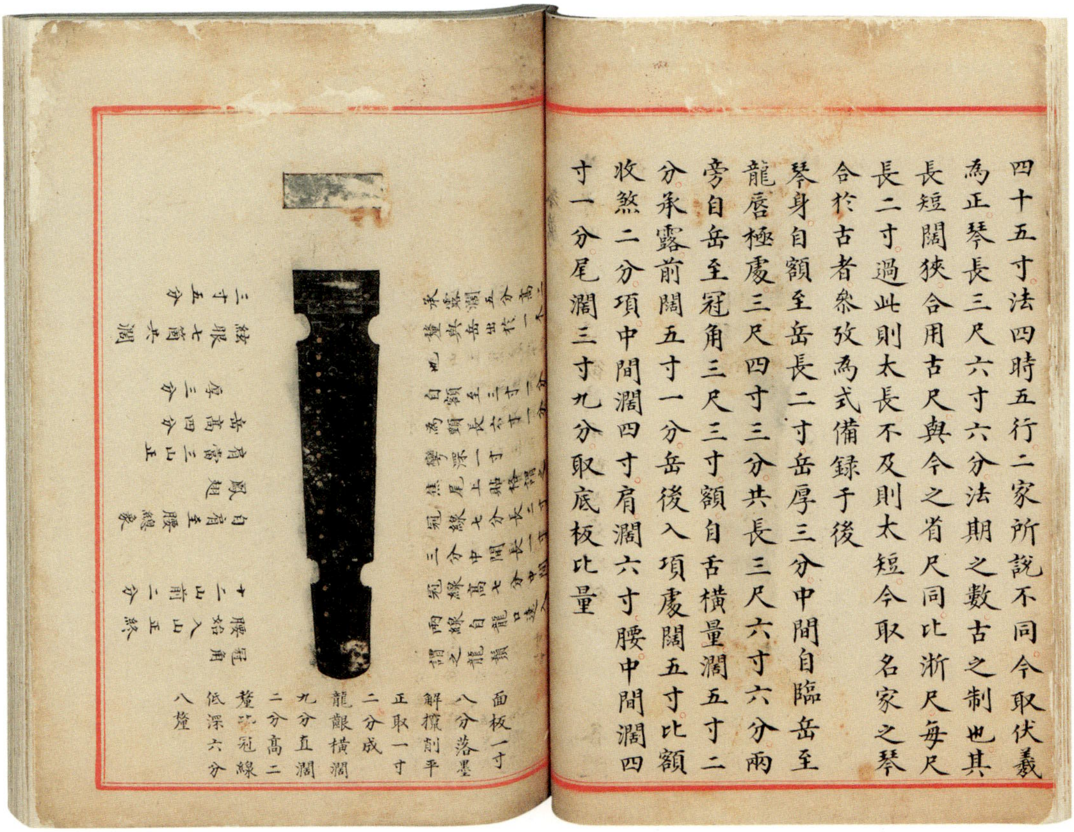

四十五寸法四時五行二家所說不同今取伏羲為正琴長三尺六寸六分法期之數古之制也其長短闊狹合用古尺與今之省尺同比浙尺每尺長二寸過此則太長不及則太短今取名家之琴合於古者參攷為式備錄于後

琴身自額至岳長二寸岳厚三分中間自臨岳至龍唇極處三尺四寸三分共長三尺六寸六分兩旁自岳至冠角三尺三寸額自舌横量闊五寸二分承露前闊五寸一分岳後入項處闊五寸比額收煞二分項中間闊四寸肩闊六寸腰中間闊四寸一分尾闊三寸九分取底板比量

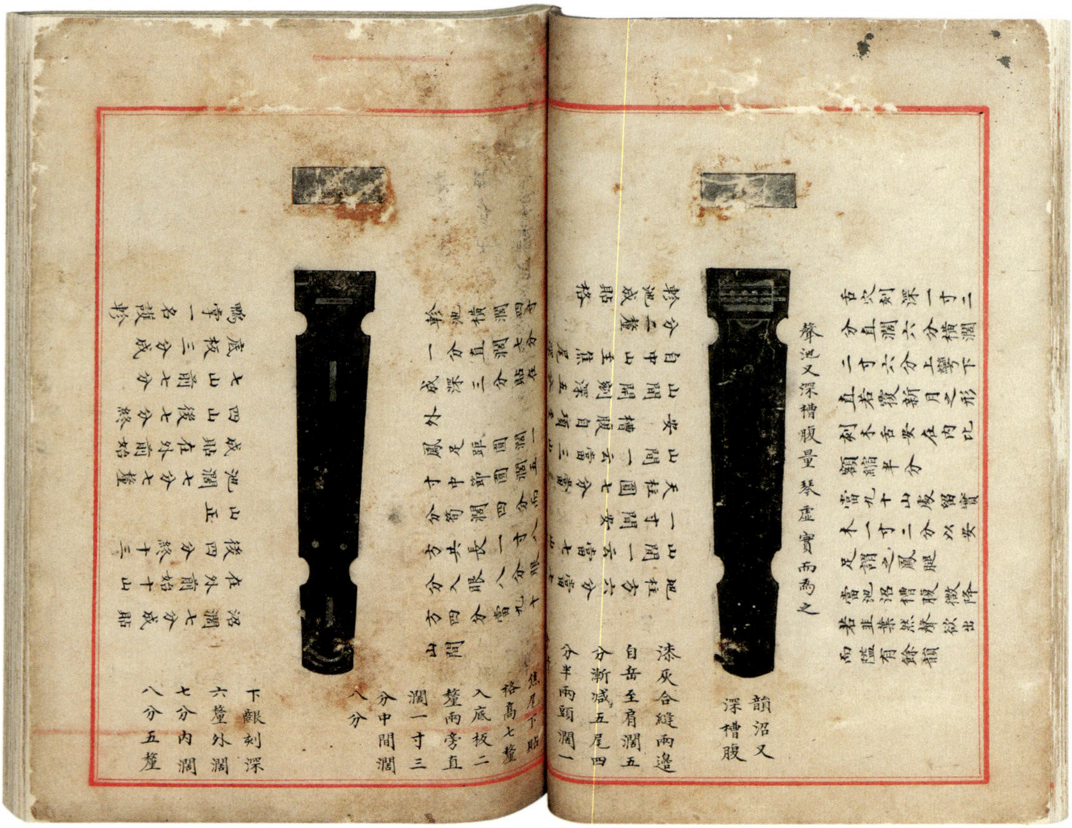
舌穴刻深一寸二分直闊六分橫闊二寸六分上彎下直若霞新月之形刻木舌安在內比額縮半分當九十山處留實木一寸二分以安足謂之鳳腿當池沼槽腹微降若韭葉然聲欲出而隘有餘韻
鳳池又深槽腹量琴虛實而爲之
韻沼又深槽腹
漆灰合縫兩邊自岳至肩闊五分漸減至尾四分半兩頭闊一
焦尾下距格高七釐入底板二釐兩旁直闊一寸三分中間闊八分
下齦刻深六釐外闊七分內闊八分五釐

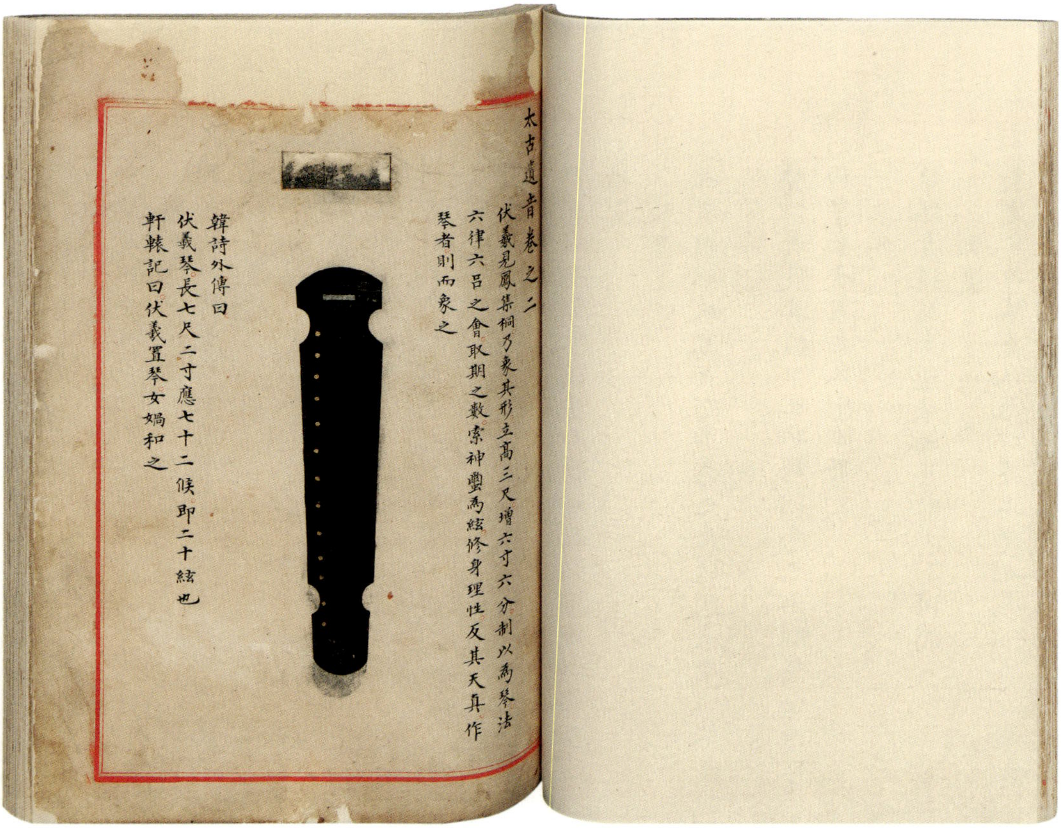
太古遺音卷之二
伏羲見鳳集桐乃象其形立高三尺增六寸六分制以爲琴法
六律六呂之會取期之數索神蠶爲絃修身理性反其天真作
琴者則而象之
韓詩外傳曰
伏羲琴長七尺二寸應七十二候即二十絃也
軒轅記曰伏羲置琴女媧和之

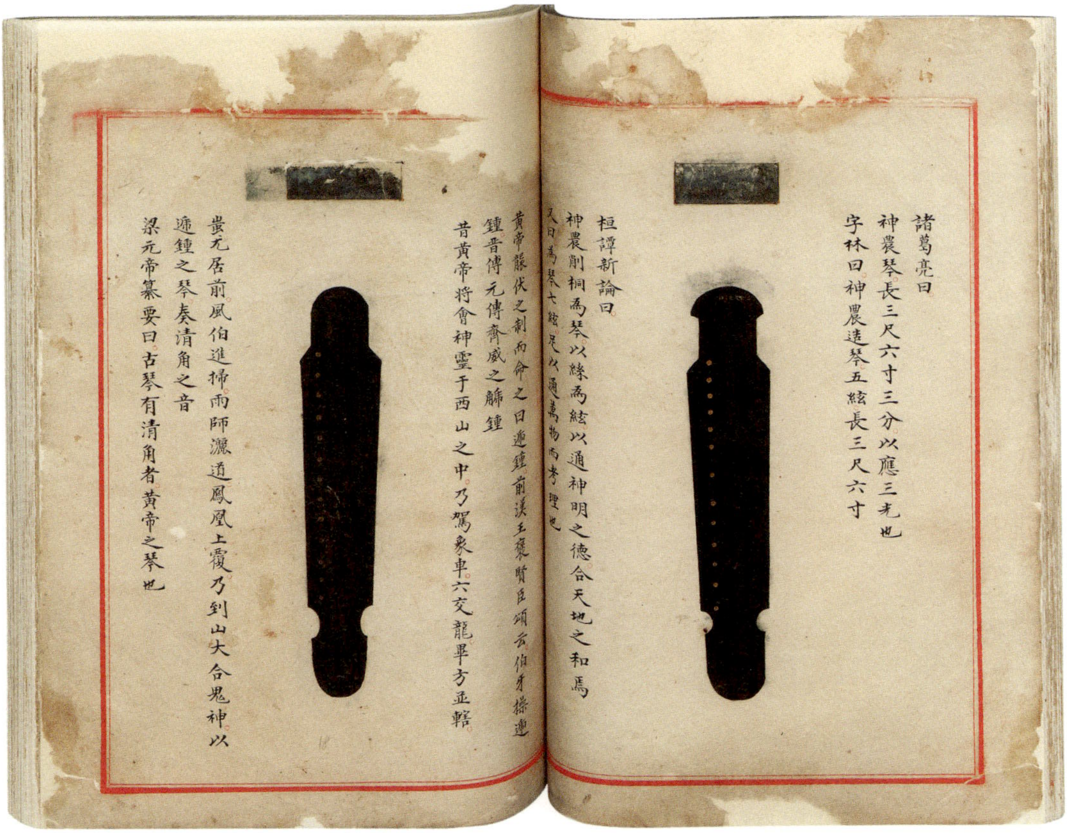

諸葛亮曰
神農琴長三尺六寸三分以應三光也
字林曰神農造琴五絃長三尺六寸
桓譚新論曰
神農削桐為琴以絲為絃以通神明之德合天地之和焉
又曰為琴七絃足以通萬物而考理也

黃帝脩伏之制而命之曰遞鍾前漢王褒賢臣頌云伯牙操遞
鍾晉傅元傅齊威之觽鍾
昔黃帝將會神靈于西山之中乃駕象車六交龍畢方並轄
蚩尤居前風伯進掃雨師灑道鳳凰上覆乃到山大合鬼神以
遞鍾之琴奏清角之音
梁元帝纂要曰古琴有清角者黃帝之琴也

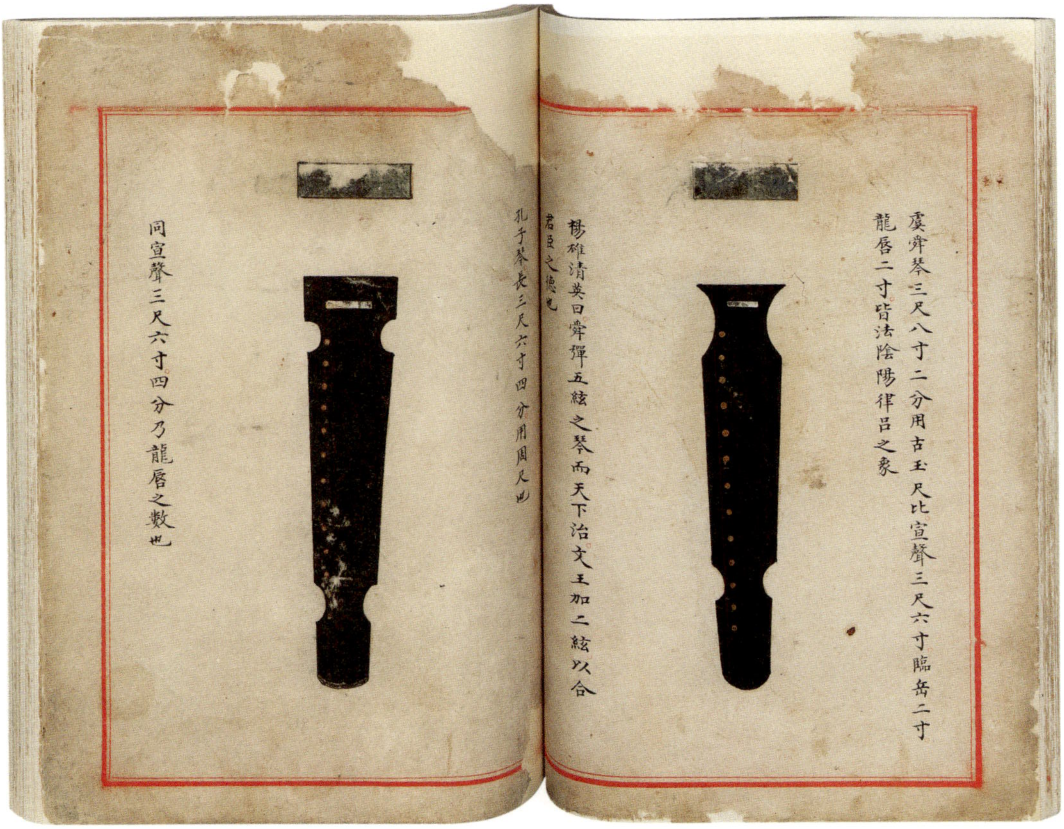

虞舜琴三尺八寸二分用古玉尺比宣聲三尺六寸臨岳二寸
龍唇二寸皆法陰陽律呂之象
揚雄清英曰舜彈五絃之琴而天下治文王加二絃以合
君臣之恩也

孔子琴長三尺六寸四分用周尺也
同宣聲三尺六寸四分乃龍唇之數也

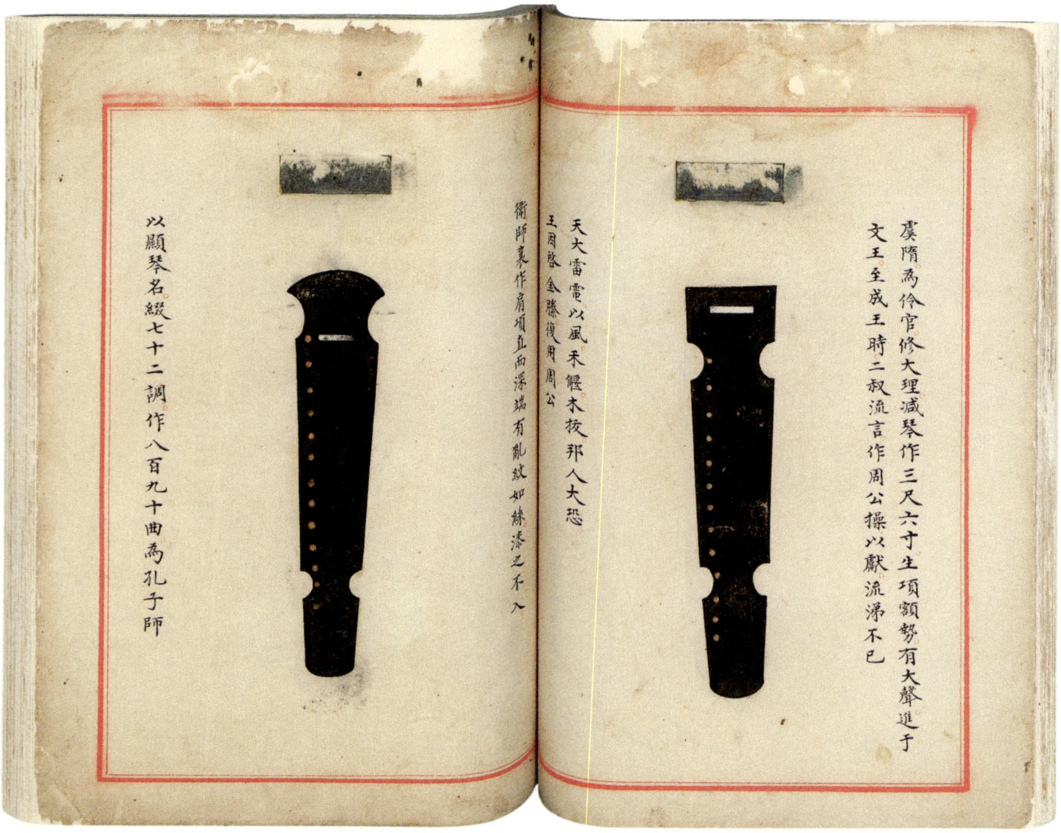

虞隋為伶官修大理滅琴作三尺六寸生項額勢有大聲進于
文王至成王時二叔流言作周公操以獻流涕不已
天大雷電以風禾偃木拔邦人大恐
王因啓金縢復用周公
衛師襄作肩項直而深端有亂紋如綵漆之不入
以顯琴名綴七十二調作八百九十曲為孔子師

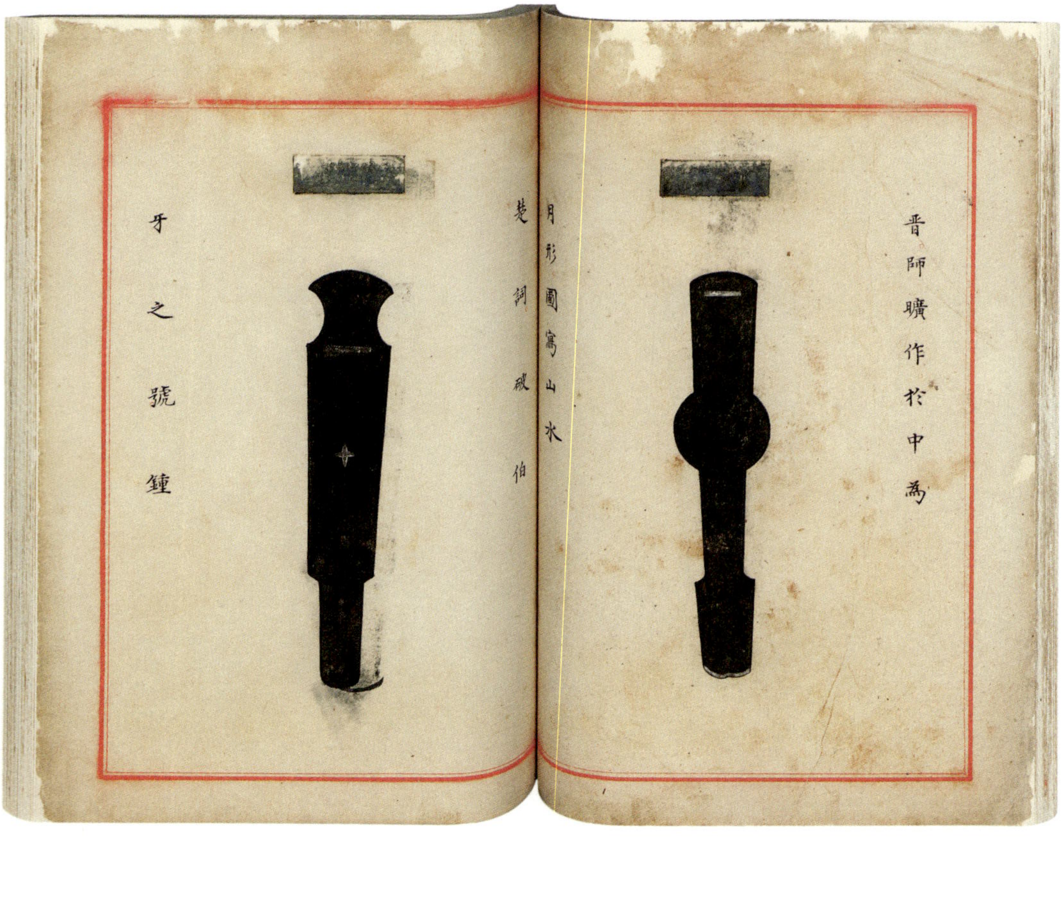

晋師曠作於中為
月形圓寫山水
楚詞破伯
牙之號鍾

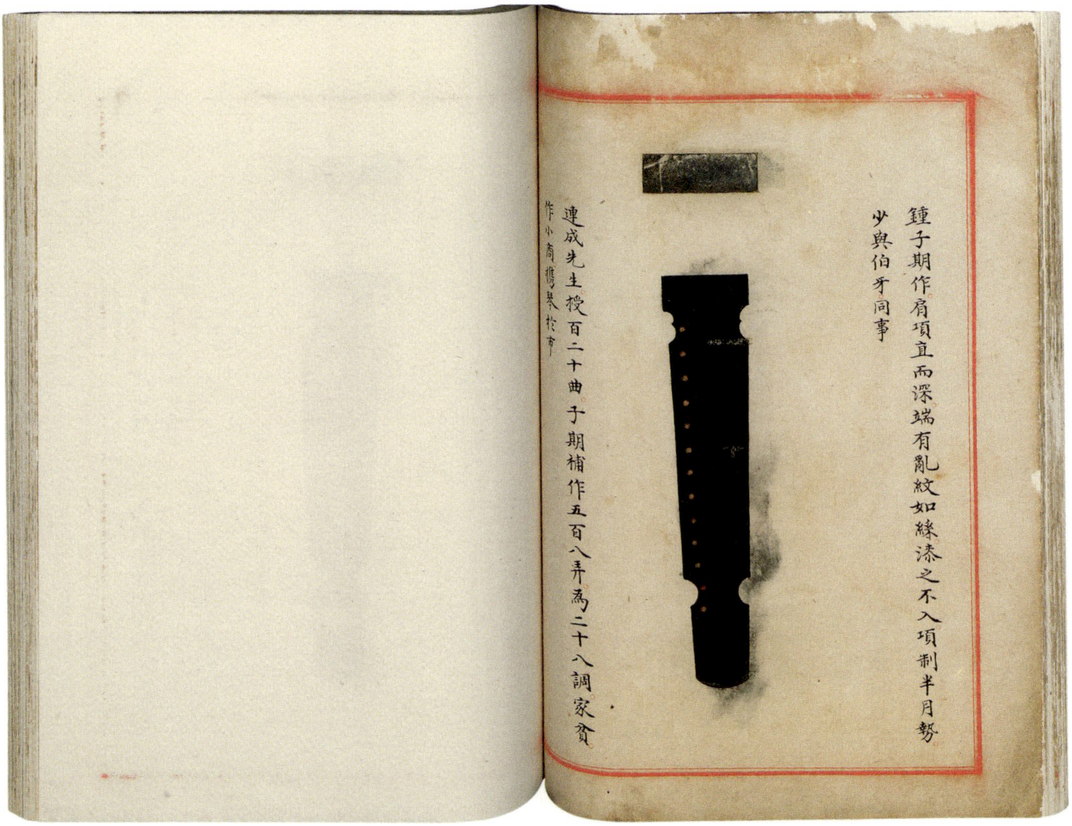
鍾子期作肩項直而深端有亂紋如綠漆之不入項制半月勢
少與伯牙同事
連成先生授百二十曲子期補作五百八弄為二十八調家貧
作小商鶴琴於市

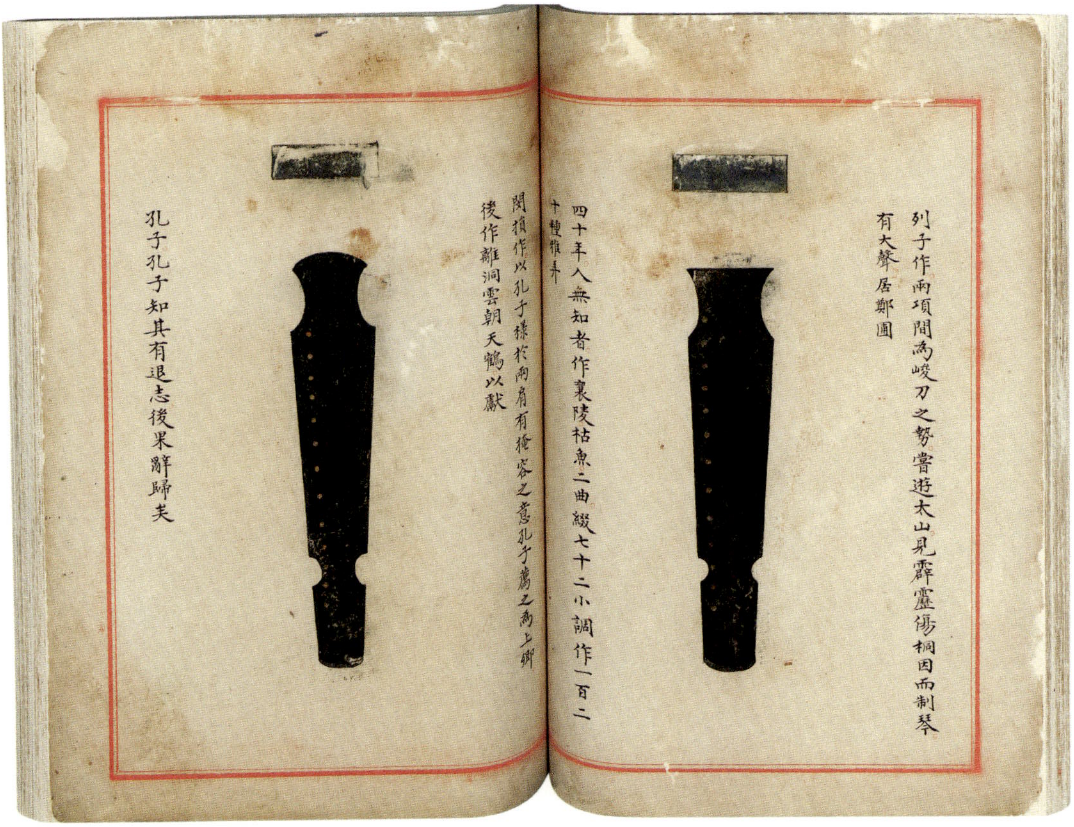
列子作兩項間為峻刀之勢嘗遊太山見霹靂傷桐因而制琴
有大聲居鄭圃
四十年人無知者作襄陵枯魚二曲綴七十二小調作一百二
十種雅弄
閔損作以孔子緣於兩肩有儀容之意孔子薦之為上卿
後作離洞雲朝天鶴以獻
孔子孔子知其有退志後果辭歸矣

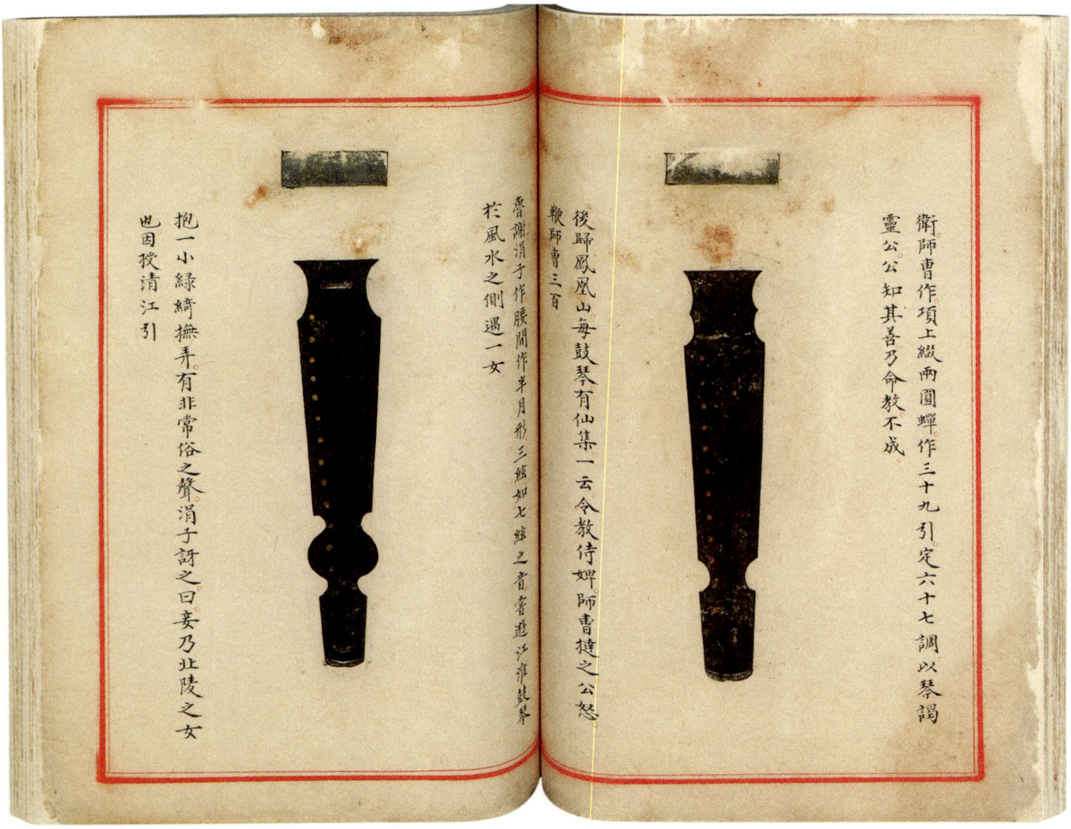

衛師曹作項上綴兩圓蟬作三十九引定六十七調以琴謁
靈公公知其善乃命教不成
後歸鳳凰山每鼓琴有仙集一云令教侍婢師曹撻之公怒
鞭師曹三百

魯謝涓子作腰間作半月形三絃如七絃之音嘗遊江淮鼓琴
於風水之側遇一女
抱一小綠綺撫弄有非常俗之聲涓子訝之曰妾乃北陵之女
也因授清江引

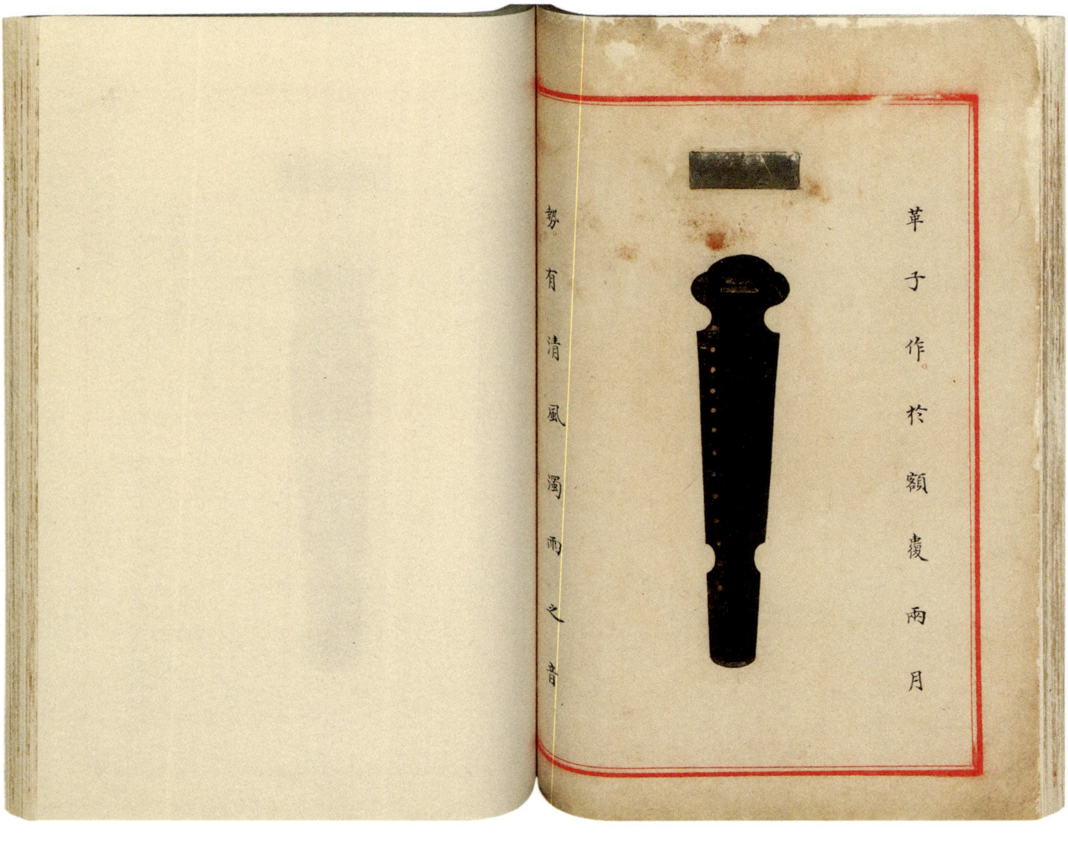

華子作於額處兩月
勢有清風濁雨之音

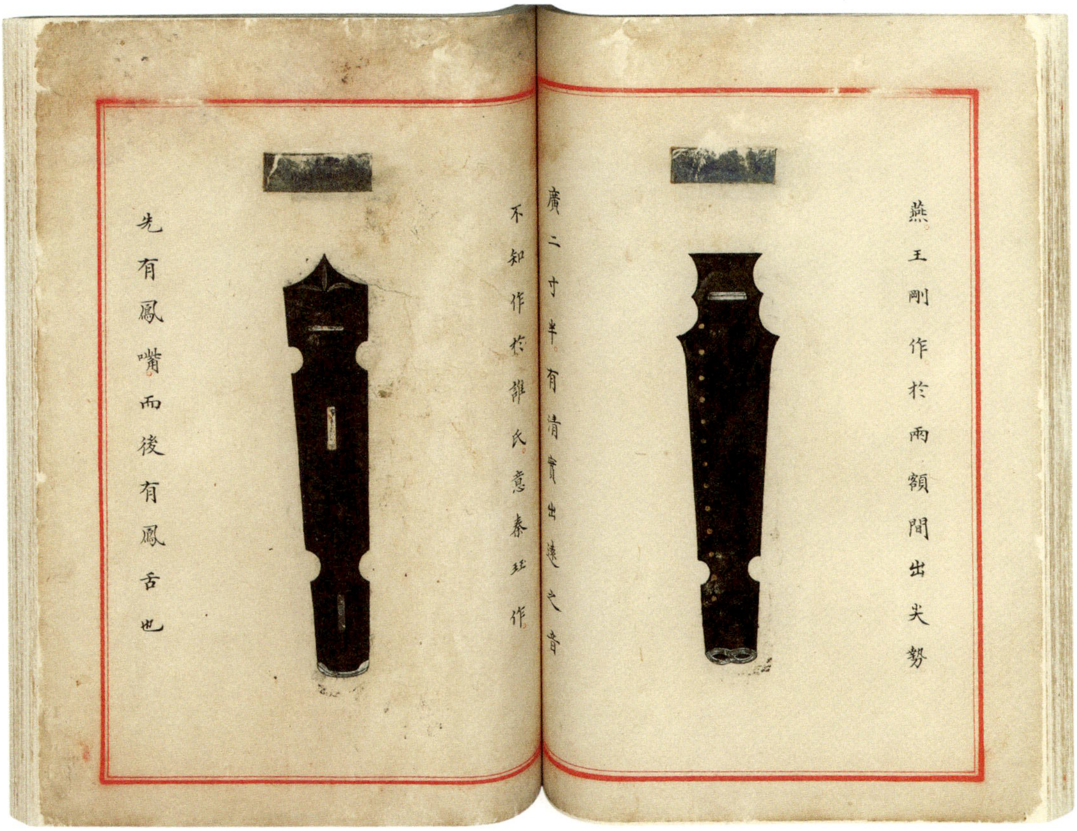

燕王剛作於兩額間出尖勢
廣二寸半有清實出遠之音

不知作於誰氏意泰廷作
先有鳳嘴而後有鳳舌也

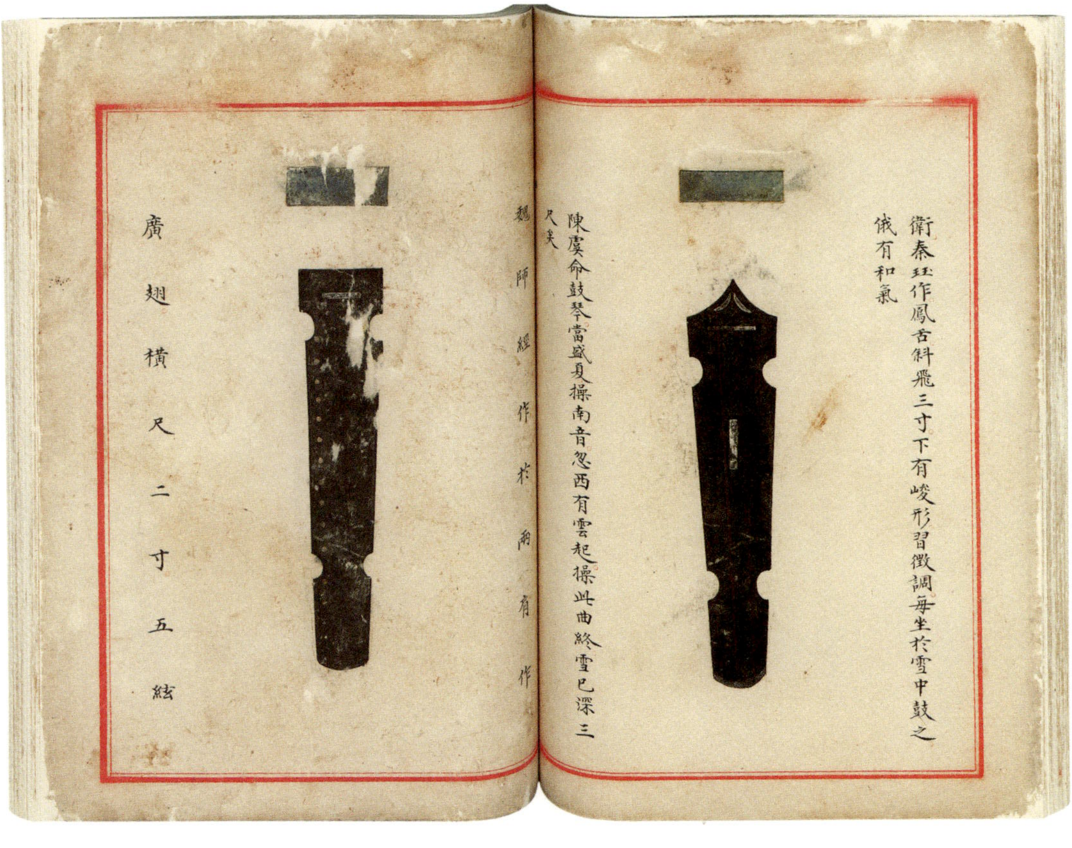

衛泰廷作鳳舌斜飛三寸下有峻形習徵調每坐於雪中鼓之
俄有和氣
陳虞命鼓琴當盛夏操南音忽西有雲起操此曲終雪已深三
尺矣

魏師經作於兩有作
廣翅横尺二寸五絃

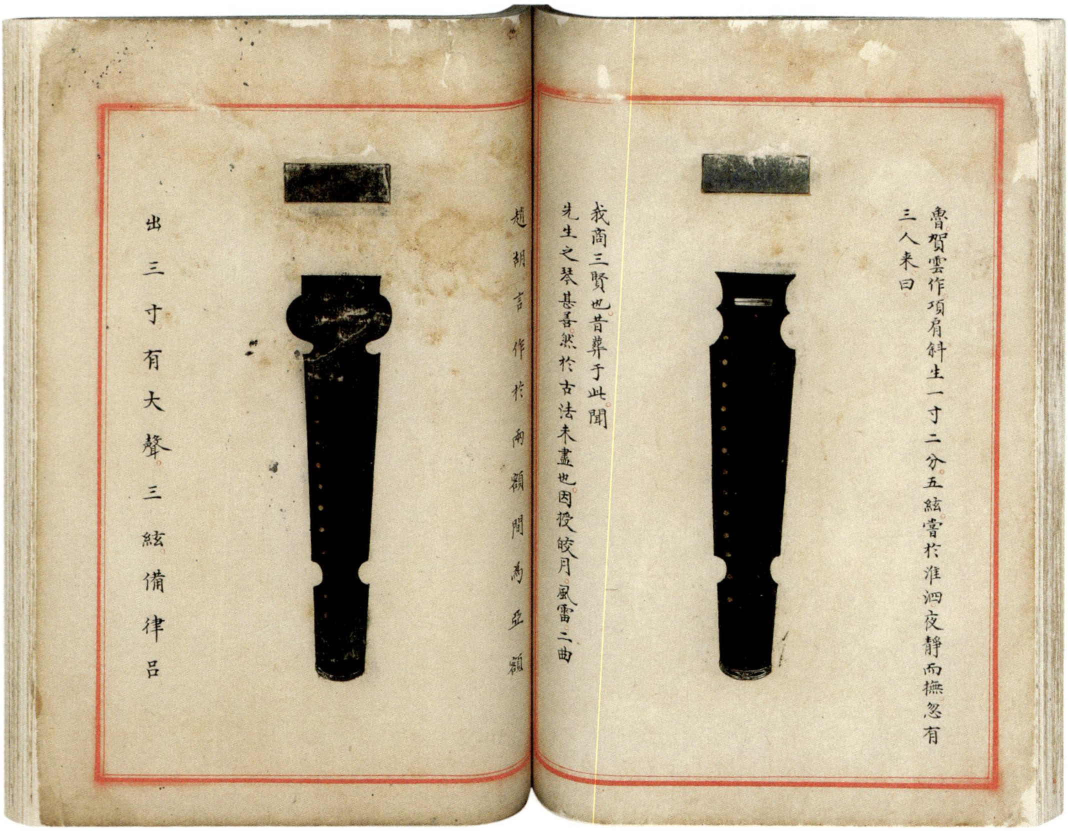
魯賀雲作項肩斜生一寸二分五絃嘗於淮泗夜靜而撫忽有
三人來曰
我商三賢也昔葬于此間
先生之琴甚善然於古法未盡也因授皎月風雷二曲
趙胡言作於兩額間為亞額
出三寸有大聲三絃備律呂

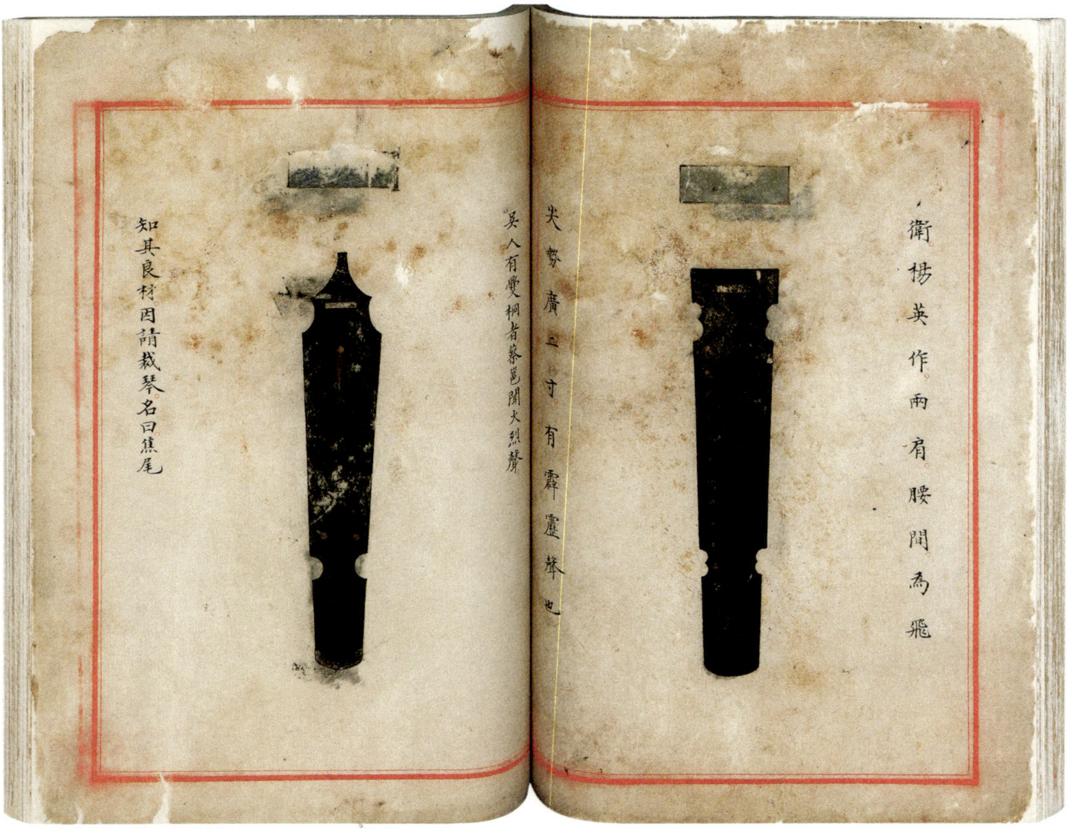
衛揚英作兩肩腰間為飛
尖勢廣二寸有霹靂聲也
吳人有爨桐者蔡邕聞火烈聲
知其良材因請裁琴名曰焦尾

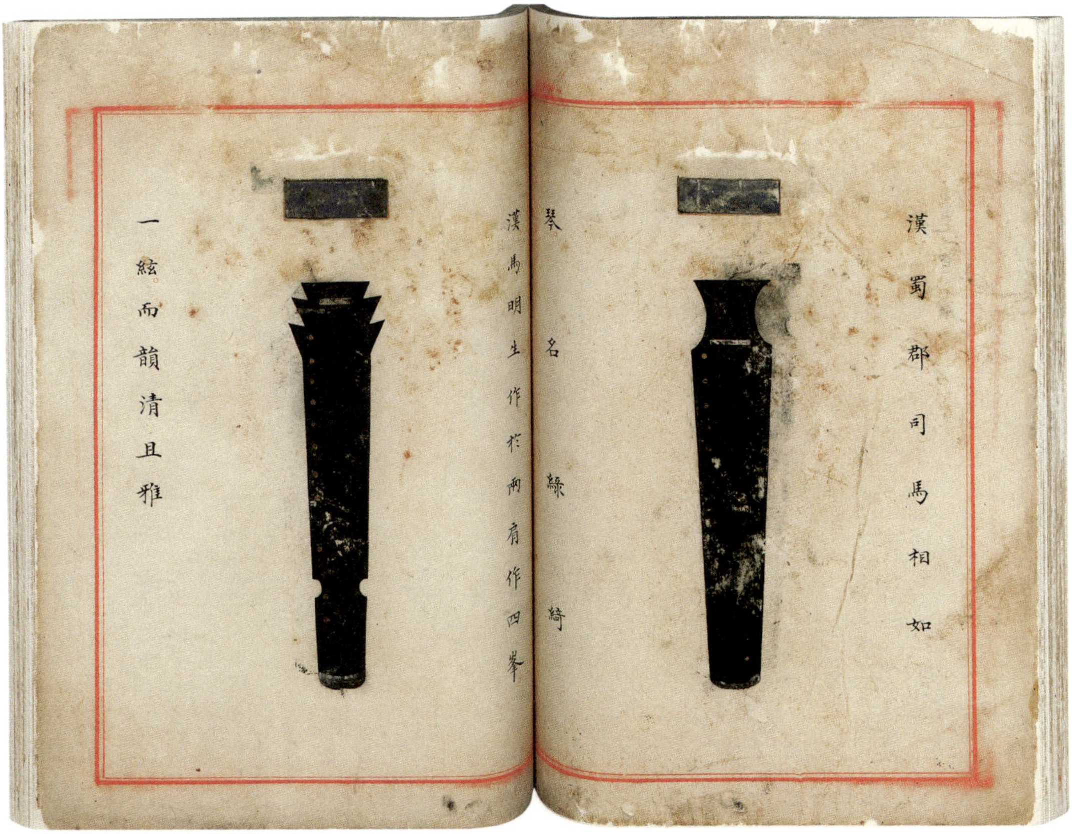
漢蜀郡司馬相如
琴名綠綺
漢馬明生作於兩肩作四峯
一絃而韻清且雅

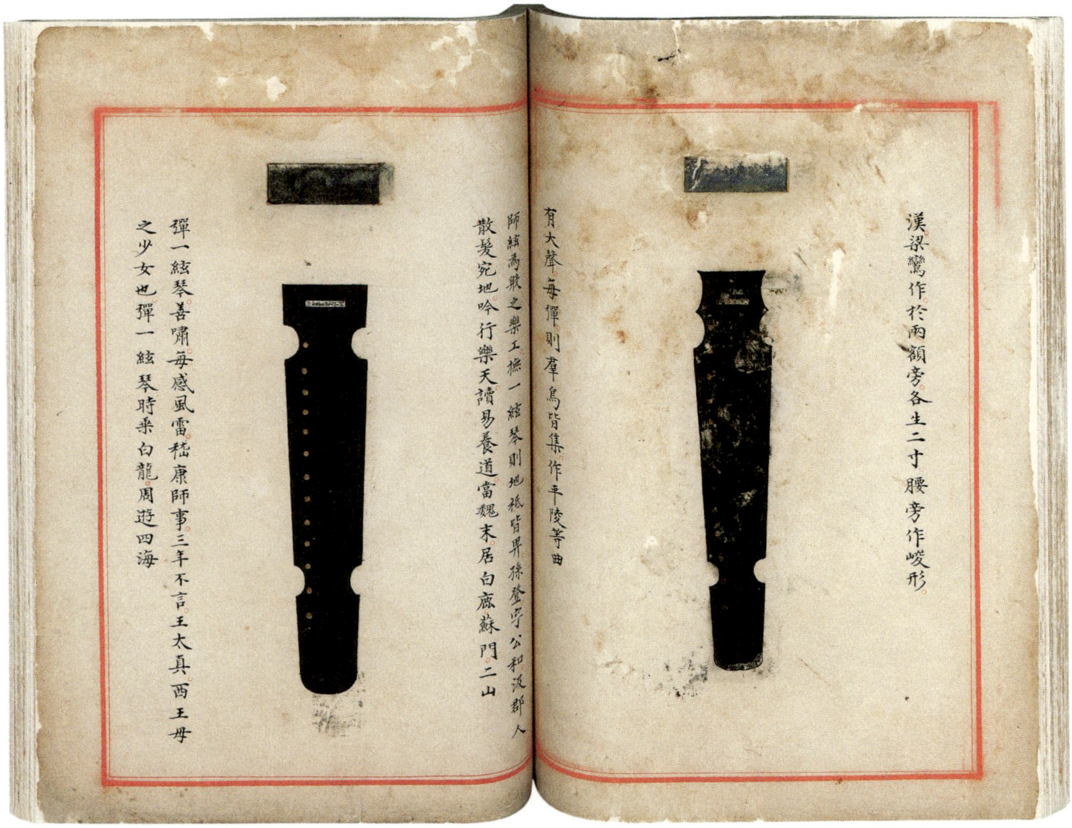
漢梁鸞作於兩額旁各生二寸腰旁作峻形
有大聲每彈則羣鳥皆集作平陵等曲
師絃爲獸之樂工撫一絃琴則地祇皆昇孫登字公和汲郡人
散髮宛地吟行樂天讀易養道當魏末居白鹿蘇門二山
彈一絃琴善嘯每感風雷嵇康師事三年不言王太真西王母
之少女也彈一絃琴時乘白龍周遊四海

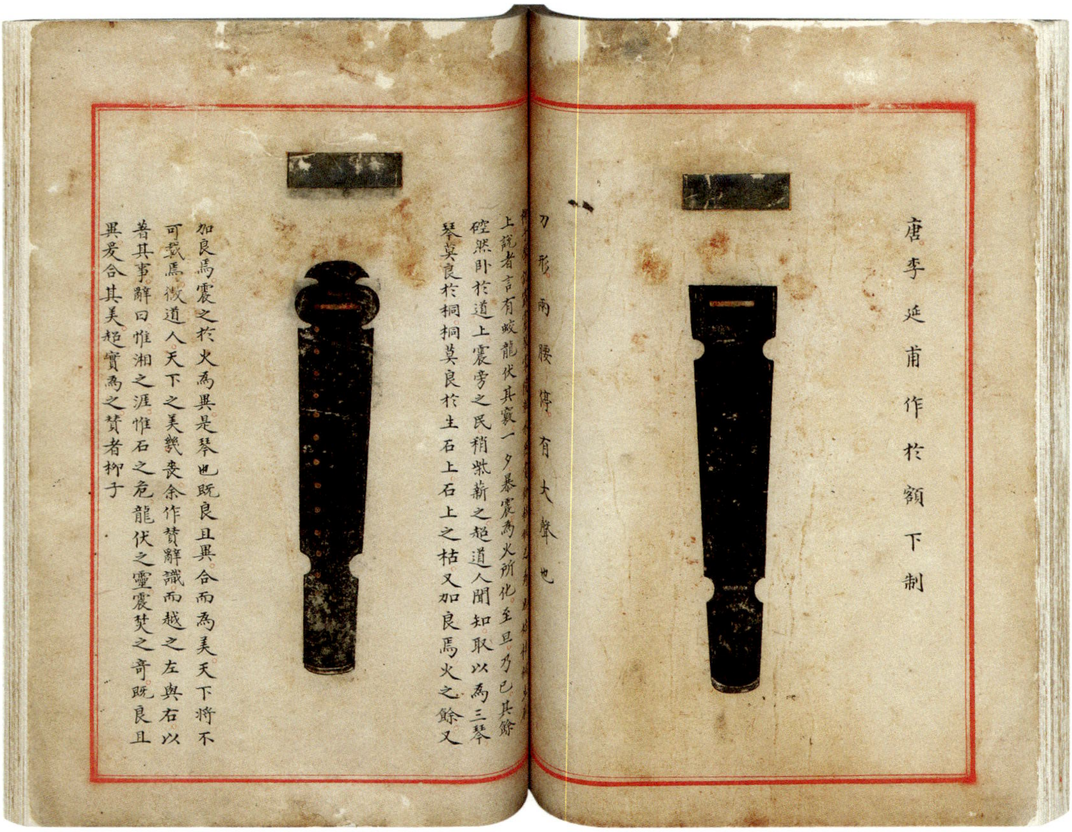

唐李延甫作於頜下制

刀形兩腰停有大聲也

上說者言有蛟龍伏其竅一夕暴震為火所化至旦乃已其餘硿然卧於道上震旁之民稍燃薪之𧺫道人聞知取以為三琴琴莫良於桐桐莫良於生石上石上之枯又加良焉火之餘又加良焉震之於火為異是琴也既良且異合而為美天下將不可載焉微道人天下之美幾喪余作贊辭識而越之左與右以着其事辭曰惟湘之涯惟石之危龍伏之靈震焚之奇既良且異爰合其美𧺫實為之贊者柳子

蕃叱利作於龍池上廣二寸許

唐肅宗時進獻并文王明君譜詩

謝莊之琴名怡神其人七歲能文章當時稱為江南獨步
○落霞
漢武內傳莊女從東方來彈落霞之琴莊女者仙女名也
○鳳凰
趙后有寶琴名曰鳳凰背以金玉隱起為龍鳳古賢烈女之像善為歸鳳送遠之操歸鳳送遠者二曲名也
○素琴
舊說陶潛不知音蓄素琴以寄意曰但得琴中趣何勞絃上聲東坡云淵明亦非忘琴者五音六律

今人不知此理不能辨天地至和之音言世之人于絃上音調尚不能知何暇及此
琴雖用桐然須多年木聲都盡音始發越予初見唐初路氏琴木皆朽物殆不勝指而其聲愈清
又嘗見越人陶溫真蓄一張越琴傳云古塚中敗杉聲極勁挺
吳僧智和有一琴瑿碧紋石為軫制度音韻俱妙腹有李陽冰篆數十字其畧云南溟島上得一木名伽羅紋如銀屑堅如石命工作為此琴篆文甚古勁 夢溪
音釋 李陽冰者唐玄宗時人精於篆書

離
大琴謂之離或云二十絃
○土琴
武昌主簿吳亮君采攜其故人沈君土琴之說與高齋先生之銘空同之文太平之頌以示予予不識沈君讀其書乃得其義趣如見其面如聞土琴之聲予昔從高齋先生游嘗見其寶一琴無銘無誌不知其何代琴也請以告二子使從先生觀之此土琴者待見琴而後知也 東坡
○彈琴歌
有客有客來相見手持桐木板一片踈踈宻宻數點星大大小小七條線一聲清八月秋高鴻鴈鳴

明正統彩繪本《太古遺音》附查阜西題識

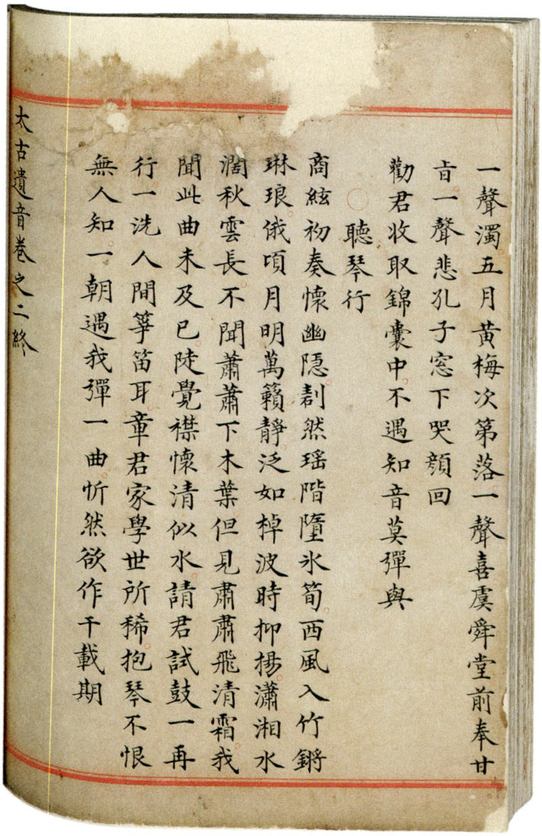
一聲濁五月黃梅次第落一聲喜虞舜堂前奉廿
音一聲悲孔子窓下哭顏回
勸君收取錦囊中不遇知音莫彈與
聽琴行
商絃初奏懷幽隱剨然瑤階墜氷筍西風入竹鏘
琳琅俄頃月明萬籟靜泛如棹波時柳掦瀟湘水
澗秋雲長不聞蕭蕭下木葉但見肅肅飛清霜我
聞此曲未及已陡覺襟懷清似水請君試鼓一再
行一洗人間箏笛耳章君家學世所稀抱琴不恨
無人知一朝遇我彈一曲忻然欲作千載期
太古遺音卷之二終

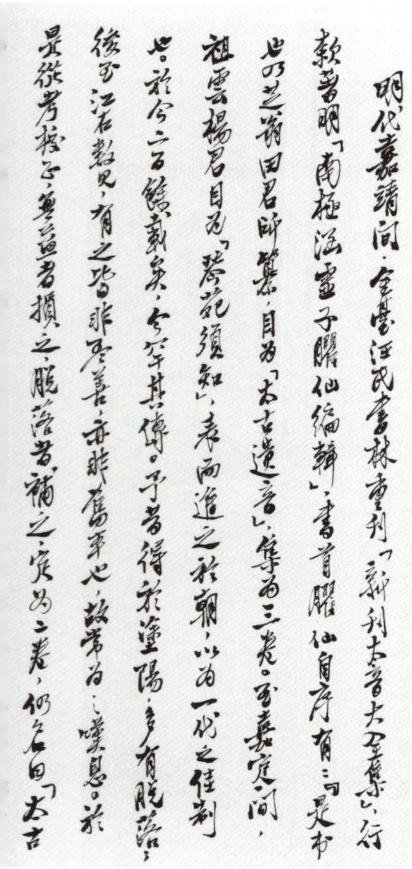
明代嘉靖間，金臺汪氏書林重刊「新刊太音大全集」，行款皆明「南極遐靈子臞仙編輯」，書首臞仙自序有云「是書出乃之翁田君所纂，目為『太古遺音』，集為三卷。於嘉定間，祖雲楊君目之『琴苑須知』，表而進之於朝，以為一代之佳制也。于今二百餘載矣，今方其傳。予嘗得於潼陽，多有脫落，後於江右數見，有之皆非善本，亦非舊本也，故常為之嘆息。於是從考校，以重訂者損之，脫落者補之，定為二卷，仍名曰『太古

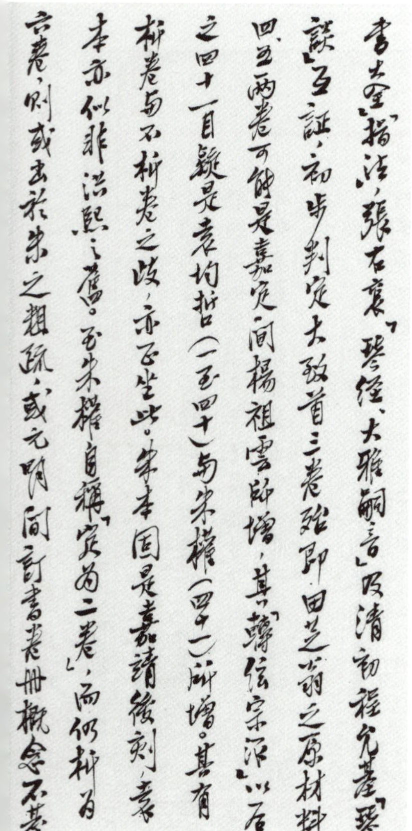
書大全」指法、張右袞「琴經」、「大雅嗣音」及清初程允基「琴談」互証，初步判定大致前三卷殆即田芝翁之原材料，四、五兩卷可能是嘉定間楊祖雲所增，其「聲譜」信宗源」以后之四十一目疑是袁均哲（一至四十）与朱權（四十一）所增。其有析卷而不析卷之段，亦可坐此。案本固是嘉靖後刻，袁本亦似非洪熙之舊。或朱權自稱「定為二卷」，而仍析為六卷，則或出於朱之粗疏，或元明間訂書者冊概念不甚

原書首缺撰人，但第五卷「琴操釋義」之末，明署有「均哲識」三字，顯係明焦竑「國史經籍志」及清張廷玉「明史」所著錄的「袁均哲太古遺音」（書標「太音大全」，蓋「太古遺音大全」之簡稱）。今時彈琴家稱為袁本，近年亦已影入「琴曲叢刊」。

此一精鈔本亦名「太古遺音」，楷書茶抄，紙墨甚古，朱欄織勻，繪畫工整。諸篇及琴圖指勢形繪幾畫瀟灑，不特全璧，輝煌，家物中之一尤物也。原是冊頁，書商向北圖索價二百元，後情讓歸所，故裝成此大本，極似永樂大典。雖佚頁，仍可看出其內容與宋袁兩本「太音大全」幾全相同，而書中「音釋」幾少，訛字亦幾盡從之，惟書末自「指信宗派」以後，宋本之四十一目材料（袁本無「五音審辨」一目，為四十目）則全付闕如。

書作五卷，至「指信宗派」為止。按宋本自序，應僅為二卷，而實際宋本至「指信宗派」亦在五卷中，惟此后文增「名數發端」以下四十一目，稱第六卷，袁本則併「名數發端」以下四十目統歸第五卷，而不稱為六卷。前北圖館長王重民為宋書撰提要有云：「二卷析為六卷，蓋後人所增」。袁寒雲跋袁本則稱「卷五尾部無墨釘，是此下尚有書」云。重民、寒雲深治舊書版本之學，對宋袁兩本卷次有此懷疑，曾以刊載在一九五〇年時就兩本內容詳細研究話，以明曆「琴

綜合此書字質精工，古色古香，瀟灑散佚情況及袁書後刻本與宋書翻刻本中音釋增多，訛字層出的兩個特點，以評定此書，可以推定其為明初舊物，乃當時的御府、藩室或縉紳世家鈔存之本。國史經籍志及明書藝文志等以袁均哲為「太古遺音」之撰人，但國史經籍志的先期萬曆「琴經」，乾隆明史藝文志的先期康熙「琴譜」，均明著袁均哲祇是「註」太古遺音」，不云撰「太古遺音」。此書所有「音釋」（按即「註」）全是直行大寫，殆焦竑、張廷玉或親見此本，未細察原文與直註之別，遂以撰人目之耶？按袁君哲字庭明，蓮日人，于明代中尚在（見四庫提要存目集類「提要」）。此書卷三首頁之末，有詩七律一首補綴，標題曰「袁均哲作撫琴詩」，二卷之最末「彈琴歌」、「聽琴行」亦皆七律，詩境略同，則所採不僅是袁所註，而且掺入袁之詩矣。此書殆系統前後之物也。或云此書卷一「五十撫琴圖」論述「如要知音者寧对清風皓月」云云，「寧」字作「甯」，乃避清道光帝之諱，疑此本是道光以後之贋作。詎未察「甯」乃古「寧」字，康熙字典中「宀」部九畫及十一畫一再說明，可袪此疑。

一九六〇年七月廿日　阜西識

後記

自古以來，琴的鑒賞與收藏一直是琴學研究的一個重要內容。許多琴家在操縵之餘往往以鑒琴賞琴爲樂，不過囿於個人所見，難免會有偏頗之處，這就使這種學問始終停留在宋以來古器物學的水平上，而未能真正跨入科學的階段。一九九五年初夏，中國藝術研究院音樂研究所所長喬建中路經香港，與港地琴家沈興順諸君相會，言及此事，決定由沈興順、黄樹志、劉楚華、謝俊仁、蘇思棣等提供部分經費，由中國藝術研究院音樂研究所會同北京古琴研究會邀集海內專家，廣集國内公私藏琴，選其精華，編爲《中國古琴珍萃》一書出版。以期引起大家的興趣，使它在邁向科學化的道路上，能有一個比較堅實的基礎。

經我們兩年多來的工作，從國内公私收藏中，選出時代分屬唐宋元明四代的一百零九張傳世古琴刊印。爲便於大家研究參考，除斷代明確者標明其時代外，其餘一律不予斷代，以免以訛傳訛，造成不必要的誤會。同時，每張琴除正反兩面圖像外，還盡可能提供有關銘文、題款、斷紋、納音或琴頭、琴尾的特寫照片，以便大家對每一張琴有較全面的瞭解。

我們的工作得到了國家文物局、故宫博物院、中國歷史博物館、上海博物館、南京博物院、山東省博物館、遼寧省博物館、吉林省博物館、四川省博物館、湖南省博物館、山西省博物館、湖北省博物館、重慶市博物館、旅順博物館、廣州市博物館、天津市藝術博物館、中央音樂學院以及南京陶藝先生和國内衆多私人藏家的大力支持，熱情爲我們提供藏品，撰寫稿件，或拍攝彩片，使這本圖册得以編成。本書附録《乾隆御題琴譜册》彩繪册頁殘本，係今虞琴社創始人、北京古琴研究會首任副會長、古琴大師查阜西先生生前所藏孤本，具有重要研究價值。此本承蒙查克承先生慷慨提供，收入本書，得以面世。本書編成後，承中國香港著名學者饒宗頤教授、著名古琴前輩蔡德允先生題寫書名。在此一併致以由衷的謝意。

最後還要感謝紫禁城出版社。如果没有該社同人的辛勤努力，本書要在短短三四個月的時間内面世，也是不可能的。

編者

一九九八年六月二十一日

增訂後記

《中國古琴珍萃》出版至今已十餘載，在此期間，收藏在公私藏家手中的歷代古琴陸續面世，因此完全有必要選其精粹，對本書作一番增訂補充。本書從數量而言，已比原書增加了二分之一有餘的歷代名琴。其中不乏過去鮮爲人知的琴中重器。當然由於種種原因，存世歷代古琴必然良莠不齊，真僞雜存。我們在甄選時，雖作了認真選擇，但囿於個人淺見，難免會有遺漏，或存在某些不盡人意之處。有些雖認爲需要增入，又限於條件而未能録入。为力求完美，我們對原書的琴器分類、藏琴、文稿均進行了認真斟酌，適當增改，特别對故宫藏琴及其具體尺寸，均參照鄭珉中先生《故宫古琴》的最新數據作了訂正。

與其他傳世文物相比，傳世琴的斷代與鑒别，應該説還處在需要不斷斟酌與完善的階段。本書的編輯與出版，就是爲傳世琴的鑒賞與斷代研究提供客觀的資料。因此在體例安排上，本書對所收各琴一般不予斷代，除非琴本身有確切證據能説明其時代；或者當前學術界已認定其時代者。爲了更好地研究傳統琴式，本書將中國藝術研究院圖書館珍藏善本——明正統彩繪本袁均哲《太古遺音・歷代琴式》作爲附録列於書後，供讀者參考。

本書的增訂出版，得到了中國藝術研究院領導的高度重視和文化藝術出版社的大力支持，同時承蒙中國國家博物館、故宫博物院、浙江省博物館、重慶中國三峽博物館、山東省博物館、遼寧省博物館、上海龍美術館、中國藝術研究院圖書館和北京保利國際拍賣公司、匡時國際拍賣公司及衆多私人藏家的鼎力相助，提供藏品或珍貴照片或藏品説明，謹此致以由衷的謝意。本書的出版，还要感谢陶藝、王建欣等先生。本書圖片拍攝主要由楊敏和董建國承擔。

增訂者

二〇一五年五月

鳴謝與說明

本書是《中國古琴珍萃》（增訂版）的復合媒體版本。本書的一大特色是收錄了古琴名家以書中二十二床古琴演奏的琴曲。讀者通過手機微信掃描這二十二床名琴圖旁的二維碼，可即時欣賞到名家名琴名曲，更可細品該琴的獨特音色。

在本書基礎上，我社投資研發了宣傳版『古琴珍萃』APP，APP以本書的部分內容為基礎，遴選書中十七式古琴中的部分代表琴，采用數字技術進行完美呈現，既有三百六十度全景展示，又有高清細節聚焦，同時配以琴家用書中所收珍琴演奏的名曲，為廣大琴友奉上一場中國古琴視聽盛宴。

以數字化的表現形式和傳播手段表現古琴藝術，在我國出版界尚屬首次。也是我社在古琴藝術出版傳播方面『創造性轉化』『創新性發展』的大膽嘗試。以多元的形式展示古琴藝術，將能更好地促進古琴文化的保護、傳播和發展。

在收錄琴曲的過程中，得到了眾多琴家的大力支持，在此一並致以誠摯的謝意！

同時向提供了琴曲錄音的機構和個人表示感謝！

由於時間關係，收錄琴曲工作未盡善全，萬望相關琴家和機構海涵！在今後，我們將進一步完善這項工作，希望繼續得到琴家和相關人士、機構的支持。

文化藝術出版社

二〇一八年十月